Werner Hamacher
Was zu sagen bleibt

im Verlag von Urs Engeler

Werner Hamacher

Was zu sagen bleibt

Für – die Philologie
95 Thesen zur Philologie

Werner Hamacher

Inhalt

Für – die Philologie

Es gibt einen anti-philologischen Affekt. Unter den Geisteswissenschaften gilt die Philologie zunehmend als das kleinliche, immer etwas verkniffen betriebene, weltfremde und im Zweifelsfall weltfeindliche Geschäft von Spezialisten, die sich anmaßen, als Disziplin auszuüben, worin jeder, der lesen kann, selbstverständlich ein Meister sein sollte. Der Affekt, der sich gegen die Privilegierung der konzentrierten Aufmerksamkeit auf die Sprache, das Wort, die Pause richtet, wird nicht nur von der diffusen Öffentlichkeit zu einer massiven Abwehr und oft genug zur Verachtung ausgebildet, er wird von zahlreichen Philologen geteilt und speist sich aus Energien, die mit denjenigen der Philologie auf das engste verbunden sind. Denn Philologie, so akademisch wohlinstalliert sie noch sein mag, ist keine Disziplin. Sie ist erst recht keine Tätigkeit in den verstaubten Archiven von Fliegenbeinzählern und keine in den neonbeleuchteten Laboratorien von Fliegenbeinzupfern. Bevor sie zum angeblich tautologischen Auftreiben von Evidenzen werden kann, muß sie schon von jedem geübt werden, der spricht, sprechend denkt oder handelt und seine und anderer Handlungen, Gesten und Pausen deutlich zu machen oder zu deuten versucht. Wer spricht und wer handelt, betreibt, um sprechen und handeln zu können, auch dann, wenn er's so nicht nennt, Philologie. Denn im Bereich der Sprache gibt es nichts, das selbstverständlich ist, und immer zu viel von dem, was der Erläuterung, des Kommentars, der Ergänzung bedarf. Zum Besonderen wie zum Allgemeinsten findet die Philologie etwas Weiteres hinzuzufügen. Sie ist vor allem, was sie außerdem noch ist, die Erweiterin, Zusetzerin, Hinzufügerin, der nichts Gesagtes oder Geschehenes genügt; sie geht über alles, was als Aussage oder Text vorliegt, hinaus und geht dahinter zurück, um es in seiner Bewegung aus Herkunft und Zukunft zu zeigen; sie ist die Geste eines Darüberhinaus, die nie überflüssig sein kann, weil sie die Bewegung des Sprechens selbst ist, das sich über alles schon Gesprochene und noch zu Sprechende hinwegsetzt. Die Philologie, der noch das Allgemeinste zum Problem werden muß, ist das schlechthin Über-Allgemeine: ein Verlangen nach Sprache und allem, was je von ihr ergriffen worden ist und von ihr noch berührt werden könnte, ein Verlangen, das sich von jeder Totalität abstößt und für Anderes und wiederum Anderes sprechend die Kritik des jeweils Erreichten und alles Erreichbaren betreibt. Da auch die Verständigung über Begriffe – des «Allgemeinen» und des «Besonderen», des «Speziellen», des «Eigentümlichen» – noch auf Erläuterungen angewiesen ist, muß Philologie dasjenige sein, was selbst in keinem Begriff unterkommt, ohne das aber kein Begriff auskommt.

Philologie ist die prekäre Bewegung des Sprechens über die Sprache, über jede gegebene Sprache hinaus. Sie verbürgt kein Wissen, sondern betreibt seine immer erneute Verschiebung, gewährt kein Bewußtsein, sondern bloß mannigfaltige Möglichkeiten seiner Verwendung. Noch bevor sie sich zu einer epistemischen Technik verfestigen kann, ist sie ein affektives Verhältnis – eine *philía*, eine Freundschaft oder Befreundung – mit der Sprache: und zwar einer Sprache, die noch keine feste Kontur gewonnen, keine beständige Form angenommen hat und nicht zum Instrument zuvor schon fixierter Bedeutungen geworden ist. Eine tastende, suchende, sondierende Bewegung, ist sie nicht zunächst der Agent von Aussagen über stabile Sachverhalte, sondern ein Movens von Fragen. So wenig es für sie feststehen kann, daß es sprachliche ‹Tatsachen› gibt, so wenig kann es ihr als ausgemacht gelten, daß Aussagen und Mitteilungen ihre Absicht oder ihre Adressaten erreichen. Sie geht von der Minimalannahme aus, Bedeutsamkeit und Mitteilbarkeit seien auf eine Instanz angewiesen, die sie *vor* jeder bestimmten Bedeutung und *vor* jeder vollzogenen Mitteilung *für* sie zurückhält. Philologie ist die Anwältin dieser Zurückhaltung, *für* die und *durch* die es Sprache allererst geben kann. Sie muß sich deshalb gegen ihre geläufigen Definitionen zur Wehr setzen und sich gegen jedes Programm ihrer künftigen Praxis verwahren.

Die Philologie fragt, und wenn sie Behauptungen aufstellt, dann um weitere Fragen einzuladen. Sie ist ein strukturell ironisches Verfahren, das nicht nur einzelne sprachliche Äußerungen – auch solche, die philologisch heißen –, sondern die ganze, jeweils *vor*geblich ganze Welt der Sprache außer Kraft setzt, um vor ihr eine weitere, noch nicht dagewesene offenzulegen. Nur deshalb unterhält sie ein mobiles Verhältnis zu anderen Sprachbeziehungen, insbesondere denen der sogenannten exakten Wissenschaften, ein prinzipiell prinzipienloses, an-archisches Verhältnis; nur deshalb wirkt sie in allen «historisch-philologischen Disziplinen» als Trickster oder Joker; nur deshalb zeigt sich die sonderbare Kraft wie die eigentümliche Ohnmacht dieses Verhältnisses am deutlichsten in ihrer Neigung zur Dichtung. Dichtung ist die Erste Philologie. An ihrer Welten-Offenheit, ihrer Offenheit für diese und für jede mögliche und unmögliche andere Welt, an ihrer Distanz und ihrer Aufmerksamkeit, ihrer Empfindlichkeit und Empfänglichkeit nimmt jede Philologie, ob sie es weiß oder nicht, ihr Maß. Sie spricht für ein «Für», das Raum gibt für ein *pro* wie ein *contra*. Weiter als beide, ist sie die Bewegung, aus der beide befragt werden können, aus der noch nach ihr selbst und ihren Fragen gefragt werden kann.

Wer eine Sache nicht kennt und doch unter dem Eindruck steht, er müsse ihr seine Aufmerksamkeit zuwenden, um sie kennenzulernen, der wird sich – oder einen Anderen – fragen, was das sei: diese Sache. Seine Frage kann, ob inexplizit oder ausdrücklich, immer nur dann gestellt werden, wenn die Sache, auf die sie sich richtet, schon da und sogar in einer gewissen Aufdringlichkeit da, aber zugleich unvertraut und unzugänglich ist. Diesem sonderbaren, nämlich nach Aufdringlichkeit und Unzugänglichkeit gesonderten und dennoch insistenten Sachverhalt entspricht die sprachliche Form der Frage: was das denn sei? Denn die Frage richtet sich auf etwas – auf ein *dies*, ein *quid* oder *ti* –, ohne ihre Richtung bis ans Ziel durchlaufen und das Erfragte fassen zu können. Wie die Sache, die eine Frage provoziert, zugleich aufdringlich und unzugänglich ist, so ist jede Frage, die der Provokation dieser Sache folgt, eine aufdringliche, oft genug impertinente und dennoch gehemmte Annäherung an das, worauf sie sich richtet. An dieser internen Sonderung der Frage ändert sich nichts, wenn die Sache, der sie nachfragt, nicht ein bloß dingliches, sondern ein sprachliches Gebilde – zum Beispiel ein Satz –, oder eine Institution aus Sprache – eine Verabredung, ein Gesetz, ein komplexes Mitteilungs-Verhältnis, eine Gesellschaft oder eine ‹Kultur› – ist, es ändert sich an der Doppelbewegung der Frage auch dann nichts, wenn sie sich auf solche Institutionen – die Philologie, zum Beispiel, oder die Philosophie – richtet, die selber der Analyse der Sprache – und somit auch der Frage – nachgehen. Frage und Sache bleiben in all diesen Fällen in einem balancierten Verhältnis des *face-à-face*, das ihre Wechselbeziehung ebenso wie ihre Distanz sichert.

Um diese Distanz ist es geschehen und das Gleichgewicht der Dringlichkeiten ist dahin, wenn die Frage und das Fragen selber in Frage stehen. Noch vom Zudringlichsten oder Aufdringlichsten kann sich ein Fragender abwenden und aufhören, ein Fragender zu sein, um sich beim präsumtiv Vertrauten und Gesicherten zu beruhigen. Diese Abwendung des Fragenden kann nicht mehr gelingen, sobald sich seine Frage auf sich selbst wendet und in ihren Strudel alle ihr äußerlichen Stoffe, ihr Entstehungsmaterial und den Fragenden selbst hineinzieht. Wenn eine Empfindung oder ein Wort, eine Institution oder ein Diskursschema unvertraut und gleichzeitig aufdringlich werden, dann kann das Erstaunen und die Verwunderung, die davon erregt werden und die durch eine Befragung gemildert oder behoben werden sollen, so lange eine Sekuritätsgarantie darstellen, wie diese Befragung die Form der zielgerichteten Erforschung – einer *query*, einer *quest*, einer *inquisitio* und Untersuchung – des rätselhaften Phänomens ist. Wo die Suche nicht ihrerseits gesucht, die Frage nicht selber befragt wird, bietet sie zumindest den Anschein einer Stabilität, in der die Suche zu einer gesicherten Form und die Frage zu einem befestigten Weg, einer Methode, einem Verfahren wird. Die Frage, wer oder was etwas sei, die Frage nach seiner Struktur oder seinem Wesen, so sehr sie von einer Beunruhigung zeugen mag, ist immer auch ein Schutzgestus, in dem die Frageform selbst sich verteidigt. Wenn aber nicht mehr bloß ein Phänomen, sondern diejenige Zugangsweise zu ihm, die von der Frage regiert wird, zum Problem wird, dann steht nicht mehr nur die Frage nach dem «Wer» oder «Was», dann steht jede mögliche Frage, auch die nach dem Grund und dem Zweck, nach dem Sinn, der Bedeutung, der Form –, dann steht jedes «Warum», «Wozu» und «Wie» und also die Form der Frage selber in Frage, und noch das Minimum an Verwunderungs- und Suchgewißheit ist erschüttert. In dieser Katastrophe des Fragens – die immer auch eine Katastrophe des Sprechens im Fragen und eine Katastrophe der Sprache insgesamt ist – ist es nicht mehr eine äußerliche Sache, es ist die Form des Fragens selbst, die unvertraut und zugleich aufdringlich geworden ist und deshalb die Frage nach ihr provoziert. Dieser Selbst-Provokation des Fragens entspricht aber ihre Selbst-Hemmung, denn in dem Maße, in dem sie in ihrer Dringlichkeit unabwendbar wird, bleibt sie doch in ihrer Unvertrautheit sich selber entzogen. An der Frage nach der Frage, an der eigentümlichen Struktur der Selbst-Provokation, Provokation durch ein fremdes oder fremdgewordenes Selbst zu sein, und an der ihr entsprechenden Struktur der Selbst-Hemmung oder der Selbst-Verwahrung, Verwahrung gegen ein anderes oder verandertes Selbst zu sein, wird deutlich, daß die Frage «selbst» gespalten, dupliziert und ein in sich antagonistischer Komplex ist. Indem die Frage nach der Frage ergeht, wird sie sich unzugänglich.

Wer fragt «Was ist eine Frage?», mag kaum einen Zweifel daran hegen, *daß* er etwas tut oder geschehen läßt, das «Fragen» genannt wird, wohl aber wird er sich im Unklaren darüber sein, *was* es denn sei, das er tut oder zuläßt, indem er so fragt. Er fragt nach einem Was, in dem das Daß seines Vollzugs zu einem Gegenstand fixiert sein soll. Die Frage sollte eine Bewegung zu einer noch unbekannten Sache hin sein, aber die Sache liegt jetzt in der Frage selbst, und die Bewegung, die zu Anderem führen sollte, ist auf sie selbst als diese Bewegung gerichtet – und bekundet eben darin, daß sie diese Bewegung zwar vollzieht, aber sie eben darum nicht zu einem Gegenstand ihrer Erkenntnis machen kann. Was sie schon ist, danach fragt sie noch. Aber eben darin, *daß* sie noch befragt, *was* sie schon ist, bezeugt sie zugleich, daß sie in ihrem Daß jeder Stillstellung in einem kognitiv erfaßbaren Was uneinholbar voraus- und über jede Vergegenständlichung hinausgeht. Das

Eigentümliche in der Frage *nach* der Frage liegt also darin, daß sie sich selbst in jedem Jetzt und Hier *voraus* ist, derart von sich gespalten sich verfehlt, mit sich selbst nicht korrespondiert, über ihre Wahrheit – ihre korrespondenztheoretisch gedachte Wahrheit – je hinaus und hinter ihr zurück bloße, antwortlose, respondenz- und korrespondenzlose Suche, unsaturierbare Sucht und eben nur darin bei sich selber ist. Im bloßen Daß ihres Fragens ist die Frage nach der Frage sich selbst vorweg bei sich als bei Anderem. Was eine Frage sei, ist deshalb eine un-mögliche Frage in dem Sinn, daß sie über jede Möglichkeit und jedes Vermögen, jede Macht, sich selbst zu begreifen, hinausgeht und sie selbst allein als schiere Selbst-Exzendenz ist. Sie existiert, nicht indem sie sich zu vergleichbarem Anderen transzendiert, sondern aus und über sich hinaus zu sich als unbegreiflichem Anderen – und darin vielleicht Nicht-Anderem – übergeht und in diesem Übergehen bleibt. Das Geschehen dieser Exzendenz – des Fragens – läßt sich auf keine Substanz, sei sie die des Erfragten, des Fragenden oder der Frageform selbst, reduzieren, denn eine solche Substanz könnte allein in dieser Exzendenz aus ihr und also nur in ihrer unabsehbaren Ver*a*nderung liegen. Das Fragen nach der Frage ist, wie alles Fragen, dringlich, aber im Unterschied zu allem anderen Fragen ist es gegenstandsloses und nie hinreichend thematisierbares Drängen, das seine Sistierung in einem ihm entsprechenden «Was» oder einem Wesen unterläuft. Weil das Fragen keine finite – und also gar keine – Form annehmen kann, die von ihm nicht fragend außer Kraft gesetzt werden könnte, wird von ihm zugleich die Möglichkeit eröffnet, daß das, was in ihm geschieht, auch in den augenscheinlich schlichteren Formen der Prädikation oder des Imperativs am Werk ist. In ihm wird deutlich, daß das bloße Fragen immer mehr ist als jede Frage, die *gestellt* werden kann, daß es hyperteleologisch, unbegrenzbar, unendlich ist, und allein in ihm selbst seine Antwort finden könnte – wenn eine Antwort auch die wäre, die sich jedem Wort vorenthält.

Da es Fragen nur in der Sprache – und sei sie die der Gesten, des Verhaltens, der gesellschaftlichen Organisation – gibt, ist die Frage nach der Frage in jeder ihrer Bewegungen eine Frage nach der Sprache. Weil sie überdies keine kontingente, sondern diejenige einzige Frage ist, die in allen sprachlichen und sprachtingierten Verhaltensweisen virulent ist und in der sie alle ihre Klimax, aber keinen Abschluß erreichen; weil sie zudem keine ‹logische›, sondern eine nach der Struktur des Logos nur forschende, sie gleichsam umwerbende und sie bedrängende Frage ist, ist sie die *philo*logische Frage *par excellence*. Was hat es dann aber mit der Frage «Was ist eine philologische Frage?» auf sich? Wenn die Frage nach der Frage die fundamental und, genauer, die affundamental-philologische Frage ist, dann kann die Frage nach einem bestimmten Fragetyp, der als ‹philologisch› eingeschätzt wird, nicht nur als Einschränkung der Frage nach der Frage, sondern auch als Ablenkung von ihrem Fragesinn verstanden werden. Dann steht nämlich ein bestimmtes und noch näher zu bestimmendes disziplin-technisches Problem zur Debatte, dessen historische Parameter bereits festgelegt sind und das nur noch wissenschaftsinterne und verfahrenslogische Antworten erlaubt. Aber die Frage nach der philologischen Frage kann noch in einem anderen Sinn verstanden werden. Sie impliziert nämlich, daß sich die Philologie zunächst durch ihre Fragen definiert, also nicht durch einen bestimmten Objektbereich und noch weniger durch ehemals so genannte weltanschauliche, inzwischen sogenannte kulturelle Vorannahmen, Überzeugungen, Glaubensinhalte; und sie impliziert weiterhin, daß ein Zugang zu dem, was in einem strengen Sinn Philologie heißen kann, erst durch die Frage nach der philologischen Frage angebahnt werden kann. Eine solche Frage ermöglicht also die Befreiung der Philologie von den *doxai* anderer Disziplinen, Erkenntnistechniken oder Erfahrungsweisen und erlaubt, zumindest im Prinzip, ihre Ablösung von den fragwürdig gewordenen Traditionsbeständen, die im Verlauf ihrer Geschichte – zumeist unter der Vormundschaft juristischer und konfessioneller oder antikonfessioneller Überzeugungen – ihre Grenzen definiert haben. Was eine philologische Frage sei, diese Frage ist also nicht zunächst die nach den Konturen einer wohletablierten akademischen Disziplin – wäre sie in jedem Sinn etabliert, so hätte sich die Frage erledigt –; und sie ist nicht die Frage nach den Chancen der Stabilisierung dieser Disziplin im Abwehrkampf gegen die feindliche Übernahme ihrer Resourcen durch andere, angeblich profitablere Disziplinen – denn dann liefe diese Frage auf die Münchhausiade hinaus, eine zerfallende Ordnung dadurch zu stützen, daß man sie dazu anhält, sich auf eben diese Ordnung selber zu stützen. Aber diese Ordnung – auch das ist ein Implikat unserer Frage, was denn überhaupt eine philologische Frage sei – läßt sich vielleicht gar nicht ‹stützen›, sie ist vielleicht nicht ‹wert›, gestützt zu werden, und hat, wiederum vielleicht, keine ‹Bedeutung›, die ihren Bestand rechtfertigen könnte. Wo immer es solche Bedeutungen, Werte, normativen Instanzen in der Geschichte der Philologien gab, waren sie – so könnte man diese Vorbehalte weiterspinnen – aus den gesellschaftlich renommierteren Nachbardisziplinen entlehnt, und es waren Werte und Bedeutungen, die nur in Ausnahmefällen von der Philologie kritisch überprüft worden waren. Von einer *ancilla theologiae et iurisprudentiae* ist sie zu einer Hilfsbranche der Historiographie, der Soziologie, der Psychologie, der Kulturanthropologie und der Technikgeschichte geworden und hat sich den von ihnen diktierten Aufmerksamkeiten, Perspektiven und methodologischen Imperativen gefügt – nicht immer zu ihrem Schaden, aber selten zugunsten ihrer kritischen Kraft.

Die *servitude volontaire* der Philologie ist keine Sache der Vergangenheit. Ihre wenn nicht selbstverschuldete, dann doch charakteristische Unmündigkeit ist aber in der Vergangenheit keine bloße Schwäche gewesen und ist es auch in der Gegenwart nicht. Denn Philologie ist die Form der Angewiesenheit auf die Sprache und zunächst auf die Sprache von Anderen, auf Äußerungen, gesprochene und geschriebene, flüchtige und archivierte, die aus anderen, sei's gesicherten, sei's unsicheren Quellen stammen, auf Texte von Anderen und, in aller Regel, auf solche Texte, die ihrerseits auf wiederum andere Texte replizieren. Weil sie auf Anderes angewiesen ist, versteht sie sich selbst leicht als Hinweisung und als Mittel für Anderes und mißversteht sich ebenso leicht als Ermittlerin einer Bedeutung, die in jenem Anderen, in Äußerungen, Bekundungen und Texten, denen sie sich zuwendet oder die ihr aufgedrängt werden, offen oder chiffriert aufbewahrt liegen soll. In diesem Szenario stellt sich die Philologie nicht als die Liebhaberin und Freundin des Wortes dar, sondern als das Wort, das einer mächtigeren, leitenden, diktatorischen Bedeutung nachgesprochen ist und sich zu ihm wie das Kind zum wissenden Erwachsenen verhält. Ihr Wort ist dann das unmündige Kind, das im Arm der mündigen Bedeutung seine Bestimmung finden soll – aber das Kind in ihrem Arm ist tot. Es ist tot, weil seine Sprache bloß das Derivat einer Bedeutung sein sollte und dort, wo diese Bedeutung einmal erfaßt und institutionell befestigt ist, getilgt werden kann. Der Tod des Wortes in der Bedeutung, dem die Philologie immer wieder Vorschub geleistet hat, indem sie sich selbst in die Position des *infans* gegenüber der allmächtigen Matrix der Bedeutung gebracht hat; dieser Tod der Philologie im Matertext ist die – sehr reale – Konsequenz aus dem Phantasma des Semantizismus, es gebe originäre und suisuffiziente Bedeutungen. Es gibt sie aber weder als naturwüchsige noch als transzendentale Daten, sondern sie ergeben sich erst aus dem Spiel sprachlicher Strukturen, die in relativer Unabhängigkeit von dem operieren, was sie meinen können. Wer soviel einräumt, kann zwar noch die Behauptung aufstellen, es gebe historisch wechselnde und gewissermaßen regulative Bedeutungsschemata, und kann auf diese Weise plausibel zu machen versuchen, daß die Sprache und mit ihr die Philologie ihre Arbeit jeweils nach Maßgabe einer normativen Instanz verrichtet und darin erlischt. Aber er wird dann zu erklären haben, aufgrund welcher immanenten Spannungen und Deviationen jene

Quasi-Transzendentalien von Anbeginn geschichtlichen Wandlungen unterliegen. Er wird also zumindest konzedieren müssen, daß sprachliche Praktiken nicht in ihrer Bedeutung aufgehen und daß die Erfahrung der Sprache durch ihren Dienst an Verständigungsschemata nie durchgängig determiniert ist. Wenn auch nur ein einziges Element der Sprache – zum Beispiel die Frage – dem Regime eines historischen Bedeutungsregulativs entgleitet, ist dessen Vormundschaft über die Sprache gebrochen. Mit dem Sturz der präsumtiven Meta- und Matersprachen entfällt aber zugleich das Recht und entfällt die Möglichkeit für die Philologien, sich an den Normen, Perspektiven und Methoden anderer Disziplinen zu orientieren oder diese gar zu Modelldisziplinen zu erheben. Die Verwiesenheit auf die Sprache von Anderen, die die Erfahrung der Philologie charakterisiert, muß einen anderen Sinn haben als den von Anlehnungs- und Fusionsbedürfnissen, die sich durch die Einordnung in einen vorgesetzten Horizont von Bedeutungen befriedigen lassen. Einrücken in Horizonte und Horizontverschmelzungen sind der Tod der Sprache, nicht ihr Anfang. Damit ein Kind auch nur phantasieren kann, im Arm seines Vaters oder seiner Mutter zu sterben, muß es dieses Kind und muß es die *philía* oder den *eros*, dem es entspringt, schon geben. Das Kind muß mehr und es muß anderes sein als die sprachtote Elongatur seiner Vorfahren und Vormünder. Es muß ein Novum, ein anderer Anfang und Anfang eines Anderen sein. Und so jedes Wort, und so seine Advokatin, die Philologie: Sie müssen, um für Andere sprechen zu können, selber zu sprechen anfangen.

Eine der Schwierigkeiten bei der Bestimmung dessen, was Philologie ist, wird an der Frage nach ihrer besonderen Weise zu fragen selber deutlich. Diese Schwierigkeit – oder diese *difficultas*, diese Mißlichkeit, Widrigkeit und sogar Unvollziehbarkeit – zeigt sich daran, daß diese Frage immer wieder aufs neue gestellt und daß sie nie umstandslos, nie ohne Rücksicht auf die Besonderheiten und die Singularitäten ihrer aktuellen und ihrer möglichen Gegenstände und deshalb niemals bündig beantwortet werden kann. Jede Frage, wie dringlich sie sei, kann nicht anders, als die Möglichkeit offenzulassen, nicht beantwortet werden zu können. Gehörte es nicht zur Struktur der Frage, nicht sogleich und vielleicht nie beantwortet zu werden, dann wäre sie keine Frage, sondern ein heuristisches Instrument zur Extraktion bereits verfügbaren Wissens; sie wäre eine Examensfrage, und keine, die verdiente, ihrerseits examiniert zu werden. Daß die Frage nach der Philologie und damit nach der Beziehung zum Wort selber schon Beziehung zu einem *ausstehenden* Wort und zu einer *ausstehenden* und vielleicht unmöglichen Antwort ist, enthält den Verweis auf eine aufschlußreichere, eine sach- und fragegerechtere Antwort, als jede Antwort es sein könnte, die schon parat steht. Die Verlegenheit der Philologie um eine Antwort auf die Frage nach dem, was sie treibt, diese Verlegenheit ist keine passagere Malaise einer Disziplin, die noch auf ihre erlösende Definition wartet. Die Verlegenheit, nicht zu wissen und vielleicht nie wissen zu können, was sie treibt, *ist* dic Philologie selbst. Das wird dann deutlicher, wenn die Frage nach ihr nicht mit einer provisorischen Antwort versehen, sondern wenn zurückgefragt wird, von wem oder von welcher Instanz und mit welchem Recht diese Frage überhaupt gestellt werden kann. Also: Kann die Philologie oder kann ein Philologe, sofern er als Philologe spricht, diese Frage stellen?

Wer nach dem fragt, was eine philologische Frage sei, der fragt damit nach dem Philologischen an einer Frage und ihrem Gegenstand, er fragt nach dem, was die Philologie zur Philologie macht, und gesteht damit zugleich, daß er es nicht weiß oder Gründe hat, den überlieferten Wissensbehauptungen zu mißtrauen –: er stellt also seine Frage nicht als Wissenschaftler, der über die Substanz und die Prinzipien seiner Tätigkeit bereits Rechenschaft ablegen kann, sondern stellt sie als Forscher, Denker oder Analytiker, der die Grundlagen und die determinierende Form einer Praxis zu eruieren versucht, die ihm kein begrifflich geregeltes Wissen darüber bietet, was sie treibt, wem sie nachgeht, worauf sie ihre Aufmerksamkeit richtet und von welcher Frage sie geleitet wird. Die Frage nach der philologischen Frage und damit die nach der Philologie ist also keine wissenschaftliche Frage, sie kann aber als Frage danach verstanden werden, ob die Philologie eine Wissenschaft sei – und sie enthält, so verstanden, *als* Frage bereits die Antwort, sie sei keine. Gäbe es einen Kanon der Philologie als Wissenschaft, so dürfte die Frage n*ach* ihm nicht *zu* ihm gehören, denn Fragen heißt Nicht- oder Noch-nicht-Wissen, und für das Fragen nach dem Fragen steht nicht nur das Wissen, sondern sogar der methodische Zugang zu ihm in Zweifel. Philologie ist mithin schon unter dem Aspekt ihrer Fraglichkeit weder eine Wissenschaft, noch ist sie eine theoretische Disziplin mit wohldefinierten Verfahren, die zum Erwerb von Wissen führen. Die Frage nach ihr kann deshalb allenfalls das Recht einer propädeutischen und darum einer proto-philologischen Erkundung in Anspruch nehmen. Sie ist keine Frage der Philologie als Wissenschaft, sondern – *sit venia verbo* – der Philo-Philologie, die sich am Saum, im Vorhof oder am Tor der Philologie aufhält, aber deren Inneres nicht betritt und ihr Gesetz nicht kennt. Sie ist also keine disziplin-technische Frage und gehört nicht zum methodologischen Instrumentarium, mit dem sich eine Wissenschaft von der Sprache und einzelnen sprachlichen oder sprachähnlichen Phänomenen sichern läßt.

Damit ist nicht etwa gesagt, daß diese Frage oder der sie stellt sich zur Philologie indifferent verhalten muß. Im Gegenteil: Wer sich noch vor der Philologie und in ihren Außenbezirken bewegt, wird ihre Konturen schärfer wahrnehmen als jeder, der sich in ihrem Innern aufzuhalten meint und von bestimmten Routinen, die als philologisch gelten, befangen ist. Philo-philologisch nach den Praktiken zu fragen, die «Philologie» heißen, schärft nicht nur die Sicht auf sie, es schärft auch eine Erfahrung, die der Philologie selber, nimmt man sie beim Wort, unveräußerlich ist: sie ist eine *philía*, eine Neigung, eine Emotion, die sich in der philo-philologischen Beziehung zu ihr intensiviert und als Bewegung auf sie hin die Bewegung der Philologie selber eröffnet. Die Frage nach der Philologie zeugt also nicht allein davon, daß die Philologie keine primär kognitive Praxis sein und auch kein primär theoretisches Interesse verfolgen kann; sie bezeugt als eine Frage der *philía* zugleich, daß die Philologie als ein affektives Verhalten strukturiert ist, als eine Neigung zur Sprache und allen sprachnahen Phänomenen und Phänomenausfällen, als eine Zuwendung und eine Näherung, die am Wißbaren keinen Halt findet und sich deshalb im Durchgang, und sei er unendlich, der Sprache zu einer anderen Sprache und zu anderem als Sprache bewegt. Sie nimmt das Wissen und erhöht den Affekt.

Die *Philo*logie ist eine *Patho*logie. Daß ihr *pathos*, das *pathos* des *legein*, aber eine Doppelbewegung durchläuft, daß sie die Erfahrung der Annäherung immer zugleich als eine der Entfernung, die Erfahrung der Zuwendung immer als die zu einem Abgewandten macht, tritt mit besonderer Schärfe erst dort hervor, wo sie einsehen muß, daß sie weder über ihre Objekte noch über einen geregelten Zugang zu ihnen verfügt: in der philo-philologischen Frage, die von ihr nicht vermieden, von ihr aber auch nicht beantwortet werden kann. Sie ist ein *pathos* der Ent-Fernung. Bei jeder Annäherung an das, worauf eine sprachliche Äußerung verweist – eine Bedeutung, eine Form, ein Sinn –, wird sie von ihm auf wiederum Anderes – einen Formenkomplex, die Signatur einer Epoche, eine Idee – weiter verwiesen, das, seinerseits sprachlich verfaßt, die Reihe der Verweisungen fortsetzt. Je näher die Philologie ihrer Sache rückt, desto ferner tritt sie zurück. Ihr Bezug ist ein Bezug zum Entzug. Deshalb ist ihr *phileîn* nie einfach das Verhältnis des Gleichen zum Gleichen, nie eines bloß der Konkordanz oder der Korrespondenz, ohne zugleich eines der Distanzierung, des Verdachts und der Abwendung zu sein. Nicht nur gelegentlich und aufgrund von Absonderlichkeiten derer, die sie betreiben, sondern aufgrund der Doppelbewegung der Sprache unterhält die Philologie die engste Affinität zur Misologie. Auch diese ist eine Antwort auf die Entfernung von dem, was sie anzieht. Daher kann sich, und nicht nur unter Routiniers der Philologie, eine Aversion gegen die Sprache ausbilden, die leicht zur Geringschätzung und Ächtung, zur Marginalisierung und verhalten sadistischen Disziplinierung ihres Verständnisses und ihres Gebrauchs führt. Damit, also aus der Bewegung des *logos* und seiner *philía*, ist der erste Schritt zur Verwandlung der Philologie aus einer Praxis des *pathos* in ein epistemisches System, aus einer Suche zu einer Wissenschaft des Bewußtseins und weiterhin zur Anlehnung an die Praktiken der sogenannten exakten Wissenschaften getan. Sprachsucht und Sprachflucht sind die gegenstrebigen Tendenzen, in denen die Philologie sich bewegt; sie ist aber auch die einzige Praxis, die beide Tendenzen artikulieren und analysieren kann, ohne die eine an die andere zu verraten. Allein die Philologie kann die Frage stellen, was eine philologische Frage sei, weil allein sie es zulassen und ertragen kann, auf sie keine verbindliche und abschließende Antwort zu finden. Sie kann diese Frage nur dann *nicht* dulden, wenn sie sich als eine Disziplin des Wissens mißversteht; wenn sie ihre Reichweite auf einen bestimmten Gegenstandsbereich – und sei er der exponierteste, die Dichtung, die Literatur – einschränkt und sich als Literatur-Wissenschaft definiert; am wenigsten dann, wenn sie sich in den Dienst von Theorien und Wissenspraktiken stellt, für die Sprache nur als Mittel zur Flucht vor ihr, als Manöver zu ihrer Domestizierung, als Agent ihrer Denunziation in Betracht kommt.

Was die Philologie treibt, das wird von der Frage nach ihr getrieben: Es ist das Verlangen nach Sprache, nach *Sprache über die Sprache* – über die Sprache als Gegenstand und über jede ihrer Vergegenständlichungen *hinaus* –, in dem sie zum einen thematisiert, objektiviert und definiert, zum andern aber als unthematisierbare, gegenstands- und adressatenlose Bewegung der Veranderung in eine schlechthin andere Sprache und vielleicht in anderes als Sprache freigelassen wird. Darum gibt es keinen Widerspruch zwischen der Annahme, die Frage nach der Frage sei die philologische Frage *par excellence*, und der anderen Annahme, sie sei eine philo-philologische, eine vor-philologische Frage. Philologie ist zunächst nichts anderes als die Frage nach der Sprache und nach dem Verhältnis zur Sprache, das sich in eben dieser Frage nach ihr betätigt. Sie ist die Suche nach sich als dem von ihr Unterschiedenen. Auf sich hinausgehend, ist sie anders als sie selbst, aber allein in diesem Anderssein ist sie dasjenige Verhältnis, als das sich in ihr die Sprache bezeugt. Über sich hinaus und hinter sich zurück, in dieser Spannung zu sich als Anderem ist die *philía* des *logos* die Erfahrung, sie ist die passionierte Erfahrung – das *pathos*, die *passio* –, nie das schon zu sein, was sie noch werden könnte, und immer mehr zu sein, als sie schon ist.

Sie ist die Passion, anders zu sprechen als das von ihr Angesprochene und immer anders gesprochen zu werden, als sie vermeint.

Philologie ist also zunächst die Erfahrung, der Sprache *ausgesetzt* und von ihr *provoziert* zu sein. Nicht erst, wer sich zu einer Mitteilung äußert, schon wer die Frage stellt, ob es denn überhaupt eine Mitteilung sei, antwortet. Er antwortet mit seiner Frage – und tut zunächst nichts anderes, als zu antworten, auch wenn seine Frage offenläßt, ob das, worauf sie sich richtet, etwas sei oder nicht vielmehr nichts. Die Frage antwortet – und es bleibt zunächst fraglich, ob diese Antwort uneingeschränkt ein bewußtes, intentional gerichtetes Tun innerhalb gegebener Handlungskonventionen, ob sie ein sprachlicher Akt vom Typ sogenannter «speech acts» sein kann oder vorerst nichts weiter als eine Handlungs*eröffnung* ist, die noch nicht unter der Kontrolle eines konstituierten Subjekts und im Konsensus über Handlungsregeln steht. Wer fragt, antwortet, auch mit seiner Frage, auf einen Anspruch, der ihn *angeht*, weil er ihm *entgeht*, und der dringlich oder bedrohlich seine Aufmerksamkeit fordert, weil er sich nicht ‹von selbst› versteht. Er antwortet mit seiner Frage auf etwas, das nicht übereinstimmt mit seinen Gewohnheiten, Kenntnissen und Erwartungen; auf etwas, das keine distinkte, verständliche Stimme hat und das, indem es den Horizont seiner Welt- und Sprachweltvorstellungen durchbricht, ihm die Sprache verschlägt. Wer fragt – und wer spricht – antwortet, aber er antwortet auf das, was ihm das Wort entzieht. Die Provokation, auf die geantwortet oder auch nur reagiert wird, hat also die befremdliche Struktur, dadurch etwas zu fordern – ein Wort, eine Aussage, einen Gebrauch zu fordern –, daß etwas – und zwar genau dieses Wort, diese Aussage, dieser Gebrauch – verwehrt wird. Wenn Sprechen, und am deutlichsten Fragen, eine Antwort ist, dann eine Antwort auf ein ent-ferntes Wort, also eine Antwort auf eine *Provokation* – auf eine Herausforderung, einen Reiz, einen Schock oder bloß eine Berührung – durch etwas, das selbst nicht den Charakter einer morphologisch, semantisch und pragmatisch wohldefinierten *vox* hat.

Eine Antwort, und sei sie eine Frage, muß immer auch Antwort auf *kein* Wort sein. Sie ist Fragment in einer Relation, deren zweites Relat aussteht und die deshalb immer zugleich Relation und Irrelation, Relation auf eine Irrelation ist, entregelte und desorientierte Relation auf der Suche nach dem fehlenden Element, an dem sie sich komplettieren und stabilisieren könnte. Eine Antwort, auch die Frage, ist der Versuch einer Therapie an einer Läsion der Sprache. Und also eine Antwort auf das, was nicht antizipierbar, sondern regellos und in jedem Sinn des Wortes *kontingent* ist. Tingiert zu sein, ohne schon zu wissen, wovon oder warum; affiziert zu sein von der Möglichkeit, daß noch das und gerade dasjenige sprechen könnte, das die Sprache, die klare und distinkte, verwehrt, und noch dasjenige zur Sprache gebracht werden müsse, was die Sprache, die begreifende, thematisierende und regulierende, verschlägt, das ist das *pathos* und die Passion der Philologie. Und dieses *pathos* teilt die Philologie mit jedem, der spricht oder schreibt, *a fortiori* mit den Dichtern, die von nichts anderem als dieser Erfahrung der *Sprachoffenheit* sprechen: der Sprachmöglichkeit unter Bedingungen ihrer Unwahrscheinlichkeit, der Sprachmächtigkeit unter Bedingungen der Ohnmacht, der Macht im Horizont ihres Entzugs. Dichtung ist die rückhaltloseste Philologie, nur deshalb konnte sie die privilegierte und anhaltende Aufmerksamkeit der Philologen auf sich ziehen.

Wer über die Struktur der Philologie Genaueres lernen will, wird deshalb gut daran tun, sich an diejenigen zu wenden, denen die Bedeutung der Sprache am wenigsten sicher und denen die Unbotmäßigkeit der Sprache am vertrautesten ist. Einer der raren Autoren, die sich, begünstigt von einer bestimmten politisch-philosophischen Konstellation, am weitesten auf die Strukturprobleme der Philologie eingelassen haben, geht sehr weit in die Richtung der hier angedeuteten Überlegungen. Er tut es als Philologe des Wortes «Philologie» und in der Nachfolge Platons, der seinen Sokrates als einen *anèr philólogos* kennzeichnen läßt (236e) in einem Gespräch, das dieser mit einem jungen Mann, Phaidros, führt, der sich gleichfalls in einen *lógos* – eine Rede – verliebt hat, und zwar in einen *erotikòs lógos* über den Eros (227c). Platons ‹Philologe› ist ein Freund und Liebhaber der Rede als derjenigen, die Rede von der Liebe und selber liebende Rede ist. Er ist ein Philo-Philologe, weil für ihn der Logos selbst schon Liebe, und zwar Liebe zur Liebe ist. Die Sprache liebt. Wer sie liebt wie der Philologe, der liebt in ihr die Liebe. In der Tradition des Platonischen «Phaidros» versteht Friedrich Schlegel Philologie als Affekt, und zwar als logischen, als Affekt des Logos, der sich seinerseits auf den Logos, die Sprache, richtet. Im Athenäums-Fragment 404 schreibt er: *Es gibt keinen Philologen ohne Philologie in der ursprünglichsten Bedeutung des Worts* [...]. *Philologie ist ein logischer Affekt, das Seitenstück der Philosophie, Enthusiasmus für chemische Erkenntnis: denn die Grammatik ist doch nur der philosophische Teil der universellen Scheidungs- und Verbindungskunst.* [...].[1] Und in den Aufzeichnungen «Zur Philologie» von 1797 schreibt Schlegel: *Macht die Dedukzion der φλ [Philologie] als logischen Affekts und nothwendigsubjektiver Bedingung zur Erfüllung des logischen Imperativs nicht am besten den Anfang?*[2] Und: *Lesen heißt sich*

---

1 Hier zitiert nach der *Kritischen Friedrich-Schlegel-Ausgabe*, Bd. 2, hg. v. Hans Eichner, Paderborn 1967, S. 241.

2 A.a.O., Bd. 16, S. 72 (Nr. 121).

selbst φλ *[philologisch] affiziren, sich selbst* φλ *[philologisch] beschränken, bestimmen. Aber dieß könnte man wohl auch ohne Lesen.*[3] – Und in den «Philosophischen Lehrjahren»: *Es bleibt ewig wahr; als Affect und als Kunst ist die* φλ *[Philologie] Fundament und Propädeutik und Alles für die Historie.*[4] – Wie die Rede von Selbstbestimmung und Selbstbegrenzung an Fichte, so knüpft die von der Selbstaffektion an Kant und seine Definition der Selbstaffektion des Gemüts als der Produktionsform der Zeit an. Deshalb, also aus transzendental-philosophischen Motiven, kann für Schlegel die Philologie als Affekt *Fundament* für die historische Zeit und ihre Darstellung in der Historiographie sein. Die Selbstaffektion ist aber als philologische die Affektion des Logos durch sich, seine Selbstberührung und Selbstreizung, die ohne einen Riß in ihm nicht möglich wäre. *Niemand*, so schreibt Schlegel, *versteht sich selbst, in so fern er nur er selbst und nicht zugleich auch ein andrer ist. Z.B. wer zugleich* φλ *[Philologe] und* φσ *[Philosoph] ist, versteht seine* φσ *[Philosophie] durch seine* φλ *[Philologie] und seine* φλ *[Philologie] durch seine* φσ *[Philosophie].*[5] Selbstaffektion der Sprache ist also notwendig Polemik mit sich als einem Anderen und mit Anderen als verschiedenen Selbsten.[6] Insbesondere die Philosophie bedarf der Philologie, weil sie ohne deren *Affekt*, ohne deren *Enthusiasmus* zur bloßen Beschreibung der grammatischen Strukturen des Logos verkümmern würde und nicht fähig wäre, jenem *logischen Imperativ* zu folgen, der über alle naturwüchsigen und konventionellen Regeln hinaus und derart erst in die Bewegung der Sprache hineinführt. Philologie ist für Schlegel Philo-Polemo-Logie. Sie ist die Ausfechtung des Streits, der sich in der Binnenstruktur des Logos abspielt. Wenn sich die Sprache selbst affiziert, dann weil ihr «Selbst» durch eine *krisis*, eine Sonderung und Teilung von eben diesem «Selbst» als einem «Anderen» abgespalten ist und sich in permanenter *Kritik*, in der expliziten Absonderung und Ausschließung des einen «Selbst» vom anderen, der einen Sprache von der anderen betätigt. Autokritik – und genauer: Heterautokritik –, Fundamentalpolemik, transzendentaler Dissens ist die unhintergehbare Form der Selbstaffektion der Sprache und des *logischen Affekts*, als den Schlegel die Philologie denkt. Da sie den Grundriß der Sprache überhaupt determiniert, muß sie sich in jeder sprachlichen Äußerung und in jeder Äußerung über die Sprache durchsetzen. Wer spricht, spricht schon über die Sprache, spricht auf sie hin, antwortet ihr und spricht deshalb als Philologe. Doch *über* sie sprechend, spricht er auch *mit* ihr als

---

3 Ebd., S. 68 (Nr. 80).

4 A.a.O., Bd. 18, S. 106 (Nr. 929).

5 Ebd., S. 84 (Nr. 651).

6 Vgl. ebd., S. 81 (Nr. 624).

einer anderen, entgegenstehenden und liegt mit ihr als einer Alternative zu seiner eigenen Sprache in einer Kontroverse, deren Ausfechtung die ebenso unvermeidliche wie unabschließbare Konstitutionsbewegung der Sprache überhaupt ist. Philologie als spezialisierte Erkenntnisform und als akademische Disziplin gibt es nur, weil es sie zunächst als die Form des Sprechens überhaupt, als Sprechen *zu* einem Ansprechenden und *über* es gibt. Sprechen – auch das fragende – ist Antworten, und jede Philologie ist Philologie der Antwort. Da aber die Antwort der Philologie sich an eine andere Sprache – und *in extremis* an etwas anderes als Sprache – richtet, und da ihr in diesem Anderen eine alternative oder kontroverse Philologie gegenübersteht, muß ihre Antwort, sosehr sie eine Bewegung der *philía* ist, immer auch ein – polemisches – Anti-Wort sein, ein Gegenwort, das die Diversität der Sprachen und der Philologien potenziert und zugleich ihre Einigung herbeizuführen trachtet.

Das von Schlegel skizzierte Schema der Philologie als einer transzendental-kritischen Selbst-Beziehung ist zwar extrem formell, es läßt sich aber eben darum ohne Gewalt auf die Tätigkeiten beziehen, die zur Philologie als Metier gezählt werden: auf die kritische Emendation von Textüberlieferungen, auf die Konstitution eines Schriftencorpus und auf seine Erläuterung und Deutung. In solchen textkritischen und hermeneutischen Verfahren wirkt ein sprachliches Vermögen – das der differenziellen Markierung – auf die Äußerungen eines anderen sprachlichen Vermögens – der Wiederholung und Kombination oder Synthesis von Markierungen – ein und stellt in prosaischer Praxis den Prozeß der Selbstaffektion des Sprachcorpus dar: immer wieder aufs neue das einmal Gesagte und verändert Wiedergesagte zum Sprechen zu bringen. Aber während es der Textkritik und ihrer Deutungs- und Emendationspraxis um die Festschreibung eines korrekten oder korrekteren Textes und um die Restitution des *Gesagten* zu tun ist, so geht es Schlegel mit seinem Begriff von Philologie nicht um einen Bestand, einen Zustand oder Gegenstand, sondern um diejenige Bewegung, aus der ein solcher Stand allererst resultiert: es geht ihm um den Affekt des Sagens, aus dem Texte erst entspringen, um das Movens des Sagens, das die Philologie als «logischer Affekt» selber ist. Es geht ihm nicht um die Sprache als System, sondern um sie als Prozeß, und mehr als um den Prozeß um das, was ihn ermöglicht und antreibt: die permanente Sui-Sezession des Sprechens. Kommt es der kritisch-hermeneutischen Konstitution eines Textes auf die zyklische Rückkehr zu seiner ersten oder authentischen Gestalt an, so der Affektphilologie Schlegels auf die Bewegung in den Zyklus hinein und aus ihm hinaus. *Eine vollständige Polemik*, so schreibt er und charakterisiert damit ein entscheidendes Element jeder philologischen Praxis, *muß alle Maniren parodiren, alle Ecken zerstoßen, alle Linien zerschneiden, alle Cyklen zersprengen, alle Punkte zerstechen, alle Wunden aufreißen, alle Beulen und Schwächen aufdecken.*[7] Alle Linien, alle Zyklen, alle Punkte – also die gesamte Geometrie, die der Sprache kalkulierbare Grenzen setzt, die gesamte Logometrie, die sie zu bestimmten Figuren der Sukzession, der Rückkehr in sich, der Arretierung in einer distinkten Gestalt fixiert, müssen von der Autopolemik der Sprache, als die sich die Philologie betätigt, *zerstoßen*, *zerschnitten*, *zersprengt*, *zerstochen*, *aufgerissen* und *aufgedeckt*, sie müssen, mit einem Wort, *parodirt* werden. Es gibt also diese Linien, Zyklen und Punkte – keine Philologie kann ihre Faktizität bestreiten, denn sie sind Fakten nicht nur der Sprache überhaupt, sondern auch der sich begrenzenden und durch ihre Abgrenzung von Anderem sich bestimmenden philologischen Selbstaffektion, in der die Sprache immer wieder entspringt. Deshalb wird keine philologische Arbeit umhin können, diesen Figuren – sowohl den geometrischen wie den rhetorischen, die sich mit ihnen liieren – ihre Aufmerksamkeit zuzuwenden, und sie wird, darüber hinaus, selbst eine linear synthetische, eine rekonstruktiv zyklische und eine mit Demarkationspunkten sondernde Praxis der Geometrisierung der Sprache sein müssen. Aber in diesen von ihr produzierten und reproduzierten Figuren kann der Prozeß ihrer Produktion nicht zum Stillstand kommen, er muß sich an den einmal erzeugten Gegenständen fortsetzen, und der bestimmende und beschränkende Affekt muß an seinen Schranken zum Affekt der Zerstörung und Zersprengung, das heißt aber der Öffnung einmal gesetzter historischer Sprachgrenzen werden. Als Polemik setzt die Philologie den Sprachbildungsprozeß fort und geht über den jeweils erreichten *status quo*, geht auch über den *status ante corruptionem* und geht über jeden irgendwie fixierbaren Status hyperbolisch hinaus. Philologie ist die polemisch generative Parodie auf ihre Gegenstände, die fortgesetzte Selbst-Parodie der Sprache. Jede Sprache setzt – Strukturen, Funktionen und Bedeutungen –, und jede setzt *fort.* Und wie die Sprache und *als* Sprache auch die Philologie.

Daß sie setzt und daß sie fort-setzt, besagt aber, daß die Philologie mindestens diesen zwei von einander nicht unabhängigen, aber auf einander nicht reduziblen sprachlichen Gesten folgt: Sie definiert zum einen ein Textcorpus nach seinen Grenzen, seiner Zugehörigkeit, seinen internen und liminalen, seinen ‹pragmatischen› Strukturen, nach den Tropen, die es durchläuft, und den Bedeutungen, die es generiert; sie bestimmt geringere oder umfassendere sprachliche Komplexe – einzelne Äußerungen, Idiome,

7 Ebd., S. 83 (Nr. 641).

Motive, Genres, Epochen, Nationalliteraturen – nach ihren Formen, Funktionen und Operationen; sie setzt Grenzen und setzt damit, implizit oder ausdrücklich, die Regeln, nach denen sie diese Setzungen vornimmt.

Zum anderen setzt die Philologie diese Setzungen *fort*: sie wiederholt sie, aber ändert sie in dieser Wiederholung, erzeugt Grenzkonflikte in mikroskopischen und makroskopischen Bereichen, führt Kollisionen zwischen einzelnen Idiomen herbei, macht auf die Borniertheiten nationaler und Epochenliteraturen aufmerksam und richtet ihre Kritik endlich gegen die Borniertheit der Totalität dessen, was in den überschaubaren historischen Gebieten überhaupt als Sprache und als Literatur gilt: Sie richtet sich gegen den sprachlichen Superkomplex mit seinen kollidierenden, aber prinzipiell definierbaren Strukturen, Funktionen und Operationen. Sie setzt die Setzungen *fort*, heißt nun: sie bringt sie auf Distanz, indem sie gegen die Gesamtheit der Sprache, gegen die von ihr selbst definierte Totalität die Notwendigkeit ihrer Wiederholung *ad infinitum* ausspielt – also die Notwendigkeit einer Unendlichkeit, von der jede sprachliche Totalität nur ein Fragment sein kann. Da die Philologie sich prinzipiell auf die Gesamtheit aller sprachlichen Operationen bezieht, kann auch *ihre* Totalität in der unabsehbaren Reihe ihrer Wiederholungen und Veränderungen nur ein Fragment ihrer Unendlichkeit sein. Die Philologie, so definitorisch sie vorgehen mag, indefiniert.

Alle Linien zerschneiden, *alle* Zyklen zersprengen, *alle* Punkte zerstechen: das heißt nicht weniger als die Totalität sämtlicher sprachlicher Setzungen suspendieren. Den Modus dieser Suspension charakterisiert Schlegel in der ersten Formulierung seiner Notiz als Parodie: *Eine vollständige Polemik muß alle Maniren parodiren* […]. Nun kann aber eine Parodie der Totalität aller Sprachäußerungen, aller Figuren, Funktionen und Operationen der Literatur und der Sprache überhaupt keinen archimedischen Punkt außerhalb des sprachlichen und literarischen Universums finden, der es ihr gestatten würde, diese Totalität aus den Angeln zu heben: Noch dieser archimedische Punkt gehörte zur Totalität und müßte nach Schlegels aggressiver Formel «zerstochen», die *stigmé* müßte re- und destigmatisiert werden. Wenn es eine Parodie der sprachlichen Totalität gibt und wenn die Philologie diese parodische Trans-Totalität ist, dann allein als immanente Verdopplung einer Sprache der Strukturen, Funktionen und Operationen durch exakt dieselbe Sprache *ohne* Strukturen, Funktionen und Operationen. Diese Wiederholung wäre der Wieder- und Widergesang des Satyrspiels und das Wieder- und Widerwort, das Anti-Wort der Parekbasen, die Schlegel aus den Komödien des Aristophanes kannte und durch deren Verfahren er einen der entscheidenden Begriffe seines Denkens, die Ironie, charakterisiert hat. *Die Ironie ist eine permanente Parekbase.*[8] Ironie, Polemik, Parekbase und Parodie sind für ihn sprachliche Prozeduren, die in Permanenz die Totalität aller sprachlichen Gebilde begleiten, aber im Unterschied zu ihnen weder eine selbständige Funktion haben noch einen semantischen Gehalt beanspruchen und nichts anderes tun, als die Akte der sprachlichen Totalität zu deaktivieren, zu asemantisieren und zu defunktionalisieren. Genau das tut die Philologie. Sie ist die Begleiterin der Sprache und der Gesamtheit ihrer Produktionen, aber sie selbst sagt und produziert nichts Eigenes, sie ist das bloße Medium, in dem sich jene Gesamtheit *exponiert*: sich ausstellt, vorstellt, darstellt. Aber wenn die Philologie die Gesamtheit der sprachlichen Bildungen analysiert, restituiert, kontextualisiert und systematisiert, tut sie es jeweils aus einer Distanz, in der alle ihre Setzungen außer Kraft gesetzt sind und ihre Totalität *ex-poniert*: ausgesetzt, abgetrennt, suspendiert ist. Die Philologie, wie Schlegel sie versteht, übt ihre strukturelle Totalitätskritik also keineswegs als Partisanin der Partialität der Literatur; sie plädiert ebensowenig für eine bloß regionale Kompetenz der Sprache, wie sie sich selbst mit den Diensten einer Regionalwissenschaft bescheidet. Sie schneidet nicht Fragmente aus einer existierenden Totalität heraus, sondern macht die Totalität *selbst* zum Fragment einer Unendlichkeit, über die sie keine Macht hat. Für die Philologie allein gibt es mehr als alles. Für sie gibt es nicht nur mehr als das jeweils Vorgestellte, sondern mehr als das Vorstellbare, Antizipierbare und Machbare. *Fragmente aus der Zukunft* nennt Schlegel deshalb die Werke,[9] die sich der Philologie erschließen – Fragmente aus derjenigen Zukunft nämlich, die nur durch die immanente Suspendierung einer jeweils erreichbaren Totalität näherrücken kann. Philologie ist deshalb die Advokatin der Geschichte in den Werken. Indem sie deren Totalität in Beziehung zu dem bringt, was sie noch nicht ist, trägt sie zu ihrer historischen Transformation bei. Die progressive Universal*poesie* wird progressiv allein durch die Polemik, die eine ihr entsprechende Universal*philologie* mit ihr führt. Philologie, so verstanden, ist die *epoché* der historischen Sprachwelt – auch ihrer jeweils eigenen – zugunsten einer anderen. Sie räumt sie leer, um Platz für weitere zu schaffen. Aber da sie nichts anderes schafft als Platz – Philologie ist Dekreation –, ist sie das Medium, in dem alle Sprachen sprechen können, das aber selber nichts sagt außer dem Anfang des Sagens. Wie Parekbase und Parodie ist Philologie eine Para-logie, in der der Logos bloß fortspricht, aber nicht bedeutet.

---

8 Ebd., S. 85 (Nr. 668).

9 A.a.O., Bd. 2, S. 168 (Nr. 22).

Sprache setzt und sie setzt fort; und so die Philologie. Die zwei Prinzipien des sprachlichen Geschehens – zu setzen und alle Setzungen auszusetzen – verhalten sich asymmetrisch zueinander: Was gesetzt ist, ist es jeweils als Gesagtes mit prinzipiell bestimmbaren Bedeutungen und Funktionen; aber dieses Gesagte ist auf ein Sagen angewiesen, das seinerseits prinzipiell ohne Bedeutungen und ohne Funktion operieren kann. Ohne das bloße Sprechen gibt es keine Möglichkeit, Etwas zu sagen. Aber dieses bloße Sprechen und Weitersprechen teilt selber nicht Etwas und teilt es nicht Jemandem mit. Daß seine Inhalte mit ihm nicht identisch sind und daß die bloße Äußerung – der phatische Akt, von dem die Linguisten reden – jedem semantischen oder strukturellen Gehalt voraus- und über jeden solchen Gehalt hinausgeht, wird am deutlichsten in der Wiederholung und ihren Varianten, den relativ zustimmenden wie dem Reim, dem Refrain und dem Echo, und den subversiven wie der Echolalie, der Glossolalie, der Parodie und dem polemischen Zitat. In ihnen wird zwar etwas gesagt, das schon vorher gesagt war, aber es wird gesagt, ohne daß sich damit noch Überzeugungen, Geltungsansprüche oder Bedeutungsaffirmationen verbinden ließen. Das Gesagte wird im bloßen Sagen und Fortsagen außer Kraft gesetzt, wie alles, was der Papagei von Félicité in Flauberts «Un cœur simple» wiederholt, in der Mechanik des Nachsagens seiner Bedeutung entkleidet wird. Echo, Zitat, Spiegel sind keine harmlosen Utensilien zur Verschönerung einer Erscheinung, sie sind die Instrumente der Entleerung, Depossession und Verunendlichung des Gesagten im bloßen Sagen. Solche Elemente analytischer Iteration sind in der Sprache, insbesondere der literarischen, Legion – und sie bieten in ihr die Modelle philologischer Grundoperationen. An ihnen kann die reflektierte – in der Reflexion sich wiederholende und derart sich allererst gewinnende – Philologie erkennen, was sie treibt, und wie es um ihre Antwort auf die Fragen steht, die ihr von den Texten gestellt werden.

In einem Gedicht mit dem Titel «La bibliothèque est en feu» von René Char stehen die folgenden Sätze: *Comment me vint l'écriture? Comme un duvet d'oiseau sur ma vitre, en hiver. Aussitôt s'éleva dans l'âtre une bataille de tisons qui n'a pas, encore à présent, pris fin.*[10]

Diese drei Sätze lassen sich auf deutsch etwa so wiedergeben: «Wie kam mir das Schreiben? Wie Vogelflaum an meine Fensterscheibe, im Winter. Sogleich erhob sich im Herd ein Feuergefecht, das, noch bis jetzt, kein Ende genommen hat.» Dieser Text ist Teil einer locker um einen gemeinsamen Fokus gruppierten Aphorismenreihe und kann deshalb relativ unabhängig von den anderen *paroles en archipel* diskutiert werden. Er setzt ein mit der Frage nach dem Kommen des Schreibens. Die Eröffnungsfrage – *Comment me vint l'écriture?* – fragt nicht, wie das Ich zum Schreiben, sondern wie das Schreiben zum Ich kam. Schon diese Frage also antwortet, sie antwortet auf das Kommen des Schreibens, und könnte so verstanden werden, daß sie auf das Kommen des Schreibens eben dieser Frage antwortet. Die Frage, wie mir das Schreiben gekommen sei, wäre dann die Frage nach dem Kommen eben dieser Frage, und die Frage nach dieser Frage wäre selbst ihre erste Antwort. Diese Antwort würde lauten: Das Schreiben kam mir als die Frage eines Anderen, die sich hier und jetzt als meine eigene wiederholt. Mein Schreiben ist die Replik seines Schreibens, das keinen anderen Ort und keine andere Zeit als die eben dieser Replik hat. Das Kommen des Schreibens ist die Kollision von Mein und Sein, der Zwist von Frage und Antwort, der *polemos* im Sagen. Diese Überlegung wird dadurch bestätigt und präzisiert, daß der im nächsten Satz folgende Vergleich die Fragepartikel *Comment* in dem annähernd homophonen *Comme un*, das *vint* im *(du)vet*, das *(éc)riture* im *vitre* verschoben wiederholt und derart die Frage in der Antwort um ein Geringes versetzt wiederaufnimmt. Zudem läßt der zweite Satz das Schreiben so zum Schreibenden kommen wie Vogelflaum an eine Scheibe, im Winter. Die Rede ist also von einer Berührung, der denkbar unaufdringlichsten, sanftesten und übrigens unwahrscheinlichsten, denn ihren Flaum verlieren Vögel nicht im Winter. Das Kommen des Schreibens hat als Berührung die Form dessen, was Schlegel Polemik und was er mit Kant einen Affekt oder eine Affizierung nennt. Auch bei Char ist diese Affizierung keine schlichte Berührung des Selbst durch sich, sondern eine Berührung dessen, womit das Selbst sich gegen die Außenwelt schützt – einer Fensterscheibe –, und eine Berührung durch einen Anderen, genauer durch etwas, das von einem Anderen verloren, unbeabsichtigt fallengelassen wurde, eine Flaumfeder. *Vitre* und *hiver* nehmen rhetorische Elemente der Dichtung Mallarmés wieder auf, und die Figur des *duvet*, der Flaumfeder,

10 René Char, *Œuvres complètes*, Paris 1983, S. 377.

erinnert an jene *plume*, welche als Schreibfeder traditionell für das Scheiben insgesamt steht. Das *pars pro toto*-Klischee der *plume* wird hier auf dem Weg der metonymischen Verschiebung zu einem *duvet* abgemildert, und diese minimale Entstellung der Tradition ermäßigt das Bild vom Schreiben zu dem einer zarten Berührung, ohne indessen die Konnotation der *écriture*, die seit der Ausgangsfrage präsent ist, zu verlieren. Wie mir das Schreiben kam, diese Frage beantwortet sich damit so, daß es kam wie ein Schreiben auf mich als die Schreibfläche, die mich vor ihm schützt, daß es kam wie eine Kollision mit meinen Grenzen und daß mein Schreiben sie nicht abbildet, sondern *hic et nunc* das Geschehen dieser Kollision ist.

Die Antwort, die der Text auf seine Frage erteilt, ist nichts anderes als die ermäßigende Rephrasierung der Frage selbst – sie ist die auf der Kontiguitätsachse verschobene Frage des Anderen noch einmal. Nicht ich schreibe, ich werde geschrieben, und dieses Geschriebenwerden setzt sich fort *encore à présent*, noch in dem, was hier geschrieben steht. Die die Frage fortsetzende Antwort läßt sich deshalb nicht nur als die Frage an den Schreibenden verstehen, wie er denn zum Schriftsteller wurde. Sie ist in gleichem Maße die Frage des Lesers: *Comment me vint l'écriture?* Die Antwort ist in beiden Fällen dieselbe: Indem ich lese, werde ich geschrieben und bin Leser der Schrift eines Anderen, die sich in meinem Lesen fortschreibt. So euphemisierend die Heteroaffektion durch das Schreiben von Char formuliert wird, sie schlägt im letzten der drei Sätze des Textes in die bedrohlichste Brutalität um, die Berührung durch den Flaum springt über und wird zur Entzündung eines Schlachtenfeuers im Herd: *Aussitôt s'éleva dans l'âtre une bataille de tisons* – «Sogleich erhob sich im Herd ein Feuergefecht» –: *âtre* fungiert dabei als phonetische Transformation von *vitre*, die Berührung von Flaum und Fensterscheibe wird zum Schlagen (*battre*) einer *bataille* zwischen Holzscheiten im Feuer. Das Schreiben, eine leichte Berührung durch die Frage eines Anderen, ist zu einem Schlagen, einer Schlacht, einem Brand geworden. Die Erfahrung: Ich werde geschrieben, ist verschärft zu: Ich werde entzündet, in Brand gesetzt, ich brenne und verbrenne. Der Leser, der Teil dieser Szene ist, weil der Autor selbst sich als Leser definiert findet, wird von derselben Ansteckung betroffen: sein Lesen ist eine Entzündung, eine Inflammation, ein Brand. Indem er liest, steht er in einem Feuergefecht, das ihm in unausweichlicher Kontingenz von Anderem aufgezwungen ist.

Die scheinbar völlig harmlose, intime Frage zu einem fast akademischen Thema *Comment me vint l'écriture?* ist durch progressive Transformation zu der Antwort geworden, daß jede Berührung mit einem Wort, mit einer Frage ein Gefecht und ein Brand ist – und daß diese Antwort selbst, wie sie hier steht, *encore à présent,* in Flammen steht. Die scheinbar kalte erweist sich als brennende Frage, und sie brennt in der Antwort weiter. Die beinah erotisch zarte Affektion an dem einen, verschwindend geringen Punkt der Berührung des Fensters durch den Flaum, des Ich durch die Frage erweist sich als Infektion, die sich durch das gesamte Corpus der Sprache ausbreitet, den Leser, der auf dies Gedicht stößt, hier und jetzt, *à présent*, ergreift und die Präsenz selbst zu einem Gefecht und einer Feuersbrunst macht, unaufhörlich bedrohlich, eine Gefahr noch für ihre geringste Erfahrung. Schreiben und die Frage danach, Lesen und die Antwort, die es auf das Wort dieser Frage erteilt, sind keine harmlosen, keine harmonischen, nie bloß intimen und nie ausschließlich linguistisch oder poetisch erheblichen Ereignisse, niemals regional oder disziplinär begrenzbar, immer expansiv, durch alle Kontingenzformen und kontingenten Verformungen sich übertragend und ausgreifend auch noch auf die Praktiken der Regionalisierung, Normierung und Disziplinierung. Das Feuergefecht, als das sich hier Sprechen und Hören, Lesen und Schreiben darbieten, scheint zwar in Chars Text auf den *âtre*, den Herd beschränkt, aber da *âtre* in seiner Dichtung als Variante von *être* gebraucht wird und da das Feuer auch noch die Schrift ergreift, in der davon die Rede ist, springt sein Funke auf die Gesamtheit dessen über, was *ist*, was Sprache ist und mit Sprache in Berührung kommt, und setzt die Totalität der sprachlichen Welt, einschließlich der politischen, in Brand. *La bibliothèque est en feu* – die Bibliothek, und nicht nur die von Alexandrien, sondern jede, außer und in uns, steht in Flammen. Und mit ihr sämtliche Wissenschaften und diskursiven Verfahren, die von ihr archiviert werden können. Die Philologie brennt.

Daß die Sprache und alles, was mit ihr in Berührung kommt, brennt, ist keine Metapher. Es ist die – metonymische, über kontingente Verbindungen verlaufende – Artikulation eines Traumas. René Char war in den Jahren der deutschen Okkupation Capitaine einer Résistance-Truppe der Armée Secrète im Süden Frankreichs. Sie erhielt ihre Waffenlieferungen von der Exilregierung de Gaulle in London. Die Waffencontainer, die der Truppe die Fortsetzung des Kampfs gegen die Okkupatoren ermöglichen sollten, wurden vor Morgengrauen aus einem Flugzeug der Exilregierung mit Fallschirmen abgeworfen, aber bei einer dieser Lieferungen explodierte die erste Kiste beim Aufprall auf den Boden und setzte die umliegenden Waldungen in Brand. Char hat darüber in seinen «Feuillets d'Hypnos» berichtet, den Aufzeichnungen aus dem Maquis von 1943 und 1944. Der unglückliche Zufall, der ihn und seine Leute fast das Leben gekostet hätte, steht nun in denkbar engstem Zusammenhang mit dem kurzen Text über das Schreiben als Feuergefecht. Das für den Waffenabwurf verabredete Codewort hieß nämlich *La bibliothèque est en feu.*[11] Char gab 1956 dem zitierten Text und der Gedichtsammlung, in der er enthalten ist, dieses Codewort zum Titel. Er hat damit dessen Bedeutungen multipliziert: Es bleibt ein Codewort wie jedes andere, erinnert als solches an den Kampf um ein Leben in Freiheit und fordert dazu auf, diesen Kampf fortzusetzen; es bedeutet die aktuelle Vernichtung alles dessen, was einmal unter Kultur und Zivilisation verstanden werden konnte; es bedeutet zugleich die Möglichkeit, daß aus den Flammen des Weltbrandes, der den Heraklit-Bewunderer Char an das kosmische Feuer erinnert haben mag, eine andere Welt, eine andere Sprache aufsteigen könnte wie ein Phönix – *L'aigle est au futur* heißt es im selben Text –; und es ist Zeugnis der traumatischen Erfahrung, daß noch die antinomischen Bedeutungen, daß also sämtliche Bedeutungsmöglichkeiten des Satzes *La bibliothèque est en feu* durch einen Unfall, ein Mißgeschick, einen stupiden Zufall vertilgt werden könnten. Auch dieses Gedicht ist eine Waffenlieferung, auch es soll bei der Fortsetzung des Widerstandskampfes helfen, aber auch es ist der Gefahr ausgesetzt, bei seiner Landung, in der Lektüre seiner Leser – seiner Philologen – zu explodieren, den Widerstand, es selbst und seine Parole zunichte zu machen.

Der Codesatz, den Char seinem Gedicht als Titel mitgegeben hat, multipliziert seine Bedeutungsmöglichkeiten bis zu dem Punkt, an dem sie in der Möglichkeit der schlechthinnigen Bedeutungs*un*möglichkeit aussetzen. Diese eine, extreme Möglichkeit ist das Trauma jeder Sprache und wird von jeder Sprache weitergegeben. Diese Möglichkeit lädiert prinzipiell den Anspruch der Sprache, Prinzipien, Normen, Bedeutungsschemata festsetzen und in einem Kontinuum der Kommunikation erhalten zu können. Die Erfahrung der Sprache ist immer auch die Erfahrung der Gefahr, nicht mehr sprechen zu können. Die Erfahrung der Mitteilung immer die der Gefahr, ihren Adressaten nicht zu erreichen oder ihn und sich selbst zu zerstören. Diese traumatisierende Gefahr begleitet das Sprechen und

---

11 Der Hinweis darauf findet sich in Eric Marty, *René Char*, Paris 1990, S. 174, sowie in Horst Wernicke, «‹Die Bibliothek in Flammen›: René Chars Dichtung des Aufbruchs» (Nachwort zu: René Char, *Die Bibliothek in Flammen und andere Gedichte*, Frankfurt am Main 1992, S. 263 f. – Horst Wernicke war so freundlich, mir mitzuteilen, daß René Char im Gespräch mit ihm auf die Verbindung zwischen seinem Gedichttitel und dem Codesatz der Résistance aufmerksam gemacht hat. Er berichtet außerdem, daß im Résistance-Museum in Fontaine-de-Vaucluse, das Char noch mit aufgebaut hat, ein abgegriffenes Heftchen mit allen Codesätzen des damaligen Kampfes ausgestellt ist und daß auch dieser Satz darin abgedruckt ist (Brief vom 8.2.2005).

Miteinander-Sprechen nicht als eine vage Möglichkeit, die vielleicht, vielleicht aber auch nicht zu einer Wirklichkeit werden könnte, sie skandiert *als* diese Gefahr das Sprechen von Anfang an. Und von Anfang an ist die Sprache die Überlebende dieser Gefahr und trägt ihre Spuren.

Diese Sprache bedeutet also einerseits, ordnet, schematisiert, reguliert und kommuniziert; aber die Läsion ihrer Bedeutungen, Regeln und Mitteilungen kann sie nicht mehr bedeuten und regeln, sondern nur noch bezeugen. Der sinnlose Unfall, dem Char fast zum Opfer gefallen wäre und der alle seine Kämpfe und Sätze zerstört hätte, er wird in dem Satz *La bibliothèque est en feu* durch die Erinnerung an ihn, also in seinem Fortwirken bezeugt und in seiner Bezeugung bekämpft. Das besagt zum einen: Der Satz «Die Bibliothek brennt» brennt selber gemeinsam mit allem, was zu ihm gehört; er ist Teil der brennenden Bibliothek und brennt mit ihr, noch hier und jetzt: Diese *bataille de tisons* [...] *n'a pas, encore à présent, pris fin.* Und das besagt zum andern: Dieser Satz ist der Überlebende seines eigenen Brandes, ein Teil, der wenn nicht größer, so doch anders ist als das Ganze der Bibliothek, zu der er gehört, und anders als er selber, der brennt. Er ist der Rest, der über alles spricht und der noch über die kontingente Möglichkeit, daß nichts mehr sprechen kann, hinausspricht. In ihm brennen zwei Feuer: das der Zerstörung und das des Widerstands gegen sie. In ihm wiederholt sich das Trauma der sprachlichen Welt; aber es kann sich in ihm nur wiederholen, weil dieser Satz es überlebt hat, als ein Zeuge von ihm abrückt und für Andere, für künftige Sprachen, zu ihren Gunsten und an ihre Adresse spricht. Der Satz aus der traumatischen Vergangenheit ist ein Satz *für* eine andere Zukunft, aber er könnte es nicht sein, wenn er nicht schon aus einer anderen Zukunft spräche. *L'aigle est au futur* – das heißt nicht nur: Der Adler ist in der Zukunft oder gehört der Zukunft, es heißt auch: Der Adler steht im Futur. Er ist jetzt schon, wie er hier steht, die Ankunft einer anderen Zeit, jetzt die Berührung meines Fensters im Winter durch eine – durch seine – Flaumfeder, das Kommen des Schreibens, das Auflodern des Feuers, der Brand der Bibliothek, die Philologie in Flammen. Die Philologie verbrennt die Philologie, um weiteren brennenden Philologien Raum zu geben. Ihr Feuer ist *für* ein anderes Feuer und das Für eines anderen Feuers. Er steht für die Künftigkeit dessen, was ist. Was Char vom Kommen des Schreibens schreibt, was er als Philologe des Schreibens schreibt, läßt dieses Schreiben selbst allererst kommen, aufflammen und für ein anderes zeugen. Philologie arbeitet nicht an der Aufhebung gesicherter Bedeutungen in einer asbestgeschützten Institution, sondern lodert als Gewährerin und Zeugin der Künftigkeit noch in allem, was Institutionen zu fixieren suchen.

Wenn in den Bewegungen der Sprache, und insbesondere der Sprache der Dichtung, der Aufriß für die Grundoperationen der Philologie zu erkennen ist, dann läßt sich über sie mindestens zweierlei sagen: Sie kann sich, wenn sie denn *Philo*logie sein soll, der Affizierung durch die Sprache – und dazu gehören auch ihre Katastrophen und ihre Traumatisierungen, dazu gehören die mit ihnen assoziierten Realien und die sie durchkreuzenden Irrealitäten – nicht mit aseptischen Techniken und Immunisierungstaktiken erwehren, mögen diese nun in kruder Historisierung vom Typ «Es war einmal» oder in linguistischer Neutralisierung vom Typ «Dies ist eine q-Funktion» bestehen. Mehr als jede andere Sprache ist die der Literatur als ein Verarbeitungs- und Integrationsmedium für Affekte, Reize, Verletzungen verstanden worden, die regellos von einer ihrerseits sprachlich organisierten wie von einer sprachlich nicht organisierbaren Welt ausgehen. Aber weniger als jede andere Sprache ist die der Literatur auf Integration in ein geschlossenes Corpus, ein umfassendes Ganzes, ein dichtes Kontinuum von Bedeutungen und Beziehungen beschränkt. Sie ist, ohne darum ihre Aspirationen auf Kohärenz aufzugeben, *a priori* porös, kontaminationsoffen und empfänglich für das, was sich keiner Form einverleiben läßt. Wenn diese Sprache, die literarische, eine bestimmte, wenngleich immer wieder neu definierbare Form ist, dann doch eine solche, die das Unförmige, Monströse, die Zerschlagung oder Verweigerung jeder Form einlädt. Literatur antwortet auf Provokationen, aber sie antwortet darauf nicht, weil sie es kann – dann wären die Provokationen keine –, sondern weil sie selbst und ihre Fähigkeit, zu antworten, in Frage stehen und weil sie noch jenseits ihres Vermögens Antworten darauf suchen, finden und erfinden muß. Philologie, wo sie es wirklich ist, beantwortet die Fragen, Provokationen und Attacken, die von der Literatur organisiert werden, nicht, wenn sie das technische Instrumentarium dazu parat hat, sondern wenn sie, entwaffnet, nach anderen Antworten als den paraten suchen muß. Literatur ist eine Sache der Sprache *in extremis*, an derjenigen Grenze, wo sie von einem ungeregelten, ungezähmten, einem wilden Affekt oder einem unkontrollierbaren Zufall angestoßen oder durchstoßen wird. Philologie ist nicht Literatur; aber sie ist auch keine Philologie, wenn sie nicht gemeinsame Sache mit der Literatur macht. Sie ist eine Hilfssprache zu der anderen Sprache der Literatur und zu virtuell jeder anderen Sprache. Sie begleitet sie, hört ihr zu – und muß deshalb zu vielem schweigen – und verstärkt ihre Stimmen, indem sie sie, passagenweise, fragmentarisch, akzentuierend, nachspricht, übersetzt und transformiert. Philologie spricht *mit* der Literatur, aber sie spricht in einem anderen Idiom als sie. Sie formalisiert, aber wo sie normiert, kann sie denjenigen Zügen nicht mehr folgen, die alle Normen durchbrechen. Die Philologie spricht also *mit* der Literatur nicht als einem Mittel, das sie in den Dienst von Disziplinierungspraktiken stellt, sie spricht *mit* ihr nur, indem sie auf sie hin, *für* sie und zugunsten dessen spricht, was sich in der Literatur freizusetzen sucht. Sie ist das Reartikulationsmedium auch ihrer Affekte, auch ihrer Affizierungen durch die sinn- und affektlosesten Kontingenzen und kann deshalb noch dort, wo sie am strengsten formalisiert, nie fern von einer wilden Philologie sein.

Die Antworten, die die Philologie auf die Provokationen der Literatur geben kann, sind immer auch Antworten auf die Gewalt, denen diese Provokationen ihrerseits antworten. Diese Gewalt kann die kaum merkliche der Rührung, der Überredung, der rhetorischen Erschleichung oder Insinuation sein, sie kann auch die der massiven Bedrohung, Einschüchterung und Brutalisierung durch rhetorische Schemata und thematische Privilegierungen sein. In allen diesen Fällen – also im gesamten Spektrum zwischen einem Wiegenlied und einem Roman des Marquis de Sade – kann sich die Philologie niemals einfach zur Agentin dieser Gewalt machen. Sie ist, als das Medium ihrer Reartikulation, und auch dann noch, wenn sie selbst ein Stück irreduzibler sprachlicher Gewalt ausübt, zunächst deren Suspendierung. In einem Gedicht von Paul Celan, das erst aus seinem Nachlaß publiziert wurde,[12] ist von dieser Suspendierung die Rede. Der Text stammt, wie an seiner Datierung vom 28. Juli 1968 und an gleichzeitigen Lektürenotizen Celans ersichtlich wird, aus den Tagen intensiver Beschäftigung mit den Schriften von Walter Benjamin, er antwortet auf sie und spricht von diesem Antworten:

UND WIE DIE GEWALT
entwaltet, um
zu wirken:

gegenbilderts im
Hier, es entwortet im Für,

Myschkin
küßt dem Baal-Schem
den Saum seiner Mantel-
Andacht,

---

12 Paul Celan, *Die Gedichte aus dem Nachlaß*, hg. v. Bertrand Badiou, Jean-Claude Rambach u. Barbara Wiedemann, Frankfurt am Main 1997, S. 214.

ein Fernrohr
rezipiert
eine Lupe.

Im Kapitel «Die frühromantische Theorie der Naturerkenntnis» seiner Studie *Der Begriff der Kunstkritik in der deutschen Romantik* untersucht Benjamin die Bedingungen, unter denen in der Sicht der Romantiker, insbesondere des Novalis, die Erkenntnis von Gegenständen möglich ist. Er hebt als die entscheidende unter diesen Bedingungen die Reflektiertheit der Erkenntnis im Gegenstand hervor. Einen Gegenstand der Erkenntnis gibt es nur dann, wenn er darin der Gegenstand seiner Selbsterkenntnis ist. Damit soll zum einen gesagt sein, daß nur das gesehen wird, was seinerseits den Sehenden sieht; zum anderen soll damit gesagt sein, daß gesehen nur das wird, was sich selbst sieht. Die Wirklichkeit bildet demnach kein Aggregat in sich abgeschlossener Monaden, die in keine reale Beziehung zu einander treten können, sondern sie ist Wirklichkeit nur in dem Maße, in dem jedes ihrer Elemente zum Reflexionsmedium anderer Elemente wird und sie ihrer eigenen Selbsterkenntnis einverleibt oder ihre Selbsterkenntnis auf jene ausstrahlt. Benjamin kann die von ihm rekonstruierte Erkenntnistheorie deshalb in den Sätzen zusammenfassen: *Wo keine Selbsterkenntnis ist, da ist gar kein Erkennen, wo Selbsterkenntnis ist, ist die Subjekt-Objekt-Korrelation aufgehoben, wenn man will: ein Subjekt ohne Objekt-Korrelat gegeben.*[13] Diese Überlegung – die eine deutliche Kritik nicht allein an Hermann Cohens Korrelations-Philosophie, sondern ebenso an den mechanistischen Varianten der Hegelschen Dialektik enthält – beansprucht nun aber, nicht allein für die menschliche Erkenntnis, sondern nicht minder für die der sogenannten Naturdinge zu gelten. Auch sie sind der Erkenntnis fähig, und auch sie sind in ihrer Erkenntnis nicht auf ein Durch-sich-selbst-Erkannt-

---

13 Walter Benjamim, *Gesammelte Schriften* Bd. I 1, Frankfurt am Main 1974, S. 56. – Zu Celans Lektürespuren in seinem Exemplar von Benjamins Kunstkritik-Studie vgl. Alexandra Richter, Patrik Alac, Bertrand Badiou (Hg.), *Paul Celan – La bibliothèque philosophique*, Paris 2004, S. 302 f. Die Lektüre von «Wider ein Meisterwerk» aus dem zweiten Band der *Schriften* Benjamins, in dem auch die Studie zum Begriff der Kunstkritik steht, ist auf den 19.7.68 datiert (ebd., S. 287). Von den Gedichten, die am selben Tag wie «Und wie die Gewalt» notiert worden sind, läßt sich zeigen, daß sie ebenfalls Motive aus Benjamins Studie und aus anderen Texten desselben *Schriften*-Bandes aufnehmen. So ist «ÜBERMEISTER, / du unterst / nach oben» (Celan, a.a.O., S. 215) eine Replik auf eine von Benjamin (ebd., S. 67) zitierte Äußerung Schlegels, in der er seinen Athenäumsaufsatz «Über Goethe's Meister» als den «Übermeister» bezeichnet. Auch dieses Gedicht geht der Struktur der Reflexion und des Reflexionsmediums nach.

werden beschränkt. Um die Wechselbestimmung deutlich zu machen, an der selbst die bewußtlosen Dinge nach der Theorie des Novalis teilhaben, zitiert Benjamin dessen Bemerkung, *daß der Stern im Fernrohr erscheint und dasselbe durchdringt* [...] *Der Stern* [...] *ist ein spontanes, das Fernrohr oder Auge ein rezeptives Lichtwesen.*[14]

Wenn Celan am Ende seines Gedichts schreibt: *ein Fernrohr / rezipiert / eine Lupe*, so nimmt er den Gedanken von Benjamin und Novalis zwar auf – er rezipiert ihn –, aber er präzisiert ihn zugleich, vermutlich mit einem Rückgriff auf andere Quellen,[15] um klarer werden zu lassen, daß die in Frage stehende Erkenntnis ein Wechselverhältnis sowohl des Sehens wie des Gesehenwerdens, daß sie ein Verhältnis der Selbst-Affektion und der Selbst-Rezeption ist, in dem die Relate durch einander ebenso gesteigert wie vermindert, ebenso potenziert wie depotenziert werden. Wenn Celans Text hier den Text eines Anderen zitiert und zitierend rezipiert – und zwar einen Text, den Benjaminschen, der seinerseits mindestens einen anderen rezipiert und zitiert –, dann stellt er sich selbst als durch jenen rezipiert und erkannt dar, und nimmt an einem sich zugleich verallgemeinernden und sich kondensierenden Erkenntnisgeschehen teil, in dem Selbst und Anderes einander durchdringen. Celans Text macht sich durch das veränderte Zitat eines Zitats zum Reflexionsmedium einer philologischen Erkenntnis, in der er selber erkannt ist. In dieser Bewegung wird er aber zu dem, was Benjamin, wenige Seiten von der zitierten Passage entfernt, den *Indifferenzpunkt der Reflexion* nennt und was Celan in einem Gedicht, das vom selben Tag wie das von der sich entwaltenden Gewalt datiert, fast genauso, nämlich als *Indifferenzpunkt / der Reflexion* bezeichnet.[16] Es ist dies derjenige Punkt,

---

14 Benjamin, ebd., S. 58.

15 Denkbar ist eine Beziehung auf die folgende Bemerkung von Lichtenberg: *Wenn Scharfsinn ein Vergrößrungs-Glas ist, so ist der Witz ein Verkleinerungs-Glas. Glaubt ihr denn daß sich bloß Entdeckungen mit Vergrößerungs-Gläsern machen ließen? Ich glaube mit Verkleinerungs-Gläsern, oder wenigstens durch ähnliche Instrumente in der Intellektual-Welt sind wohl mehr Entdeckungen gemacht worden. Der Mond sieht durch einen verkehrten Tubum aus wie die Venus und mit bloßen Augen wie die Venus durch einen guten Tubum in seiner rechten Lage. Durch ein gemeines Opern-Glas würden die Plejaden wie ein Nebelstern erscheinen. Die Welt, die so schön mit Bäumen und Kraut bewachsen ist, hält ein höheres Wesen als wir vielleicht eben deswegen für verschimmelt. Der schönste gestirnte Himmel sieht uns durch ein umgekehrtes Fern-Rohr leer aus.* [D 469] (G. Ch. Lichtenberg, *Schriften und Briefe*, Bd. 1, hg. v. Wolfgang Promies, München 1968, S. 301 f.) – Für den Hinweis auf diese Passage mein Dank an Clara Hendriks.

16 P. Celan, a.a.O., S. 213: *DU, MICHAELA,* [...] *Du, Aura,* [...] *du Wissend-Unwissende, / am Indifferenzpunkt / der Reflexion /* [...]. – Die Hinweise auf ein

an dem die Reflexion als ursprüngliche Selbstaffektion *aus dem Nichts entspringt.*[17] Aus anderem als Nichts kann sie nicht entspringen, weil erst die Reflexion das Werden des Gegenstandes wie seiner Erkenntnis ist, beide aber absolut voraussetzungslos und also bei dem anfangen müssen, was sie nicht sind und was nicht ist. Der *Indifferenzpunkt / der Reflexion*, den das Erkennende im Erkannten und das Zitierende im Zitierten berührt, ist darum derjenige Punkt, an dem Selbstreflexion, Selbstaffektion und Selbstzitation außer Kraft gesetzt sind. Das Enjambement von Celans Vers nach *Indifferenzpunkt* legt diesen Punkt selbst auseinander: Er ist die Pause von Sprache und Bild, die Aussetzung ihrer Gewalt, die irreflexive Lücke, aus der die Reflexion hervorgeht. Die Selbsterzeugung *ex nihilo* – sie läßt sich als Selbstbegrenzung des Nichts, als ein Nicht gegen das Nichts deuten –, ist möglich allein als Erzeugung aus der Selbstsuspension. Darum spricht Celans Gedicht vom Entwalten der Gewalt, vom Gegenbildern und vom Entworten als den drei irreduziblen Modi, Wirken, Erkennen und Sprechen in ihrem Aussetzen zu vollziehen.

Die Verse *Und wie die Gewalt / entwaltet, um / zu wirken* lassen sich nicht nur als Formulierung des Satzes der suspensiven Selbstaffektion aus Benjamins Kunstkritik-Studie, sie lassen sich auch als Rekapitulation eines Gedankengangs aus seiner Abhandlung «Zur Kritik der Gewalt» und dessen späterer Wiederaufnahme in seinem großen Kafka-Essay verstehen. Jede Gewalt, und sei sie die höchste, muß sich ihrer Ausübung und muß sich also ihrer selbst enthalten, wenn sie Gewalt *auf* etwas sein soll. Würde die Gewalt sich nicht selbst, wie Celan schreibt, *entwalten*, so würde sie in ihrem Wirkungsbereich alles und noch sich selber vernichten. Um sich zu erhalten, muß sie an sich halten. Aus dem Paradox einer sich selbst vernichtenden Gewalt ergibt sich also das Gegenparadox einer Gewalt, die *entwaltet*: keine andere könnte noch wirken, weil keine andere noch Gewalt *für* etwas wäre. Gewalt, wenn sie denn wirklich und wirkende Gewalt ist, kann nur diejenige sein, die sich um ihrer selbst wie um eines Anderen willen, um ihrer selbst als eines Anderen willen suspendiert. Erst die gegen sich gewendete Gewalt *wirkt*: und nicht bloß in dem Sinn, daß sie Effekte auslöst, sondern in dem, daß sie flicht, webt und wirkt, wie man einen Stoff, einen Teppich, einen Text wirkt.

Lehrbuch der Physiologie, die Barbara Wiedemann in der von ihr herausgegebenen «Kommentierten Gesamtausgabe» von Celans Gedichten zur Klärung der Begriffe «Reflexion» und «Indifferenzpunkt» gibt (Frankfurt am Main 2003, S. 968), werden durch die Beziehung dieser Verse auf Benjamin nicht entwertet, sondern erweitert.

17 Walter Benjamin, a.a.O., S. 63. Vgl. S. 39.

Aus dieser strukturellen Prämisse ziehen die folgenden Verse die Konsequenz: In jedem Hier – also auch im Hier des Gedichts und im Hier jeder seiner Lektüren oder philologischen Erläuterungen – muß die Gewalt der Ideen, der Bilder und Vorstellungen, die Gewalt der Sprachbilder und rhetorischen Figuren auf eine immanente Gegen-Gewalt treffen, die ihr allererst erlaubt, Gewalt zu sein und zu wirken. Nur das Gegenbild bietet den Widerstand, der ein Bild zum Bild macht. Doch dieses Gegenbild kann nicht einfach ein anderes Bild sein, das in Kontrast oder in Opposition zu einem bereits gegebenen Bild stünde; es muß ein Gegen-Bild in dem Sinn sein, daß es noch der Bildlichkeit des Bildes, der Figuralität der rhetorischen Figur opponiert, sie aufhebt und auf ein Unbildliches und Nichtfiguratives öffnet. Erst die Bestreitung der Bildlichkeit – und auch noch der Vor- und der Nachbildlichkeit, also des mimetischen und des präskriptiven Charakters – der Bilder, Tropen und Schemata läßt an ihnen hervortreten, was nicht mehr der uneingeschränkten Gewalt der Anschauung unterliegt: das paradoxe, das sich entbildende Bild. Das Verfahren zu seiner Erzeugung nennt Benjamin *Kritik*. Von ihm schreibt er in den letzten Sätzen seiner Studie: *Es läßt sich in einem Bilde versinnlichen als die Erzeugung der Blendung im Werk. Diese Blendung* [...] *ist die Idee.*[18] Die Idee ist für Benjamin nicht Bild oder Vorbild, sondern – wie für Platon[19] – die Blendung der Anschauung und die Tilgung des Bildes. Aber von Blendung zu reden bleibt noch in eben dem Bild befangen, das von der Blendung betroffen sein soll, und blendet derart, paradox, sich selbst. Wie die Idee die Idee tilgt, so *gegenbilderts im / Hier*. «Hier» ist der schlechthin ideelle wie anti-ideelle Ort, an dem jedes Wort gegen sich selbst steht. Entbildend – ‹gegenbildernd› – in diesem Sinn ist nicht nur Benjamins paradoxes *Bild* von der Blendung des Bildes (des *eidos*, des Werks) durch die *Idee*, ‹gegenbildernd› ist auch das Bild von einem Fernrohr, das eine Lupe rezipiert. Es bietet keinen Gegenstand dar, sondern die «Rezeption», die Aufnahme, die Empfängnis und – da «rezeptiv» als Kontrast und Opposition zu ‹produktiv› und ‹aktiv› gebraucht werden kann – die *passio* in einem Bild-Bildungsprozeß, in dem Makroskopie und Mikroskopie einander durchdringen. Der Punkt, an dem die Nahsicht von der Fernsicht aufgenommen wird und beide sich verschränken, ist ihr *Indifferenzpunkt*, der keine andere Anschauung als die von der Struktur des Anschauens selbst erlaubt, kein Bild außer demjenigen der Erzeugung von Bildern, keines, in dem es nicht ‹gegenbildern› würde. Keine Anschauung und keine *theoría* kann Rechenschaft von der Aufnahme der Nähe in die Ferne, der Ferne in die Nähe geben, weil deren Verhältnis

---

18 Ebd., S. 119.

19 Vgl. *Phaidon* 99e.

jeder Anschauung und jeder Theorie vorausgehen muß als das schlechthin Unanschauliche und Untheoretische. Erst die Suspendierung der Sicht läßt das Sichtbare hervorgehen.

Und so das Wort: Erst wo es ein Gegenwort findet, das ihm nicht innerhalb des Bezirks der Worte eine konträre morphologische oder semantische Position entgegensetzt, sondern sich gegen das Wort *als* Wort, gegen seinen Wortcharakter und dessen absolutistisches Diktat wendet, erst dort also, wo die Gewalt des Wortes seiner ‹Entwaltung› nachgibt, kann es – *entwortet* – sprechen und als Wort wirken. Wirken und sprechen kann es nicht als in sich abgeschlossene und beziehungslose Einheit, sondern allein, wenn es *für* etwas spricht und *für* es wirkt: für Anderes, ob dies Andere nun dem Bereich der Sprache angehört oder nicht. Erst in seinem Für spricht das Wort, und spricht also nur als von sich Unterschiedenes und aus seiner Entfernung von sich. Daß es *für* … ist, erst diese Abwendung von sich läßt das Wort zum Wort werden; erst sein Entworten im *Für* … läßt es sprechen, und was es sagt, hat jeweils den Sinn eines Für, das für Anderes einsteht und zu Anderem steht. Sein Entworten kann nicht den Charakter der bloßen Substitution eines Wortes durch ein anderes oder durch eine Bedeutung haben, die sich ihrerseits durch ein Wort angeben ließe. Ebensowenig kann ‹Entworten› die bloße Verwandlung des Wortes in eine Handlung meinen, die noch von einem Wort geleitet wäre. Das Entworten muß den Wort- und also den Sprachcharakter und seinen Fundierungsanspruch insgesamt betreffen und ihn noch vor jedem gedachten oder tätigen, *vor* jedem verlautenden oder geschriebenen Wort apriorisch einem Anderen aussetzen, das nicht Wort, von keinem geleitet und in keinem begründet ist. Mit dem Satz – dem, *sit venia verbo*, entsatzenden Satz – «es entwortet im Für» sind Prinzip und Primat des Logos für Erkenntnis, Sprache und Handeln außer Kraft gesetzt. Das *Für*, für das er spricht, ist das Gegenwort zum ontotheologischen Grundwort, das im *en arche en o logos* des Johannes-Evangeliums postuliert wird. Im Anfang war nicht das Wort, sondern damit es zu einem Anfang und einem Wort käme, mußte in ihm schon, ohne Anfang und Wort, eine Gegenbewegung – ein *ent-* – in Gang sein, die es von seiner *arche*, seinem Grund in sich, seiner Herrschaft, seiner Gewalt und seinem Gebrauch entfernte. Wenn es zum Wort kommt, so jeweils aus einem und zu einem Für-Wort. Und selbst wenn es Wort für ein Wort ist, so ist es eins für ein *anderes* und *a limine* wortloses ‹Wort› – und die Monarchie der Sprache war noch vor ihrem Anfang dahin. Die Sprache aus dem *Für* ist *an-arche*.

Die immanente Suspendierung des Wortes im Wort macht es zu einem Für-Sprecher, einem Advokaten und Anwalt für Anderes, das in keinem

Wort unterkommt. Indem es sich *ent*wortet, *ant*wortet es auf seine eigene Gewalt durch deren ‹Entwaltung›. Celans *Für* ist keine Präposition unter anderen, sondern die absolute, jede andere erst ermöglichende, jeder anderen vorausgehende Prä-Präposition; es ist kein «Fürwort», wie es Grammatiken beschreiben, sondern ein «Für» *ohne* ein Wort, für das es als Substitut stehen könnte, ein «Für» *vor* jedem Wort und noch *vor* sich selbst, und deshalb ein «Für», das selber *kein* Wort ist, sondern in dem *es* – auch das «Für» – aktiv und passiv zugleich *entwortet*. Ein Wort *für* das Wort – nämlich für das Wort und die Sprache überhaupt – kann selbst kein Wort der Sprache, die Sprache muß vielmehr die des *entworteten*, des *entwortenden* Für sein. Es ist als absolutes Vor-Wort ein Ante-Wort für jedes andere, jedes schon bekannte und jedes noch unbekannte Wort. Deshalb ist es im *Hier* einer bestimmten historischen Sprache, der deutschen, die radikalste, die subradikale Antwort auf die Möglichkeit einer künftigen Sprache und damit auf die Möglichkeit nicht nur einer Sprache, sondern eines Geschehens, das über alle Worte und jede Sprache hinausgeht. Es ist ein Vor-Wort und eine Antwort, die im Hier für ein anderes als Hier und derart für die Entortung aller topischen Ordnungsbegriffe spricht. Das «Für» in Celans Gedicht ist kein Wort, in ihm «entwortet» es, «entwortet» sich und jedes andere Wort, *für* das es einstehen und *vor* dem es sprechen könnte. Die Gesamtheit der Sprache, ihrer Funktionen und Operationen entwortend, ist es ein Wort, das alle anderen usurpiert – der universelle Parasit, die Parekbase ins Unendliche, die strukturelle Parodie der Sprachtotalität –, aber auch ein Wort, das affirmativ *für* alle noch ausstehenden Wörter – auch das Wort «für» – einsteht und ihnen vorsprechend, voraussprechend, wenn nicht gewaltlos so doch entwaltend, einen Platz freiräumt.

Für ist die wortoffene Vokabel, das atopische Spatium, die vor- und fürsprachliche Geste, deren Zuwendung und deren Zurückhaltung alles, was Sprache ist, zuläßt. Als Vorwort, als Antwort und Gegenwort zu allem Sprechbaren spricht das *Für* aber zugunsten nicht nur des Ungesprochenen, sondern des Unsprechbaren. Für Anderes, wieder Anderes und immer wieder anders sprechend, kann es nicht anders, als jeweils auch für nichts und für niemanden zu sprechen. *Für* besagt also «für», und es besagt, selber *entwortet im Für*, «nicht für», «Ent-Für». Im *Für* spricht die Sprache noch gegen sich und für ihre Stummheit, nicht als läge diese außerhalb ihrer, auch nicht als könnte jemals ein Wort ihr entsprechen, sondern spricht vielmehr in der Weise, daß sie sich dem Geschehen der Entwortung überläßt, daß sie mit ihrem Verstummen, *aus* ihm und *zum* Verstummen spricht. *Für* – die Sprache – spricht; *Für* – außer der Sprache – stummt: Es mutiert.

Für ist, in jedem Sinn und noch in dem eines *mutum*, das von keinem Wort erfaßt werden kann, die Mutation der Sprache.[20]

Daß es im *Für* – auch dieses selbst – *entwortet*, wird von Celans Gedicht nicht dekretiert, sondern ausgeführt. Nicht nur spricht der Neologismus ‹entwortet› als Paronomasie, als Bei-, als Nah- und Neben-Name sowohl von ‹entwertet› als auch von ‹antwortet›, nimmt ihnen dadurch den Charakter von eigenständigen Wörtern und setzt sie außer Funktion, indem er auf sie als bloß virtuelle in just demjenigen ‹Wort› – *entwortet* – verweist, das ihre Suspendierung aussagt. Auch das *Für* spricht nicht als ein einziges Wort, nicht als nominale Einheit aus einer Nationalsprache, sondern läßt sich als homophone Variante des französischen *fur* lesen, wie es in der Wendung *au fur et à mesure* oder *au fur à mesure* gebraucht wird. Diese Wendung besagt nicht nur ‹je nachdem› und ‹in dem Maße, wie›, sie besagt auch ‹entsprechend› – und dieses ‹entsprechend› kann seinerseits, durch die Umdeutung seines Präfix, in ein ‹ent-sprechend› und weiterhin, wie es bei Celan geschieht, in ein «entwortet» verwandelt werden. *Für*, die Übersetzung des französischen *fur*, ist das Wort für eine Entsprechung, die zugleich eine Entwortung aussagt. Doch sagt es diese Entsprechung und Entwortung nicht nur aus, es führt sie aus, indem es sich als Geschehen einer Übersetzung und also als Wort des Übergangs zwischen zwei verschiedenen Sprachen darbietet. Für ist sprechbar und hörbar nur so, daß in ihm die eine Sprache der anderen entspricht, indem es als das Wort der einen Sprache jeweils das Wort der anderen entwortet. Das französische *fur* ist überdies vom lateinischen ‹fari›, ‹sprechen› abgeleitet. Es ist das Wort für das Wort und für die Sprache überhaupt. Durch seine Transformation in das homophone *Für* wird dies Wort für das Wort aber zu einem Wort für den Übergang eines Worts zu einem anderen, für einen Übergang, in dem das eine zwar dem anderen Wort seine Antwort gibt, in dem es aber diese Antwort nur so geben kann, daß es weder jenes andere noch es selbst ist. Der Übergang zwischen *fur* und *Für* entwortet das eine wie das andere, das französische wie das deutsche Wort, indem es beide zu einem *Indifferenzpunkt / der Reflexion* kontrahiert. *Für* oder *fur* ist deshalb nicht einfach ein Wort für die Sprache, sondern für die Bewegung zwischen verschiedenen Sprachen, die einander zitieren und reflektieren und für einander sprechend einander das Wort entziehen. Es ist das Wort für die

---

20 Weitere Erläuterungen zu dieser «Mutation» finden sich in meinem Aufsatz «Häm – Ein Gedicht Celans mit Motiven Benjamins», in *Jüdisches Denken in einer Welt ohne Gott. Festschrift für Stéphane Mosès*, hg. v. Jens Mattern, Gabriel Motzkin u. Shimon Sandbank, Berlin 2001, S. 173-197 [inzwischen erschienen in Werner Hamacher, *Keinmaleins. Texte zu Celan*, Frankfurt am Main 2019, S. 13-55].

Entwortung zwischen den Sprachen, für das freie *nihil*, in dem sie nach Benjamins Deutung des Indifferenzpunkts entspringen, für die Leerstelle, die Leersprache dort, wo verschiedene Sprachen mit und für einander sprechen und deshalb keine einzige spricht.

Die Für-Struktur der Sprache ist demnach in einem mindestens vierfachen Sinn zu verstehen: Sie spricht im Sinn der *Substitution* für Anderes und wirkt als Platzhalter und Vikariat dieses Anderen. Deshalb ist Sprache Substitut immer nur insofern, als sie zugunsten jenes Anderen spricht, zu ihm steht und für es auch dort einsteht, wo sie es fernhält, verdrängt oder ausschließt. Als Fürsprache *zugunsten* von Anderem ist sie jeweils schon auf dem Weg zu ihm, zu ihm hinüber und derart die Bewegung der *Transzendenz* zu Anderem. Das Hinübersein im Für der Sprache muß aber auch noch auf das hinausgehen, was selbst weder als positives Faktum noch als gegebenes oder auch nur erwartbares Wort angesprochen werden kann, sondern sich in seiner sprachfernen, aber vielleicht sprachoffenen Andersheit hält; dies Hinübersein muß in eine Vakanz führen und über jedes Angesprochene hinaus einem Unangesprochenen und vielleicht Unansprechbaren gelten; es muß immer auch ein Für-Nichts-und-Niemanden sein und als diese Bewegung über die Sprache hinaus, als diese Exzendenz ihre *Entwortung*. Ohne diese vier Züge ihres *Für* könnte Sprache wohl innerhalb eines zuvor – aber wie und von wem? – bestimmten Feldes benennen und Aussagen treffen, aber weder könnte sie das Feld des Ansprechbaren erschließen, noch könnte sie der Andersheit, der unprogrammierbaren Künftigkeit und der möglichen Unansprechbarkeit des von ihr Angesprochenen entsprechen. Nur in diesem vierfachen Sinn ist *Für* das Wort für eine Sprache, die nicht nur Vorhandenes registriert und kommuniziert, sondern alteritäts- und geschichtsoffen noch demjenigen – auch in ihr selbst – zugewandt bleibt, das in keinem Wort keiner Sprache gefaßt werden kann.

Wenn *Für* die Bewegung der Sprache insgesamt und die Bewegung jedes ihrer Elemente strukturiert, dann als die Bewegung der *philía*, die zu Anderem, auf Anderes hin und noch über es hinaus drängt. Und wie das *Für* für ein Ganzes und für Alles spricht und eben deshalb nicht selber ein Ganzes und Alles sein und keinem Ganzen angehören kann, so bewegt sich die *philía* am äußersten Rand und noch außerhalb dessen, wohin sie strebt. Das *Für*, die *philía*, ist in der Sprache die Bewegung der Philologie. Sie ist *logischer Affekt*, wie Schlegel sie nennt, Affekt der Sprache für eine andere und für anderes als Sprache, Neigung, Verlangen oder *furor* für sie, zurückhaltend oder auf dem Sprung zu ihr, überstürzt oder verlangsamt, aber immer hinüber. Sie verhält sich wie Dostojewskis Idiot zu der Andachtswelt des Chassidismus, die er nur liebevoll, an ihrer Grenze und wortlos berührt, nicht erfaßt. *Myschkin / küßt dem Baal-Schem / den Saum seiner Mantel / Andacht* – dieser Kuß ist die Geste der Philologie.[21] Sie berührt einen Saum, ein Extrem, ein Äußerstes, doch nicht das eines selbstgenügsamen Gedankens, sondern einer *Andacht* – an Anderes –, und einer *Andacht*, die ihrerseits ein Äußerstes, ein *Mantel* ist: Die ‹Sache selbst› der Philologie ist ein An. Bevor sie ihre Gegenstände definieren und sich mit Regeln einer epistemischen Disziplin wappnen kann, die den kalten Abstand von solchen Gegenständen sichern, ist die Philologie schon in Kontakt und ist der Kontakt mit einer Sache, der Sprache, die aus nichts als eben solchen Kontakten, Berührungen, Affekten, aus ihren Säumen, ihrem Säumen und ihren Versäumnissen gewirkt ist. Sie ist Fürsprache für die Sprache und ihr Für, Andenken an das Denken und sein An. Sie ist die Bewegung eines An- und Für-Anderes, die, als Revers der Erfahrung des An- und Für-Sich im Hegelschen absoluten Wissen, die Bewegung einer absoluten Sprache und ihrer Absolvenz von sich durchläuft.

Kaum anders als René Chars Fragment zum *feu* ist Celans Text zum *Für* nicht zunächst *poeto*logische, sondern *philo*logische Dichtung. Celans Gedicht schreibt sich und beschreibt die Philologie als Bewegung des An und des Für, des *ad*. Sie ist keine Transzendentalphilologie, die das Ganze der Bewegung der Sprache und des in ihr Befaßten kodifizieren würde, sie hält sich nicht bei den Bedingungen der Möglichkeit einer abgeschlossenen sprachlichen Totalität auf, sondern geht den Vor-Bedingungen ihres Wirkens und seiner Wirklichkeit nach, wirkt am Saum der Textur, aus dem sich ein Ganzes ergeben könnte, und wirkt das Ganze – das Werk – *als* einen Saum. Sie unterwirft sich nicht den geltenden Formen der Sprache, sondern interveniert in ihren Bestand, indem sie das *Antworten* durch Paronomasie zum *Entworten* verändert und mit dieser Veränderung keine bloße Variation, sondern den Entzug des Wortes zur Sprache bringt. Sie macht deutlich, daß jedes Wort auf andere Wörter offen ist und alle Wörter auf keines.

---

21 Was in diesen Versen als Kuß des Christen auf den Saum der *Mantel-Andacht* des chassidischen Rabbi aus Martin Bubers «Die Legende des Baalschem» dargestellt wird, kann wohlgemerkt auch eine Reminiszenz an die berühmteNotiz sein, in der Kafka dem von ihm Versäumten nachdenkt und dazu bemerkt: *Ich bin nicht von der allerdings schon schwer sinkenden Hand des Christentums ins Leben geführt worden wie Kierkegaard und habe nicht den letzten Zipfel des davonfliegenden jüdischen Gebetsmantels noch gefangen wie die Zionisten. Ich bin Ende oder Anfang.* (Franz Kafka, *Nachgelassene Schriften und Fragmente II*, hg. v. Jost Schillemeit, Frankfurt am Main 2002, S. 98.)

Sie präsentiert sich nicht als Leit- und Dachwissenschaft aller möglichen anderen, sondern als eine – jeweils einzigartige – Praxis, die durch Kontravention und Devianz auf einen Nullpunkt des Wissens – den Ursprungs- und *Indifferenzpunkt der Reflexion* – hinleitet, an dem jede Deckung durch Konventionen preisgegeben und der Anspruch, ein Wissen, und sei es das Wissen des Wissens, verbuchen zu können, aufgegeben wird. Sie spricht *für* die Formen, die transzendentalen der Gewalt, der Sprache, des Bildes; aber weil sie, derart *für* sie sprechend, nicht selbst *in* Formen und nicht ihnen gemäß spricht, sondern ihnen entgegenspricht, *gegenbildert* und sich ihnen vorenthält, bleibt sie die kontratranszendentale, die an- und für-, die *ad*-transzendentale Philologie, die jeder dekretierten transzendentalen entgegenwirken und jeder projektierten vorausgehen muß. Sie ist die absolute, die kritische ‹Form› aller Formen – ihre Blendung, wie Benjamin schreibt –, die selbst keine Form bewahrt und durch keine höhere definiert werden kann. Wenn sie als Transzendentalphilologie charakterisiert werden kann, dann entsprechend der Schlegelschen Definition der Poesie nur als *progressive*, die immer unterwegs und nie am Ziel einer Totalität der Erzeugungsbedingungen ihrer Akte und Regeln ist. Wie die Gewalt *entwaltet*, um zu wirken, so handelt sie nicht, und am wenigsten «performativ», sondern enthandelt. Sie vollzieht nie nur Sprechakte, in denen sich Handlungskonventionen noch einmal konsolidieren, sondern bringt ein Geschehen der Ent-sprechung in Gang, das alle Konventionen außer Kraft setzt. Sie deaktiviert also nicht nur ihre einzelnen Akte, indem sie diese unter den Vorbehalt der bloßen Approximation an die ‹behandelten› Gegenstände, Themen und Geschichten stellt – diese Annäherung heißt seit langem kaum befragt «Interpretation» –; sie deaktiviert noch die Handlungsregeln, unter denen sie wirkt, indem sie diese als historische Variablen weiteren Veränderungen, Transformationen und damit Tilgungen aussetzt: Sie *wirkt*, indem sie die Formen mit ihrer Auflösung verwebt. Darum ist sie eine ebenso *trans*formative wie *ad*-formative und aformative Bewegung. Als advokatorische Praxis kann sie an Verallgemeinerungen nicht interessiert sein, ohne an ihnen deutlich zu machen, daß sie *für* ein Über-Allgemeines – und sei es ein Singuläres – sprechen; und an den individuellen Phänomen, denen sie sich zuwendet, muß sie jeweils auch das hervorheben, worin diese *für* Über-Individuelles wirken – und sei es solches, das sich gegen Verallgemeinerungen sperrt. In jeder ihrer Gesten geht es um ein Für, ein Darüber-hinaus, und in jedem Für um seine Fortführung. Sie ist die Anwältin der Verunendlichung, sei es ins Geringste oder ins Größte. *Für* Alles und für Nichts, ist sie mehr als Alles und Nichts. Sie erst läßt es zu, aber läßt es zugleich offen auf Anderes und darin auf die Möglichkeit, für dieses Andere nicht mit dem selben *Für* sprechen zu können.

Celans Wort vom Entworten im *Für* ist eine Antwort nicht nur auf Benjamins Überlegungen zur Kritik der Gewalt und zum Begriff der Kunstkritik in der deutschen Romantik, nicht nur auf Dostojewskis *Der Idiot*, die chassidischen Erzählungen, die Fragmente des Novalis; es ist zugleich eine Antwort auf jedes Wort seines eigenen Textes und in ihm auf die Sprache insgesamt. Es spricht erst, indem es das schon Gesprochene in andere Zusammenhänge versetzt, indem es das derart Transformierte dem bloßen Sprechen und Weitersprechen überläßt und in seinem *Für* Raum schafft für andere Bedeutungen als die zunächst – von Benjamin, Dostojewski und Novalis – intendierten. Es spricht für andere Sprachen – die der möglichen Leser – und spricht, indem es gegen die Gewalt des Wortes in ihm selbst spricht, für anderes als Sprache. Die von ihm betriebene Philologie ist eine Philologie des Antwortens auf Anderes und eine Philologie des Entwortens zugunsten von *anderem* Anderem. Ihr Entworten verrät die Sprache nicht an das Verstummen, sondern legt an der Struktur der Sprache diejenigen Züge frei, in denen sie aufhören muß, bloß *eine* Sprache und bloß die Sprache *eines* Sprechenden zu sein, um zur Sprache für Andere und wieder Andere werden zu können; in denen die Sprache selber verstummt, um etwas Anderem als ihr den Zugang zu einer anderen Sprache zu öffnen. Damit ist einer der konstitutiven, dekonstitutiven Züge jeder antwortenden und verantwortbaren, jeder im emphatischen Sinn philologischen Sprache bezeichnet: Sie spricht für die *epoché* der Sprache, der Bilder und ihrer Gewalt und spricht aus dieser *epoché*, um für Anderes und derart überhaupt sprechen zu können. Das *Für* ist diese *epoché* der Sprache. Sie macht sie für Anderes brauchbar und derart erst zur Sprache geeignet. *Es entwortet im Für* – in einem *Für*, einem Zugunsten, das einer Sprache, die es noch nicht und vielleicht niemals gibt, *ant*wortet. Philologie ist ein Wort für dies *Für*.

Die Minimalantwort auf die Frage, was eine philologische Frage sei, kann deshalb nur lauten: Jede – und vor allem diejenige, die der Bewegung des Fragens selber nachgeht und in ihr offenlegt, was über eine jeweils gegebene Sprache hinausgeht. Eine philologische Frage ist alles das und genau das, was für das Sprechen und Weitersprechen, für die Sprachen Anderer und für anderes als Sprachen spricht und sie und sich selbst – *ad infinitum* – zur Sprache kommen läßt. Sie ist das Tor – eine Öffnung, das Für –, das die Sprache passieren läßt.

Ein solches Tor hat es nicht immer gegeben. Es kann zufallen, verstellt werden, einstürzen.

Noch einmal: Die Philologie setzt fort. Sie setzt fort und entfaltet, was ihr in unzureichender Bestimmtheit, aber als Bestimmbares vorgegeben ist, und muß deshalb immer wieder auf das zurückkommen, wovon sie sich trennt, und damit zugleich auf das, wovon sich das ihr Vorgegebene als von seiner Vorgeschichte getrennt hat. Die Philologie ist in dem Maß, in dem sie Fortsetzung und Entfaltung ist, Wiederholung. Aber noch bevor sie die Wiederholung eines gegebenen Wortes oder Werkes sein kann, muß sie die Wiederholung der Entfernung sein, aus der sie das gegebene Wort empfängt und ihm eine Antwort gibt, und aus der jenes Wort selbst Antwort auf ein vorangegangenes oder auf kein Wort geworden ist. Die Philologie ist also nicht nur die entfaltende Wiederholung eines gegebenen Wortes und nicht die Fortsetzung oder gar Erfüllung seines Versprechens; sie ist zunächst und vor allem die Wiederholung der Entfernung, die ihr Wort von jedem früheren und dieses von seinen Vorgängern trennt. Philologie, das ist bei aller Liebe zur Sprache zunächst die immer wiederholte Erfahrung der Trennung von ihr. Daher der anti-philologische Affekt. Er richtet sich gegen die Wiederholung des Schmerzes, nicht bei dem bleiben zu können, was schon gesagt ist und ist, sondern zurückkommen zu müssen auf das, was darin unzulänglich gesagt und für das sprachliche Dasein bedrohlich ist. In jedem Wort muß ja die Philologie der Gefahr begegnen, daß es nicht *dieses* Wort und vielleicht keines ist; in jeder Bedeutung der Drohung, daß sie eine andere als die gemeinte und *a limine* keine sein könnte. Kaum eine Neigung ist deshalb in den «historisch-philologischen Disziplinen» weiter verbreitet als die, zur Abwehr dieser Drohung fugendichte Erklärungssysteme zu errichten, die jeden Sprach- oder Intentionsverlust und jede Wiederholung dieses für die Sprache konstitutiven Verlustes erübrigen sollen. Unterwirft sich die Philologie einem solchen System, dann wird sie zur Armatur gegen genau diejenigen Trennungen, denen sie sich selber verdankt, und bleibt noch unter der Fassade betäubender Eloquenz die stumme Sekretärin der Sprachverhinderung.

Die Philologie fängt an, indem sie *wieder* anfängt. Sie nimmt die Bewegung der Sprache in dem Moment auf, in dem diese sich von einer früheren Sprache ablöst und ansetzt, zu einer neuen zu werden. Im Intervall zwischen einer verlassenen und einer unabgeschlossenen Sprache, zwischen Absetzung und Ansatz nimmt sie diese Bewegung auf –: nicht also die Bewegung einer Sprache, sondern eines Sprachsprungs, und nicht die Bewegungen zweier Sprachen, sondern die Pause im Intervall zwischen ihnen. In der Höhlung zwischen den Sprachen entspringt mit der Sprache und ihrer geschichtlichen Zeit die Philologie. Wenn sie die Wiederholung des

Ansatzes zu einer Sprache und ihrer Absetzung von einer früheren ist, dann ist sie die Wiederholung jener Pause der Sprachen und somit Wiederholung dessen, was selbst weder Sprache noch ihr Gegenstand sein kann. Philologie ist die Wiederholung dessen, was nie war. Dies Niegewesene nimmt sie auf und nimmt es samt allem, das ihm entsprungen den Anschein der solidesten Faktizität trägt, in die intermittierende Bewegung ihrer Sprache hinein. Weil sie die Wiederholung des Intervalls der Sprachen ist, ist sie deren und ihre eigene Wieder*höhlung*. Nur so, geleert, bietet sie ein *Für* für jedes *pro* und jedes *contra*, ein *Für* für die Geschichte, die gewesen ist, und für eine andere, die noch kommen mag. Sie bietet jenes «nichts», das das Etwas «brauchbar» macht, von dem Benjamin, Rosenzweig zitierend, in seinem Aufsatz über Kafka spricht.

Darum *empfängt* die Philologie nicht nur, was ihr vorgegeben ist. Da sie außer dem Gegebenen immer auch aufnimmt und wieder zur Sprache bringt, was an allen empirischen Beständen fehlt, und da sie dies Fehlende nur anders denn als Faktum aufnehmen, anders denn als Datum empfangen kann, muß sie es, seiner Nichtgegebenheit entsprechend, *ent-fangen*. Und der ‹logische Affekt› der Philologie kann kein vage passives Gefühl für ein Fehlendes und keine *Empfindung* für ein Aufgefundenes oder noch Wiederzufindendes, er muß vielmehr *Ent-findung* sein für das, was sich weder finden noch erfinden läßt. Jene Entfängnis, aber nicht ‹Rezeption›, ist der Gestus, und diese Entfindung, aber kein mehr oder weniger affektiertes Pathos, ist der Affekt der Philologie. Mit ihm *antwortet* sie, indem sie *entwortet* – und antwortet so noch auf die Begriffe, die festlegen sollen, was sie treibt.

95 Thesen zur Philologie

1 Die Elemente der Sprache erläutern einander. Sie sprechen für das, was vom Gesagten noch zu sagen bleibt; sie sprechen als philologische Zusätze zu einander. Sprache ist Archiphilologie.

2 Die Elemente der Sprache erläutern einander: sie bieten Zusätze zum jeweils Gesagten, sprechen für einander als Zeugen, Advokaten und Übersetzer, die das Gesagte auf das Zu Sagende öffnen: die Elemente der Sprache verhalten sich zueinander als Sprachen. Es gibt nicht *eine* Sprache, sondern nur eine Vielfalt; nicht eine stabile Vielfalt, sondern nur eine fortgesetzte Vervielfältigung von Sprachen. Das Verhältnis, das diese vielen Sprachen in jeder einzelnen Sprache und alle einzelnen Sprachen zueinander unterhalten, ist Philologie. Philologie: die fortgesetzte Extension der Elemente sprachlicher Existenz.

3 Daß Sprachen philologisch geklärt werden müssen, besagt, daß sie dunkel und auf weitere Klärungen angewiesen bleiben. Daß sie philologisch erweitert werden müssen, besagt: sie reichen nie aus. Philologie ist Wiederholung, Klärung und Vermehrung undurchdringlich dunkler Sprachen.

4 Sprechen können heißt über alles Gesprochene hinaus und heißt nie genug sprechen können. Der Agent jenes Darüber-hinaus und dieses Nie-genug ist die Philologie. Philologie: Transzendieren ohne Transzendenz.

5 Die Idee der Philologie liegt im schieren Zusprechen ohne Gesprochenes und Angesprochenes, ohne Gemeintes und Mitgeteiltes.

6 Die Idee der Philologie verbietet wie die Idee der Sprache, sie als Habe anzusehen. Da die aristotelische Wendung vom Menschen als Sprache *habenden* Lebewesen die (sprachliche) Kategorie der Habe für die Sprache selbst und also tautologisch gebraucht, ist sie ohne finiten Gegenstand und selbst eine nicht finite Kategorie, ein *ápeiron*.

7 Der Gegenstand der Philologie ist nach Extension und Intensität (Realität) sowie nach der Intention, die sich darauf richtet, unendlich. Er liegt, wie Platon sagen könnte, *epékeina tes ousías*. Deshalb ist er nicht Gegenstand einer Vorstellung oder eines Begriffs, sondern Idee.

8 Aristoteles unterscheidet vom *lógos apophántikos*, der aussagenden Rede, die sich in wahrheitsfähigen Sätzen auf finite Gegenstände bezieht, einen anderen *lógos*, der nicht etwas über etwas aussagt und deshalb weder wahr noch falsch sein kann. Sein einziges Beispiel dafür ist die *euché*, die Bitte, das Gebet, das Verlangen. Die aussagende Rede ist Medium und Gegenstand der Ontologie sowie aller von ihr geleiteten epistemischen Disziplinen. Die bedeutsame, aber nicht aussagende Rede ist die des Gebets, des Wunsches, der Dichtung. Sie kennt kein «ist» und kein «muß», sondern nur ein «sei» und «mag sein», das sich jeder bestimmenden und jeder bestimmten Erkenntnis entzieht.

9 Anders als die Wissenschaften – die *lógos apophántikos* Onto*logie*, Bio*logie*, Geo*logie* –, die der Ordnung des *lógos apophántikos* zugehören, spricht die *Philo*logie im Bereich der *euché*. Ihr Name besagt nicht Wissen vom *lógos* – der Rede, Sprache oder Kundgabe –, sondern: Zuneigung, Freundschaft, Liebe zu ihm. In ihrer Benennung ist der Anteil der *philía* früh in Vergessenheit geraten, so daß Philologie zunehmend als Logologie, als Wissenschaft von der Sprache, als Gelehrsamkeit, schließlich als wissenschaftliches Verfahren im Umgang mit sprachlichen, insbesondere literarischen Zeugnissen verstanden wurde. Dennoch ist Philologie die Bewegung geblieben, die noch vor der Sprache des Wissens den Wunsch nach ihr weckt und in der Erkenntnis den Anspruch des Zu Erkennenden wach hält.

10a Im Unterschied zur Philosophie, die Aussagen über das zu machen behauptet, was selbst die Struktur von Aussagen haben soll, spricht die Philologie auf eine andere Sprache nur *an* und auf diese andere Sprache nur *hin*. Sie spricht auf sie zu und spricht *sich* ihr zu. Sie geht nicht von der Gegebenheit einer gemeinsamen Sprache aus, sondern gibt sich einer ihr unbekannten Sprache hin. Da sie es rückhaltlos tut und *à corps perdu*, kann sie sich selbst unbekannt bleiben; da sie an der anderen, von ihr angesprochenen Sprache Halt sucht, kann sie meinen, in ihr sich selbst zu erkennen. Aus einer Sprache des Unwissens springt sie um in eine Form des Wissens. Definiert sich als Vermittlung von Nichtwissen und Wissen; bestimmt sich als Zuträgerin der Rede des Selben vom Selben; wird zum Verfahren der methodischen Sicherung epistemischer Ordnungen und fördert – gegen sich selbst – deren Hegemonie. Die Philologie liebt, und vergißt über dem Geliebten die Liebe.

10b Die Privilegierung der Aussage vor der Bitte, des propositionalen Wissens vor dem Wunsch, der topischen Sprache vor der atopischen ist weder durch einen Gewaltakt des Besserwissens noch durch utopische Wünsche rückgängig zu machen. Aber die philologische Erfahrung ist renitent. In ihr zeigt sich, daß das Verlangen nach Sprache nicht auf die Formen des Wissens fixiert werden kann. Da sie selbst die Advokatin dieses Verlangens ist, liegt ihr die Vermutung nahe, auch Wissensformen seien nur Stationen dieses Verlangens, nicht seine Struktur.

11 Wenn alle Aussagen nicht nur ergänzungsfähig, sondern ergänzungsbedürftig sind – und sei's nur durch ihren Anspruch, vernommen, verstanden, beantwortet zu werden –, dann gehören Aussagen einer Sprache an, die ihrerseits nicht als Aussage, sondern als Anspruch, als Bitte, Wunsch oder Verlangen strukturiert ist.

12 Die Sprachen des Wissens sind in Sprachen des Nichtwissens, epistemische Praktiken in solchen der *euché* begründet: Ontologie in Philologie.

13 Dichtung ist die Sprache der *euché*. Von Anderem ausgehend, auf Anderes hinausgehend, das nicht *ist* und nicht *nicht* ist, *phílein* eines Sprechens, Zusprechens, Zusagens ohne Gleichen, sich selbst ungleich: imprädikabel.

14 Dichtung ist *prima philologia*.

15 Daß Philologie in der Dichtung fundiert sei, besagt zum einen, daß sie den sachlichen Grund für ihre Gesten und Operationen in der Struktur der Dichtung zu finden hat – und allein daher Anspruch auf deren sachgerechte Erkenntnis erheben kann; es besagt zum anderen, daß sie in der Struktur der Dichtung keinen gesicherten, kohärenten und stetigen Grund finden kann – und deshalb, wenngleich als Fürsprecherin für die Sache der Dichtung, mit einer anderen als der Stimme der Dichtung sprechen muß: als Divination, Konjektur, Interpretation. Ihr *fundamentum in re* ist ein Abgrund. Wo keine Form der Aussage, da kein Grund des Wissens.

16 Die zwei Sprachen der Philologie – die Sprache des Verlangens und die Sprache des Wissens von ihm – sprechen mit einander. Aber die zweite kann nur *wieder*holen, was die erste sagt; die erste nur *über*holen, was von jener gesagt wird. So sprechen sie einander, sprechen sich auseinander und sprechen ihr Auseinander.

17 Philologie ist keine Theorie im Sinn einer Einsicht in das, was ist. Sie ist auch keine Praxis, die von einer Theorie geleitet wird oder in einer Theorie ihr Ziel findet. Sie ist – wenn sie *ist* – die Bewegung des Aufmerkens auf das, was diesem Aufmerken entgegenkommt und was ihm entgleitet, ihm zustößt und es verfehlt, was es anzieht und, derart anziehend, sich ihm entzieht. Sie ist die Erfahrung des Zugs in den Entzug. Die Bewegung einer Suche ohne vorbestimmtes Ziel. Also ohne Ziel. Also ohne das Ohne eines Ziels. Ohne das Ohne der Ontologie.

18 Jede Definition der Philologie muß sich indefinieren – und einer anderen Raum geben.

19 Die Formel vom Menschen als dem Sprache habenden Lebewesen – *zóōn lógon échon* – kann durch die Modifikation verdeutlicht werden,

er sei ein *zóōn lógon euchómenon* –: ein um Sprache bittendes, nach ihr verlangendes Lebewesen. Damit ist der Mensch als *zóōn philólogon* charakterisiert. Sein Verlangen nach Sprache ist ein Verlangen über jede gegebene Sprache hinaus. Seine Erkenntnis der gegebenen kommt nicht ohne die Erfahrung von deren Gebung und deren Versagung aus, seine Exploration der endlichen nicht ohne die Eröffnung einer unendlich endlichen.

20 Wo das Wissen ausbleibt, rührt sich der Affekt. Wo die Ontologie stockt, bewegt sich die Philologie.

21 Philologie ist die Passion derer, die sprechen. Sie bezeichnet den Neigungswinkel sprachlicher Existenz.

22 *Es gibt keinen Philologen ohne Philologie in der ursprünglichsten Bedeutung des Worts* [...]. *Philologie ist ein logischer Affekt, das Seitenstück der Philosophie, Enthusiasmus für chemische Erkenntnis: denn die Grammatik ist doch nur der philosophische Teil der universellen Scheidungs- und Verbindungskunst.* [...] (Friedrich Schlegel: *Athenäum* 404)

23 *Logischer Affekt* kann in Schlegels etymologisierender Erläuterung von *Philologie* heißen: Affekt für die Sprache, aber auch Affekt der Sprache, also Affekt der Sprache für die Sprache. Wenn die Sprache der Sprache zugewandt, ihr zugeneigt ist, dann sich selbst als einer anderen, von ihr unterschiedenen. Mit sich als von ihr abgeschiedener oder ihr bevorstehender verbindet sie sich einzig in ihrem Affekt, ihrem *Enthusiasmus*. Eine *universelle Scheidungs- und Verbindungskunst* kann die Philologie heißen, nicht weil sie die Scheidung durch eine Verbindung aufzuheben versteht, sondern weil sie sich mit dem Geschiedenen allein durch Scheidung verbindet. Philologie ist Zuneigung nicht nur zu einer anderen empirischen oder virtuell empirischen Sprache, sondern zur Andersheit der Sprache, zur Sprachlichkeit als Andersheit, zur Sprache selbst als fortgesetzt Anderem.

24 Philologie, Phil*allolo*gie, Phil*a*logie.

25 Noch einmal, anders: Philologie ist Zuneigung der Sprache zu einer Sprache, die ihrerseits Zuneigung zu ihr oder einer anderen ist. Darum ist Philologie Zuneigung zur Sprache als Zuneigung. Sie mag in der Sprache ihr Mögen, ihres und ihr eigenes. Sprache ist Selbstaffektion im anderen ihrer selbst. Philologie ist Philophilie.
Mögen und sich mögen kann die Philologie nur, weil *nicht* sie selbst es ist, die mag und die sie mag. Es ist jeweils eine andere, die mag, jeweils eine andere, die gemocht wird. Sie wird also noch ihr Nicht-mögen und ihr Nicht-gemochtwerden mögen. Sie ist Philologie ihrer Misologie.

26 Philologie ist die Sprache selbdritt. Selbviert. Die vierte Wand der Szene ihrer Beziehungen steht offen.

27 *Gerade das Eigenthümliche der Sprache, daß sie sich blos um sich selbst bekümmert, weiß keiner. Darum ist sie ein so wunderbares und fruchtbares Geheimniß, – daß wenn einer bloß spricht, um zu sprechen, er gerade die herrlichsten, originellsten Wahrheiten ausspricht.* [...] *Daraus entsteht auch der Haß, den so manche ernsthafte Leute gegen die Sprache haben. Sie merken ihren Mutwillen,* [...]. (Novalis: *Monolog*)

28 Da sie keine Macht über die Sprache und keine über sich selbst hat, kann Philologie nicht als reflexives Selbstbewußtsein der Sprache verfaßt sein. Sie ist von Anbeginn außer sich. Sie vergißt sich. Da sie sich an ihre Sache, die Sprache hingibt, muß sie es zulassen, selbst vergessen zu werden.

29 Wie Sprachvergessenheit zur Sprache, so gehört Philologievergessenheit zur Philologie. Nur vermöge ihrer Selbstvergessenheit kann sie der Sprache nachgehen, ohne sie unter die Form des Wissens zu bringen; nur ihrer Selbstvergessenheit wegen ist sie disponiert, die Form der Wissenschaft und, genauer, der Ontologie

anzunehmen; nur selbstvergessen ist sie aber auch geschichtlich und historischer Wandlungen fähig: immer *an* einer anderen Sprache, immer *an* Formen, in denen sich deren Andersheit befestigt, immer *an*ontologisch.

30 *Bei Plato giebt es noch keine Scheidung zwischen philólogos u. philósophos. Später philólogos der aus Büchern, philósophos der aus sich selbst schöpft.* [...] *Gegen Ende des 14 Jh u. im 15t Jh* [...] *Man war Jurist, Mediciner, Theolog usw. und Philolog zugleich.* (Nietzsche: *Encyklopädie der Philologie*)

31 Es kann keine Geschichte der Philologie geben, die nicht eine Geschichte aus Philologie wäre. Und keine Geschichte *der* Philologie und *aus* Philologie, *gegen* die Philologie nicht ihre Vorbehalte hätte. Wie über jede gegebene Sprache, so geht die Philologie in Zusätzen und Präzisierungen, Zweifeln und Forderungen über jede Vorstellung von ihrer eigenen Geschichte hinaus. Sie überführt das Gegebene in die Bewegung des Gebens und entläßt dieses Geben aus einem Vorbehalt.

32 Erzählen verfährt sequenziell. Es verbindet die Rede von Geschehnissen, Handlungen und Sachverhalten durch ein ausdrückliches oder implizites «und dann». Ob die Sequenz die Form einer Addition annimmt, das «und» zu einem «plus», die virtuell unendliche Reihe zu einer endlichen Folge und diese wiederum zu einem Aggregat oder einer geordneten Totalität werden: immer bleibt «und dann» die Minimalformel der Kombination von Aussagen, die temporale Kopula zur Erzeugung eines Geschichtsverlaufs. Es ist Sache der Philologie, diese Konstruktion aufzuweisen. Deshalb ist es ihre Sache auch, in diesem «und dann» ein «danach», im «danach» ein «nicht mehr», in diesem ein «nicht» aufzuweisen. Junktoren sind nicht so sehr Platzhalter als vielmehr Platzöffner für ein Nicht. Erst dieses Nicht läßt, ob als «nicht mehr» oder als «noch nicht», die Möglichkeit einer Geschichte zu, indem es die Folge davor bewahrt, zur Folgerung zu verkümmern. *Vor* jedem und noch *in* jedem «und darum», das die Kausalität von Handlungen und die Motiviertheit von Entscheidungen behauptet, steht ein «und dann» und ein «nicht», das weder eine *causa* noch einen Beweggrund

angibt und dadurch andeutet, Geschichte sei nur, was von einem Nicht seinen Ausgang nimmt.

33 Kontingent ist, was ein Nicht berührt. Deshalb kann Geschichte kontingent heißen. Sie ereignet sich, wo etwas aussetzt.

34 Was geschieht, ist Abschied.

35 Das innere Gesetz der Sprache ist Geschichte. Philologie ist die Hüterin dieses und allein dieses Gesetzes.

36 Es ist Sache der Philologie, in jedem «und so weiter» ein «nicht so weiter», «nicht und», «anders als so» wahrzunehmen, zu realisieren, zu aktualisieren. Das ist die kleinste Geste ihrer Politik.

37 Philologie ist Liebe zum *non sequitur*.

38 Daß Philologie ihre Aufmerksamkeit der Konstellation von Phänomenen, der Konfiguration von Figuren, der Komposition von Sätzen zuwendet, besagt, daß ihr an dem dunklen Grund, von dem sich die Phänomene, Figuren, Wörter abheben, nicht weniger liegt als an diesen selbst. Denn jener Grund ist ihr einziges «co» oder «con» oder «cum».

39 Sprache erschöpft sich für die Philologie nicht in der Sphäre der Mittel. Sie ist nicht Vermittlung, ohne zugleich ein Sprung, nicht Übertragung, ohne zugleich deren Ablenkung oder Abbruch zu sein. Und so auch die Philologie selbst: kappende Kopula, Kappula.

40 Platon untersucht den Begriff der *philía* unter dem Titel «Lysis». Philologie: gelöste Aufmerksamkeit. – Sollte nicht jene *philía* selbst sich dabei lösen?

41 Alois Riegl hat an der spätrömischen Kunst eine für die Geschichte seither entscheidende Veränderung in der Raumbildung bemerkt, die er als «Emanzipation des Intervalls» charakterisiert. Das ist zugleich die Formel der Philologie. Sie emanzipiert das Intervall von seinen Grenzphänomenen und erschließt, einen Schritt weiter gehend, Phänomene aus dem Intervall zwischen ihnen, phänomenale Bewegungen aus den aphänomenalen in ihrem Zwischenraum, den Raum aus einer vierten Dimension, jede Dimension zuletzt aus einem Nicht-Dimensionalen.

42 *M'illumino d'immenso.* (Ungaretti) – Das Inkommensurable liegt nicht außerhalb der Sprache. Es ist die Sprache.

43 Da die Sprache unendlich und diskontinuierlich über sich hinausgeht, muß das Ziel der Philologie der Sprachsprung sein.

44 Der Name hat keinen Namen. Deshalb ist er unnennbar. (Dionysios. Maimonides. Beckett.) Zwei extreme Möglichkeiten der Philologie: Philologie ist ein Leben, das sich als Buchstabieren des Namens vollzieht und darin von keiner Benennung getroffen werden kann. So wird sie heilig und eine Sache gelebter Theologie. Oder: Sprache wird als Satz-Sprache behandelt, die in keinem ihrer Elemente den Namen berührt, weil jedes dieser Elemente sich in Sätze auflöst. Die Philologie der Sätze erhebt den Anspruch, profan zu sein. – Da man über das Leben im Namen nicht in Benennungen sprechen kann, muß man davon schweigen. Da die profane Philologie keinen Namen, sondern nur ein unendliches Spiel von Sätzen kennt, hat sie nichts Wesentliches oder Überwesentliches zu sagen. Gemeinsam ist beiden Philologien, daß sie nichts über ihr Nicht-sagen sagen. Für eine *andere* Philologie, die sich der Opposition zwischen Theologischem und Profanem nicht fügt, bleibt

übrig: eben dieses Nicht-Sagen zu sagen. Oder sollte genau das schon in beiden geschehen? Dann betriebe die Theologie im Extrem die integrale Profanierung, die profane Philologie betriebe die Theologisierung der Sprache – und beide täten es, indem sie im Anonymat des Namens einen *atheos* und *alogos* artikulieren. Jener *anderen* Philologie fiele es zu, eben das deutlicher zu machen, als es den beiden ersten lieb sein kann.

45 Im Zug der Säkularisierung wurde der Sonntag, der Sabbath, der Ruhe- und Feiertag abgeschafft, der Werktag wurde zum All-Tag, die Alltags- und Arbeitssprache zur *lingua franca*, die Philologie aus einem Medium der Entfaltung des Sakralen zum Werkzeug der Arbeit an einem Glück, das weder *vermittels* der Arbeit noch *in* ihr zu finden ist –; sie wurde, auch das, zur Filiale einer Industrie, die sprachliche Massenartikel und Massenartikelverfertiger verfertigt. Eine der entscheidenden historischen Fragen, der eine *andere* Philologie nachzugehen hat, ist die, ob nicht alle ihre Werktage dennoch auf einen Sonntag fallen können. Ob nicht alle Arbeiten, auf die sie sich richtet und die sie selber verrichtet, den «Sonntag des Lebens» – den Hegel'schen oder den von Queneau – feiern können. Diese andere Philologie kann nicht auf einen Sinn und Zweck, sie kann nur auf eine Feier aus sein.

46 Die Philologie: in der Pause der Sprache.

47 Philologie ist das Geschehen der Freilassung der Sprache von der Sprache. Sie ist die Befreiung der Welt von allem, was über sie gesagt worden ist und noch gesagt werden kann.

48 Wenn Sprache *für* eine Bedeutung spricht, muß sie auch in der Abwesenheit einer Bedeutung sprechen können. Wenn sie *für* einen Adressaten spricht, muß sie auch in der Abwesenheit eines Adressaten sprechen können. Wenn sie *für* etwas spricht, muß sie ein Für auch ohne ein Etwas und ohne das diesem zubestimmte ‹für› sein. Sprache ist nur halbwegs ein ontologischer Prozeß; die Philologie hat sich auch mit der anderen Hälfte zu befassen.

48

49 Die Sprache ist das *objeu* der Philologie. (Francis Ponge hat mit dem Ohr des Philologen im Wort *objet* das andere *objeu* gehört und in seinen Texten verwendet. Er hat damit, wie in größerem Stil und deliranter Joyce in *Finnegans Wake*, eine andere Philologie gedichtet. *Objeu* ist das Objekt, das im Spiel seine Freiheit bewährt, nicht zum Gegenstand eines Subjekts zu erstarren. Es ist das Widerspiel gegen die Vergegenständlichung einer Sache durch ihre Benennung. Ein solches *objeu* kann auch jedes Wort und kann die Sprache insgesamt sein. Im *objeu* spielt die Sprache wider die Sprache.) Die Philologie, die wie alle Sprache Sprache von der Sprache und deshalb das Spiel ihrer unprogrammierbaren Bewegung ist, ist Sprache im *trajeu*.

50 Hölderlins *Giebt es auf Erden ein Maaß? Es giebt keines.* weist die Auskunft des Protagoras zurück, dies Maß sei der Mensch. Anthropologie kann nach dem Menschen nicht fragen, weil sie schon zu wissen meint, er sei die unerschütterliche Gewißheit der Subjektivität des Subjekts und als solche das Maß aller Dinge. Die Anthropologie weiß, kurzum, weil sie nicht fragt. Im Fragen wird jede Gewißheit aber der Sprache ausgesetzt, und von dieser muß es heißen, sie biete kein Maß. Die Leiden des Fragenden – Ödipus – werden von Hölderlin *unbeschreiblich, unaussprechlich, unausdrücklich* genannt. Das Mißverhältnis zwischen Sprache und Unaussprechlichem, Ausdruck und Ausdruckslosem läßt die Sprache ohne Maß – ohne *métron*. Deshalb spricht sie bei Hölderlin in ‹freien Rhythmen›. – Einer Sprache, die auf sich selbst nicht abgestimmt sein und deshalb nicht ‹stimmen› kann, entspricht nur eine Philologie, die kein Maß, sei es tradiert, sei es zeitgemäß, findet. Eine Philologie in ‹freien Rhythmen›.

51 Es gibt keine Metasprache, die nicht von einer weiteren desavouiert werden könnte. Dieses Desaveu ist eine der Gesten der Philologie.

52 [...] *er dürfte, / spräch er von dieser / Zeit, er / dürfte / nur lallen und lallen, / immer-, immer- / zuzu. // («Pallaksch. Pallaksch.»)* – Wie antwortet auf diese Verse von Celan die Philologie? Indem sie alle Versuche zurückweist, sie an einer Sprachnorm zu messen, die in ihnen zerfällt. Indem sie die psychiatrische Diagnose, es handle sich in ihnen um eine aphatische Störung, selbst als Sprachstörung erkennt. Indem sie ihren Erinnerungsspuren zu Hölderlin, Büchner und Anderen nachgeht, ihren Kadenzen wie Tauchbewegungen in Traumen folgt, sie als Memorandum für eine auf andere Weise menschliche Sprache aufnimmt – für eine Sprache des Schmerzes, die nur sagen kann, daß sie nur lallen dürfte, aber ihr eigenes Gesetz verletzt: den Schmerz nicht zur Sprache, sondern die Sprache zum Schmerzen bringt. Sprachschmerz, wie antwortet darauf die Philologie? Indem sie ihn als den Schmerz ihrer eigenen Sprache erkennt? Indem sie den Schmerz des Anderen anders wiederholt? Den Schmerz, das Andere ändert? Sich von ihm ändern läßt? Ihn löst? Aber das Gedicht stellt keine Frage. Die Philologie gibt keine Antwort.

53 Die Sprache kann nicht Gegenstand prädikativer Aussagen werden, weil diese Aussagen sowohl zu ihrem Gegenstand als auch nicht zu ihm gehören müßten. Keine Trope kann die Sprache bezeichnen, ohne eine Trope der Sprache und zugleich keine zu sein. Jede Aussage über die Sprache und jede Trope für sie durchkreuzt sich selbst. Was in der Sprache «die Sprache» heißt, ist das an-tropo-logische Geschehnis schlechthin.
Die Philosophie konnte dieser Komplikation nur gerecht werden, indem sie, seit dem 18. Jahrhundert, annahm, es sei dem Menschen wesentlich, einer Wesensbestimmung zu ermangeln, seine Essenz liege mithin in seiner Existenz und diese Existenz könne nicht wiederum essentialisiert werden. Die Philologie kann dieser Komplikation nur gerecht werden, indem sie sprachliche Existenz als inkonsistentes Geschehen, soll heißen als eine Bewegung versteht, die weder der Logik von Aussagen noch der Logik von Tropen folgt, ohne die eine wie die andere außer Kraft zu setzen. Sie ist An-tropologie, nicht Anthropologie.

54 Wenn Roman Jakobson die ‹poetische Funktion› als Substitution auf der Achse der Äquivalenzen einer anderen, man könnte sagen: prosaischen Funktion entgegensetzt, die durch die Kombination auf der Achse der Kontiguitäten realisiert wird, dann impliziert die Geometrie ihres Verhältnisses, daß beide Achsen sich in einem Nullpunkt kreuzen, in dem sie sowohl der Logik der Substitution und der Kontiguität, der poetischen wie der prosaischen Funktion, als auch keiner von beiden folgen. Die Rhetorik von Metapher und Metonymie, die für ein Jahrhundert die philologische Arbeit in poetologischen, anthropologischen und psychoanalytischen Studien in Anspruch genommen hat, ist auf eine Zero-Rhetorik mit einer Zero-Funktion angewiesen, von der nicht einmal die Figur der Katachrese Rechenschaft ablegen kann, da sie in einer Setzung und nicht in keiner besteht. Zero-Rhetorik wäre diejenige, die im Achsenkreuz aller Tropen die Leerstelle – und, genauer, die Stellenleere – markiert, deren es bedarf, um die Möglichkeit einer Sprache überhaupt zu wahren. Erst die Philologie des Zero wäre die Origo der Philologie.

55 Während es der Philosophie nur um ein *nihil negativum* gehen kann, von dem sie ihre Gegenstände abzusetzen bemüht ist, geht es der Philologie um ein *nihil*, dem noch jede Negation ausgesetzt sein muß, um als sprachliches Geschehen in Betracht zu kommen. Es ist dies so wenig ein nichtiges Nichts, daß es als *nihil donans* charakterisiert werden kann. Es gibt für die Philologie nicht nur ein «Es gibt – Sprache»; es gibt darin auch ein «Es gibt kein ‹Es gibt – Sprache›». Es ist die Sprache, die (sich) gibt, und sie, die (sich, dieses Geben) entzieht.

56 Auch Topoi haben ihre Zeit. Die Philologie, die auf den Tropenwucher des Barock und der Romantik ebenso achtet wie auf den Topoischwund im 20. Jahrhundert, wird bemerken, daß die Trockenlegung der Sprache zum einen die Prädikation als (ideologischen) Zentral-Topos hervortreten läßt, zum andern eine Lücke – ein Intervall – zu Lücken – und Intervallen – multipliziert, die auf keinen Topos begrenzt werden können, sondern eine Atopie oder Utopie offen halten. Die Zeit des Raums wird von der Zeit der Räumung durchzogen, die Zeit-Räumung ist nicht mehr nur Bedingung der

Phänomenalität, sondern ihr Entzug ins Aphänomenale. Auch die Zeit hat ihre Zeit: sie ist *ana*chronistisch.

57 Zur Philologie gehört bei aller Neigung zu dem, was gesagt ist, der Mut zu dem, was es nicht ist.

58 Daß die Philologie am Detail, an den Nuancen eines Details, an den Intermundien zwischen diesen Nuancen ansetzt, verlangsamt ihre Bewegung in der Sprache und der Welt. Ihre Langsamkeit hat kein Maß. Als Zeitlupe dehnt sie noch den Moment und läßt Sprünge in ihm gewahren, die nicht zur chronometrischen Zeit gehören. Eine Welt ohne Zeit, eine Sprache ohne Zeit: das ist die Welt, die Sprache, wie sie ist –: ganz, ohne da zu sein; genau diese, völlig anders.

59 Philologie – die absolute Fermate.

60 Die Philologie ist langsam, so schnell sie sein mag. Wesentlich langsam. Sie ist die Späte.

61 *Quand on lit trop vite ou trop doucement on ne comprend rien.* (Pascal) Wer zu schnell oder zu langsam liest, begreift zwar nichts, aber ihm kann eben deshalb aufgehen, daß Begreifen, Erfassen und Haben (prehendere, capere, conceptio) keine genuin *sprachlichen* Gesten sind. (Ich merke, daß Pascal notiert hat: *on n'entend rien*. Zu spät. Dennoch.)

62 *Philologie nämlich ist jene ehrwürdige Kunst, welche von ihrem Verehrer vor Allem Eins heischt, bei Seite gehn, sich Zeit lassen, still werden, langsam werden –, als eine Goldschmiedekunst und -kennerschaft des W o r t e s , die lauter feine vorsichtige Arbeit abzuthun hat und Nichts erreicht, wenn sie es nicht lento erreicht. Gerade damit aber ist sie heute nöthiger als je, gerade dadurch zieht sie und bezaubert sie uns am stärksten, mitten in einem Zeitalter der «Arbeit», will sagen: der Hast, der unanständigen und schwitzenden Eilfertigkeit, das mit Allem gleich «fertig*

werden» will, auch mit jedem alten und neuen Buche: – sie selbst wird nicht so leicht irgend womit fertig, sie lehrt g u t lesen, das heisst langsam, tief, rück- und vorsichtig, mit Hintergedanken, mit offen gelassenen Thüren, mit zarten Fingern und Augen lesen … (Nietzsche: *Morgenröte*, Vorrede, 5)

63 Wo die Philologie auf Äußerungen, Texte, Werke stößt, die ihr durchweg verständlich sind, wird sie sich schütteln wie vor etwas, das bereits verdaut ist, polemisch werden, um es sich vom Leib zu halten, oder sich abwenden und schweigen. Verständlichkeit schließt Verstehen und sogar die Neigung dazu aus. Geliebt werden kann nur, was befremdet; und am dauerndsten nur das, was bei wachsender Nähe fremd bleibt. Nur das Unverständliche, nur das – nicht nur *prima facie*, sondern *ultima facie* – Unanalysierbare ist ein möglicher Gegenstand der Philologie. Aber es ist kein «Gegenstand», es ist die Gegend, in der sie sich bewegt und sich ändert.

64 Keine Philologie, die nicht die Stille genießen würde, die der Buchstaben, die der Bilder, der Architekturen, und noch die der Musik und der Gedanken. Selbst am Spektakel wendet sie sich bloß dem zu, was für niemanden und nichts ist. Alles andere ist Theater, auf ihrer Seite nicht weniger als auf der ihrer «Gegenstände».

65 *Et tout le reste est littérature.* Philologie hat es mit diesem von Verlaine genannten wie mit dem anderen Rest zu tun, von dem es bei Shakespeare heißt *The rest is silence.* Um zwischen diesen beiden Resten, diesen beiden Stillen zu scheiden – ihr Unterschied ist zuweilen infinitesimal –, wird Philologie Kritik.

66 Daß sie alles sagen und nichts bedeuten, das könnte die gelungenen Werke charakterisieren. Sie haben kein Außerhalb, auf das sie verweisen, sie kontrahieren die Welt in sich. Wie man vom Stein sagt, er sei kontrakte Materie, so sind sie kontrakte Welt. Sie sind dicht, Gedichte. Darum sind sie nicht etwa abgeschlossen: sie sprechen, da sie alles sagen, auch für Andere und andere Zeiten, aber sie bedeuten sie nicht, beanspruchen kein Wissen von ihnen, keins von sich selbst. Die Idee der

Philologie, die *dieser* monadischen Struktur der Werke entspricht, wäre deshalb nicht die Deutung, die sie auf eine andere Welt verweist und in ihren Dienst stellt, sondern die Verdeutlichung, die nur sagt, daß etwas da – gesagt, gemalt, komponiert – oder nicht da ist. Solche Verdeutlichung gelingt nur im Befremden. Philologie ist Befremden. Deshalb wird sie langsam und still, deshalb erstarrt ihr das Gegenüber langsam zu Stein. Aber wer ist hier Gorgo?

67 Gewiß, die Philologie fragt «Qui parle?» und fragt nicht nur nach einem Sprecher, sondern nach einer vielleicht unabsehbaren Pluralität von Sprechern und Vor- und Mit- und Nachsprechern – und fragt so nach ‹sich selbst›. Aber sie fragt, und da jede Frage in der Abwesenheit einer Antwort gestellt wird, und da diese Abwesenheit unendlich dauern kann, muß sie auch fragen «Wer schweigt?» und «Was schweigt?» – und muß sich selber erschweigen.

68 Vielleicht gibt es für die Philologie nur Stillleben. Man weiß, solche Stillleben können auch Schlachtplätze und Schlachtfeste sein. Alles ist *noch* lebendig, alles schon *still*.

69 Die Übung der Philologie – die *askésis*, die Einübung, das Erlernen, die Ausübung, das Verlernen, das Vergessen der Philologie – ist Warten. Nicht immer wird auf Etwas gewartet. Vor der Erwartung war das Warten. In ihm erstreckt sich die Gegenwart der Philologie. Sie ist Warten beim Wort.

70 Philologie: der Aufenthalt; die Offenhaltung. Die Warte.

71 Philologie ist Nekyia, Abstieg zu den Toten, *ad plures ire*. Sie gesellt sich zum größten, sonderbarsten, immer wachsenden Kollektiv und gibt etwas vom Leben ihrer Sprache dahin, um diese Unterirdischen zum Sprechen zu bringen; sie stirbt – die Philologie stirbt, jeder Philologe stirbt –, um dem einen oder anderen von jenen Vielen für eine Weile in ihrer Sprache zum Nachleben zu verhelfen. Ohne die Philologie,

die sie mit den Toten vergesellschaftet, würden die Lebenden asozial. Aber die Gesellschaft der Philologie ist die Gesellschaft derer, die keiner Gesellschaft angehören, ihr Leben Zusammenleben mit dem Tod, ihre Sprache – Erschweigen.

72 Philologie gräbt, ergräbt sich die Welt.

73 Der geschichtliche ‹Verlauf› ist Sedimentierung, Ablagerung in Schichten ohne Grund. Sprachen vergehen nicht, sie sinken.

74 Orpheus ist Philologe, wenn er singt.

75 Philologie ist schon in ihrer ersten Regung Philologie der Philologie. Sie setzt sich von den Mythen der philologischen Praxis ab, duldet keine transhistorischen Konstanten – verwandelt Orpheus in Eurydike und diese in Hermes .... –; sie desedimentiert. Wenn es nach der Philologie ginge, bliebe von der Erde und allem Unterirdischen nur der freie Himmel übrig.

76 Philologie, eine Liebesgeschichte. – Freud im Brief vom 29.12.97 an Fliess: *Herr E., den Du kennst, hat im Alter von zehn Jahren einen Angstanfall bekommen, als er sich bemühte, einen schwarzen Käfer einzufangen, der es sich nicht gefallen ließ. Die Deutung dieses Anfalles war bislang dunkel geblieben.* [...] *Dann brechen wir ab und vor der nächsten Sitzung erzählt er mir, die Deutung des Käfers sei ihm eingefallen. Nämlich: Que faire?* – Was vom Philologen Freud «Deutung» genannt wird, ist keine *Über*setzung eines Wortes in die damit verbundene Sachvorstellung, sondern eine *Ver*setzung, eine Verschiebung der Aufmerksamkeit von möglichen Bedeutungen zum Idiom ihrer Benennung. Nur durch die Ablösung von der Bedeutung tritt an die Stelle des Anfalls ein Einfall, an die Stelle der Angst ihre Artikulation, an die Stelle des Tiers oder Tiernamens (*Käfer*) eine Frage (*Que faire?*). Und zwar in einer anderen, in der französischen Sprache, denn – so erzählt Freud weiter – E.s *Kindsfrau und erste Geliebte war eine Französin;*

er hat eigentlich früher französisch sprechen gelernt als deutsch. Der Weg zur «Deutung» ist nicht der Weg zu einer Bedeutung. Es ist der Weg zur Wiederholung einer Sprache oder zur Wieder-holung *in* eine Sprache, die von einer anderen verdeckt gehalten wird. Die Bewegung der Philologie ist die Bewegung zur Sprache der ersten Geliebten, zu der Geliebten Sprache. Die Frage *Que faire?* und das darin Erfragte läßt die Geliebte sich diesmal, in der Wiederholung, gefallen. Denn im *Que faire?* ist schon getan, wonach es noch fragt.
Philologie: es dahin bringen, daß sich die erste Liebe wiederholen läßt, daß sie sich das Wiederholen gefallen läßt.

77 Wiederholt wird nicht das Vergangene, sondern was von ihm in die Zukunft ging. Philologie wiederholt diesen Gang und holt aus der Zukunft, was ihr zur Gegenwart fehlt. – Was fehlt ihr, der Philologie? – Nichts fehlt.

78 Auf die Frage, was *nach* der Philologie komme, kann man inzwischen die Antwort erwarten, das sei die Post-Philologie. Aber nicht nur ist jede (auch diese) Antwort auf diese Frage eine philologische Antwort – denn niemand könnte die Frage verstehen und niemand wäre zu einer Antwort darauf fähig ohne ein Minimum an Philologie –, auch schon die Frage ist eine elementar philologische, wenn sie nach dem Ende und dem Jenseits der Philologie fragt. Von Anfang an geht die Philologie auf etwas anderes als sie selbst ist hinaus; sie ist der Weg zu dem, was sie nicht ist, und deshalb ist sie – transitiv – ihr Nicht und ihr Nach. Ihr Sein ist die Nähe, so fern sie sein mag; so nah sie sein mag, die Ferne. Fernähe, das ist der Zeitraum, der sich der Philologie erschließt und der Philosophie verschlossen bleibt.

79 Geht der Zug aus der Vorwelt in die Nachwelt oder umgekehrt? Oder *zugleich* umgekehrt? Ist nicht jede Umkehrung eine Wiederholung? Und nicht jede Wiederholung eine Bekräftigung *und* eine Tilgung des Wiederholten? Kommt nicht jede Wiederholung aus einer anderen Zukunft?
Die Zeit des waw ha-hippukh *ist die messianische Zeit.* (Scholem: 95 *Thesen*; Nr. 83)

80 Philologie ist der Name für eine *andere* als die *gemeinte* Zukunft der Sprache.
Weil sie für das einsteht, was in der Sprache – und in ihr selbst – intentionslos, unbesetzt und ungewußt bleibt, ist Philologie der Name für das Geheimnis der Sprache; für ihr *secretum, pudendum*, ihre Heimat, die Wunde, für das, was ihr nicht gehört und was sie nicht selbst ist. Für ihre, für eine, für keine bestimmte Lücke der Ontologie und der Logik. Deshalb ein Fehlname.

81 Die gängigen Medientheorien unterstellen samt und sonders, es könne Medien geben, auch wenn es Sprache nicht gäbe; Sprache sei ein Medium unter anderen. Dem ist nicht so. Gäbe es keine Sprache, so gäbe es kein einziges Medium. Sprache ist das Medium aller Medien. Sie alle sind auf je besondere Weise sprachlich, das Mienenspiel, die Gestik, die Anordnung der Räume in einem Gebäude, der Gebäude in einer Siedlung, die Farbverteilung, die Figuren, die Kadrierung eines Bildes, technische Konstruktionen jeder Art. Sie sind auf Widerruf gebaut. Sie gehen davon aus, daß sie zerstörbar, unverständlich oder mißbrauchbar werden, nicht an ihr Ziel gelangen, nicht ihren Zweck erreichen können. Nicht eine *causa finalis*, sondern eine *causa finalis defecta* bestimmt sie – und *in*determiniert sie. Sie funktionieren nur, weil sie auch *nicht* funktionieren könnten. Sie alle beziehen sich auf eine Zukunft, die nicht *ihre* Zukunft, nicht die von ihrer jeweiligen Konstruktion entworfene, von ihr unterstellte oder angenommene Zukunft sein könnte; sie beziehen sich auf ihr Nicht.
Medien, das sind Sprachen, weil sie ihr Scheitern zu antizipieren versuchen und noch mit dem Scheitern dieses Versuchs spielen.
Sie operieren mit möglichen Brüchen und den Abbrüchen ihrer Möglichkeiten. Soll heißen: sie operieren mit ihrer Nicht-Operationalität; sie mediieren ihre Immedialität.
Wenn den ‹media studies› diese Distruktur ihrer Gegenstände und ihrer selbst erkennbar wird, werden sie Philologie.

82 Der Grund der Philologie ist eine Wunde. Sie schreit. Aber diesen Philoktet hört keiner außer ihm. Er ist isoliert. Die Kriegsherren kommen erst auf seine Insel, wenn sie merken, daß sie ohne seinen

Bogen nicht weiterkommen. (Aber wohin kommen sie, wenn nicht zu weiteren Wunden?)

83 Eine Passion ist ein Trauma. Eine Einsicht ein Stich. Da Philologie die erste Passion derer, die sprechen, ist, kann es nicht Wunder nehmen, daß sie sie nicht mögen; daß sie das Mögen selbst nicht mögen. Aber um etwas nicht zu mögen, muß man dieses Nichtmögen mögen. Philologie ist – *ad infinitum* – das Mögen des Nichtmögens der Sprache.

84 Wir sind allesamt schlecht auf die Sprache zu sprechen. – *Diese zweideutigen Worte* [wie «machen»] *sind gleichsam mehrere Fliegen auf einen Schlag* […] (Freud an Fliess, 22. 12. 97) – Die Schläger- und Totschlägergesinnung, die sich, wie subtil auch immer, mit der Philologie verbindet, läßt sich kaum anders als dadurch erklären, daß das Sprechen selbst als Brutalisierung empfunden wird. Massive Affekte auf winzige Laute und Kritzeleien zu reduzieren, erfordert einen Aufwand an psychischer und körperlicher Anspannung, der sich leicht gegen das erwünschte Resultat der Reduktion kehrt, gegen die Sprache, das Sprechen, die Sprechenden. Der Logoklasmus gehört zur Sprache wie die Misologie zur Philologie gehört. Statt einen stets drohenden Sublimierungskollaps zu fürchten, sollte man sich mit dem Gedanken anfreunden, daß die Sprache eine zwar elastische, aber äußerst fragile Sublimierungsschranke darstellt, die jederzeit durch Gestik, Mimik, Infamien, Handgreiflichkeiten und Schlimmeres durchbrochen werden kann. Und in jedem Satz, jeder Silbe, jeder Pause durchbrochen wird. Gewalt gehört zum strukturell Unbewußten unsrer Sprache, weil Gewalt ihr den Weg zum Bewußtsein bahnt. Wir wissen nur unzureichend, was wir tun, wenn wir etwas sagen; wir werden es, bei einigem Glück, gewußt haben. Im Intervall, das sich mit diesem *futurum exactum* auftut, bewegt sich die Philologie.

85 Die Christlichkeit der Philologie hat mit ihrer Reform im 16. Jahrhundert eine peinliche Wendung genommen, die bis heute nicht aufgehört hat, ihre Wirkung zu tun. Der göttliche, mit der Liebe einige *lógos* des Johannes-Evangeliums wurde zu einem Gott, der die Schöpfung haßt und seine Gläubigen dazu verurteilt, ihr Leben im *Haß gegen sich*

selbst zu verbringen. (Luther: *95 Thesen*; Nr. 4.) Das erbarmungsloseste Schuldbewußtsein wird also von einem Wort, einer Sprache, einer Rede imputiert, die die schlichte Perversion jenes *lógos* darstellt, dem die *philía* Platons und noch die des Johannes galt. Mit dem Wort vom *Haß gegen sich selbst* ist gesagt: Die Sprache haßt uns, sie verwirft uns, verfolgt uns, und wir hassen, verwerfen, verfolgen uns und in uns die Sprache, wenn immer wir uns in ihr und über sie zu verständigen suchen. (– Was heißt, haßt. –) Wenn die Sprache sich haßt, sucht sie sich zu vernichten; und da sie diese Vernichtung nicht anders als durch ein Schweigen und Handeln erreichen kann, das selbst noch den Wert einer Sprache beansprucht, kann sie sich nur durch ihre Wiederholung im Gang ihrer Vernichtung bewahren. Was Freud mit den Begriffen Todestrieb und Wiederholungszwang zu fassen versucht, ist eine historische Ordnung der Misologie, die jede Geschichte, Ordnung, Sprache zu tilgen bestrebt ist. Seit der reformatorischen Volte – wenn auch von langer Hand vorbereitet – das intensivierte Interesse am Buchstaben, der tötet; seither die Propagierung der ‹Schrift›, die kasteit; seither die Reproduktionstechnologien des Wortes; seither das Credo des Kapitals, der Kredit; seither die Ökonomie der Schuld und der Schulden; jedes Wort ein Verbrechen, das ein anderes wiederholt, um es zu verdecken … Eine der dringlichsten Aufgaben der psycho-historischen Philologie liegt darin, diese weltgeschichtliche Wende zu einer sadistischen Sprache und einer suizidären Philologie zu analysieren.

86 Die Relegierung der Philologie zu einer Hilfswissenschaft der dogmatischen Theologie, der Jurisprudenz, der Historiographie; ihre Verkümmerung zu einer Disziplinartechnik in den pädagogischen Institutionen; ihre Schrumpfung zu einem Verfahren der Literaturwissenschaft und allem voran der Versuch, sie unter die Normen einer epistemischen Disziplin zu bringen –: so schädlich diese Verdrängungsanstalten für die Erfahrung und Klärung sprachlicher Existenz waren und bleiben, sie haben den philologischen Impuls bislang nicht zerstören können. Aber man täusche sich nicht: dieser Impuls ist zerstörbar. Die Nationalismen, in deren Dienst sich die Nationalphilologien gestellt haben, der Juridismus, der Klassismus, Rassismus, Sexismus, den sie bedienen und oft genug tragen: sie sind Anschläge auf die sprachliche, auf die philologische Existenz, von denen Tag um Tag die grauenvollsten Verwüstungen ausgehen. Diese

Philologien sind selbstdestruktiv. Eine *andere* Philologie hat mit ihren Mitteln der Analyse und der Invention – mit *allen* Mitteln – gegen dieses Zerstörungswerk anzukämpfen.

87 Solange noch ein Einziger dafür *bezahlen* muß, daß er mit Anderen sprechen und Andere lesen und hören kann, sind Sprache und Philologie nicht *frei*.

88 So wenig wie die Sprache untersteht die Philologie dem Lustprinzip. Es gibt kein *plaisir du texte*, das nicht von Wiederholungen ausginge und Wiederholungen erstrebte. Doch jede Wiederholung einer Erfahrung wiederholt auch den Schmerz der Trennung von ihr – und wiederholt zugleich die Trennung von der Wiederholung.
Die Wiederholung wiederholt also nicht nur; sie löst sich von der Wiederholung und löst sie auf. Sie kehrt zu einem *anderen* Anfang, soll heißen zu *anderem* als einem Anfang zurück. Sie – die Philologie, die Wiederholung – kehrt nicht nur zurück. Sie fängt, ohne Prinzip, an.

89 Es gibt Philologen, die behandeln die Welt, als ließe sie sich behandeln (wie ein Kranker), als ließe sich mit ihr verhandeln (wie mit einem Feind), als ließe sich mit ihr handeln (wie mit einem Instrument oder einer Ware oder einem Geschäftspartner), als ließe sie sich abhandeln (wie ein Thema). Sie vergessen, daß die Philologie nicht ein Teil dieser Welt ist, der zu einem anderen Teil Handels- oder Handlungsbeziehungen unterhalten könnte, sondern daß sie die Bewegung der Welt selbst: daß sie das zur Welt Kommen der Welt ist. Dieses *Kommen* läßt sich nicht *machen*, nicht aushandeln, nicht durch intentionale Akte bewirken. Die Unverhandelbarkeit dieses Kommens (dieser Welt) ist die Erfahrung, die eine andere Philologie zu verdeutlichen hat. Ihre provisorische Maxime: Handle so, daß du das Handeln lassen kannst. Und weiter: Handle ohne Maxime, auch ohne diese.

90 Die Philologie kämpft im Weltbürgerkrieg um die Sprache und um die Welt gegen die industrielle Verfertigung der Sprache und der

Welt: sie kämpft gegen das Verstummen. Deshalb muß sie bereit sein, gegen ihre eigenen Industrialisierungstendenzen zu kämpfen. Eine der fatalsten, einschläferndsten, desaffizierendsten Formen dieser Tendenz ist der Journalismus.

91 Die Philologie ist das trojanische Pferd in den Mauern unsrer schlafenden Sprachen. Wenn sie erwachen,

92 Hölderlins philosophische und dichterische Aufmerksamkeit ist in einer philologischen Bemerkung kondensiert, die aus der Zeit seines Elends überliefert ist. Sie lautet: «Sehen Sie, gnädiger Herr, ein Komma!» Man könnte diese Bemerkung auch eine philographische nennen, wenn gesichert wäre, daß jedes Komma eine graphische Gestalt annimmt, und gesichert, daß «Komma» tatsächlich Komma heißt. Bedenkt man das Gewicht, das in seiner Sprache die Zukunft, die Ankunft, das Kommen beanspruchen, kann dies «Komma» auch auf das deuten, was nicht ausgesagt, sondern gerufen und zu kommen eingeladen wird. Philologie wäre dann die Aufmerksamkeit auf das, was interpungiert, zum Innehalten bringt, zäsuriert, weil in ihm ein Kommendes oder sein Kommen bemerkbar wird.

93 Wenn die Philologie von allen und in rückhaltloser Aufrichtigkeit betrieben würde – so könnte man meinen –, dann würden Mord und Todschlag herrschen und es gäbe alsbald keine Sprache und keine Philologie mehr. Das ist falsch. Sprache legt Distanzen zwischen die Sprechenden und in ihre Welten, sie bezieht sich im Gespräch zwischen Zweien jeweils auf ein Drittes und Viertes, sie ist sachlich, und wenn sie ‹Personen› zur Sprache kommen läßt, dann zunächst als solche, die sich in der Sprache aufhalten und sich in ihr zurückhalten. So tödlich die Sprache wirken kann, sie ist zunächst nichts anderes als das Verbot, zu töten. Sprache ist das Tabu über den Tod, über das Totum, das Totem. Philologie ist nicht nur die Wächterin über dieses Tabu, in jeder ihrer Gesten setzt sie es aufs Neue ein.

94 Auch Philologen tanzen um das goldene Kalb, um den Goldstandard der Kultur, um das institutionelle Kapital, um das Kap der guten Hoffnungen: Kuh- und Kapitaltänze. Es kommt aber darauf an, das Tanzen zu tanzen. (Marx: *Thesen über Feuerbach*, 11. These)

95 *Schreiben* – deshalb Philologie – *als eine Form des Gebetes*. (Kafka) Beten ist nur möglich, wenn es keinen Gott gibt. Erst das Gebet ergibt einen Gott. Die fortgesetzte Gabelung zwischen keinem und einem ist der Weg der Philologie. Er ist eine fortgesetzte Aporie, eine Diaporie.

95 sqq. Der Genuß darin, daß sich das Indefinite allmählich definiert.

Was zu sagen bleibt
On Twelve and More Ways of Looking at Philology

I
Among twenty snowy mountains
The only moving thing
Was the eye of the blackbird.

Wer spricht, spricht mit Vielen und auf vielfache Weise. Er spricht – ob er schreibt, gestikuliert oder schweigt – nicht nur mit den Sprachen Anderer und mit ihren Idiomen, Varianten, Abweichungen und Irregularitäten, er spricht mit ihnen auch in der Weise, dass er *mit* der gemeinsamen Sprache *auf* diese gemeinsame Sprache eingeht – ihr nachgibt, auf sie verweist und auf sie einwirkt – und *mit* jenem Mit eben dieses Mit zu einem *anderen* Mit werden läßt. Jede Sprache ist Mit-Sprache mit Vielen, doch da diese Mit-Sprache jeweils sowohl *mit* Vielen als auch *auf* sie *zu*, *von* ihnen *weg*, *über* sie und über sie *hinaus* spricht, da sie zu den Vielen eine oder mehrere hinzufügt, spricht jede mit mehr als einer vorbestimmten Vielzahl, jede, die mit Anderen spricht, mit anderen als Anderen. Er spricht also, von Anbeginn, *mehr* als eine Sprache und, da diese Mehr-Sprache eine andere als jede schon bekannte und als solche identifizierbare ist, vielleicht *anderes* als eine Sprache. Er spricht aus der Nicht-Entsprechung zur Sprache. Nichts von dem, was die Griechen als *aporía* und als *thaumastón* bezeichnet haben, könnte denen, die sprechen, begegnen, wenn die Sprache nicht selbst eine weglose Bewegung und verwunderlich wäre.

Diese Bewegung der Sprache ist nicht das Resultat einer individuellen Leistung oder einer persönlichen Schwäche derer, die sie gebrauchen. Sie kann nicht einer bestimmten Sprachgemeinschaft, einem sozialen Idiom oder einer artifiziellen Sondersprache zugute gehalten oder zur Last gelegt werden und ist nicht auf eine Phase in der Geschichte der Sprachen beschränkt. Damit ist nicht etwa gesagt, dass es eine solche Geschichte nicht gäbe; vielmehr gibt es im Bereich der Sprache nichts anderes als Geschichte – und zu dieser wiederum, ob sie als Mikro- oder Makro-Geschichte, ob sie in einer *longue durée* oder in einem Sekundenbruchteil verläuft, gehören als konstitutive Momente Veränderungen nicht weniger als Stillstände, Atavismen ebenso wie Unabsehbarkeiten, vor allem aber und zunächst gehört dazu, dass kein einziges ihrer Momente mit keinem einzigen anderen stabil koordiniert ist. Eine Antwort kann in jedem einzelnen Fall auch etwas anderes als die Antwort auf eine Frage oder auf eine Aussage sein, die ihr vorangegangen ist; sie kann Antwort auf eine hinter der Frage oder Aussage vermutete – aber gar nicht gemeinte – Aufforderung, Antwort auf eine unterstellte oder projizierte, eine phantasierte oder fragmentierte Äußerung sein, und spätestens – allerspätestens – seit Freud sollte deutlich sein, dass es keine undurchlässige Grenze zwischen der Sprache des Bewusstseins und der Sprache der Verdichtung, Verschiebung und Verschweigung gibt, durch die sich der Traum auszeichnen soll. Was immer also gesagt ist, es kann etwas anderes sagen. Wie immer die Antwort darauf ausfallen mag, sie kann auch die ‹Antwort› auf etwas anderes sein als das, was ihren Anspruch, Antwort zu sein, rechtfertigen könnte. Was auf eine Äußerung oder auf einen Sachverhalt folgt, muß nicht im selben Kontinuum mit ihm und muß noch weniger in einem Ursache-Folge-Verhältnis dazu stehen. *Er las immer Agamemnon statt «angenommen», so sehr hatte er den Homer gelesen* – notiert Lichtenberg in seinen *Sudelbüchern*[22], und dürfte dabei weniger ein sprach- und leseorthopädisches Programm als vielmehr die Eigenart der Sprache, der Wahrnehmung und der Erfahrung insgesamt im Sinn gehabt haben, *um*formbar, und nur deshalb formbar, *trans*formierbar, und nur darum eine eminent geschichtliche Form zu sein.

Gegen die Orthopädien, und zwar alle; gegen die Monopolisierung der Regulierungstendenzen, die zur Struktur der Sprache gehören; gegen die Reduktion der Wissenschaften von der Sprache auf Disziplinartechniken; gegen die Konformitätsobsessionen, denen die Philologien und sogenannten Literaturwissenschaften nachgeben, obwohl sie mit dem am wenigsten Konformen, dem am exponiertesten Sprachlichen und Geschichtlichen zu schaffen haben; *für*, kurzum, die Bewegung der Sprache in ihren extremen Verläufen und die Bewegung *mit* dieser Sprachbewegung durch die Komplexitäten auch noch des Mit sind die *Thesen zur Philologie* geschrieben. Sie sprechen darum mit Anderen und mit Anderem als ihren *eigenen* Anderen, sprechen mit konvergenten und divergenten Thesen, Theorien und Tendenzen, zitieren, kommentieren und debattieren sie, sei's durch ihr bloßes Arrangement, sei's durch explizite Argumente, und versuchen, immer wieder aufs Neue und möglichst variantenreich, den Gedanken einer Sprache in Bewegung zu halten, die sich jeder Feststellung – jeder These, jeder bloßen Theorie und jeder einsinnigen Tendenz – entzieht. Sie sprechen *mit* Anderen in der Annahme, dass sich dieses *mit* dadurch verändert. Ihre Form – wenn sie denn noch ‹Form› heißen kann – ist in vielem die des Cento: eines Textes aus anderen Texten, die sich nicht homogen zu einander verhalten, vielmehr rhapsodisch oder, wie Hamann in *Ein fliegender Brief* schreibt[23], *musivisch* und *à la Mosaique* – also mosaikartig und zugleich

---

22 Georg Christoph Lichtenberg, *Sudelbücher* (G 187), in *Schriften und Briefe II*, hg. v. Wolfgang Promies, München 1975, S. 166.

23 Johann Georg Hamann, «Ein fliegender Brief. Zweite Fassung», in *Sämtliche Werke*, III. Band (*Schriften über Sprache, Mysterien, Vernunft. 1772-1788*), hg. v. Josef

gesetzesähnlich – aufeinander bezogen sind, so dass jedes einzelne Element durch seine Beziehung auf andere, ihre Gemeinschaft aber durch deren Beziehung auf weitere Elemente und weitere Gemeinschaften definiert ist. Die Reihung dieser Elemente *re*definiert jedes einzelne unter ihnen, setzt sie und sich selbst weiteren *Re*definitionen, damit zugleich jedoch fortgesetzten *In*definitionen aus, die kein ‹natürliches›, kein ‹organisches› Ende finden, sondern nur abbrechen können. Auf diese Weise spricht jede einzelne «These» und sprechen die *Thesen* insgesamt – wie es in der ersten heißt – *für das, was vom Gesagten noch zu sagen bleibt.* Soll heißen: es bleibt zu sagen, auch wenn sich niemand finden sollte, der es sagt. Der Anspruch des Gesagten auf Klärung und Erläuterung erlischt nicht dadurch, dass er unbeantwortet bleibt, er geht über jedes positive Faktum einer Antwort oder Nicht-Antwort hinaus. Als Anspruch bleibt er auch dort noch erhalten, wo er einer Antwort, einer affirmativen oder stummen, begegnet, denn keine, und sei sie kollektiv, kann die einzige sein, keine in sich abgeschlossen und keine die letzte. Sprache – und deshalb die Sprache der *Thesen* – ist aphoristisch: sie schneidet aus und definiert; aber sie ist eben deshalb nicht selbst in einem Horos – einem definiten Bezirk – befangen: sie ist *a*horizontal. Sie – und deshalb die Philologie – ist nicht saturationsfähig.

Sie verläuft *passencore.* Mit diesem französisch-englischen Hybrid- und Hyper-Wort charakterisiert Joyce auf der ersten Seite von *Finnegans Wake* vermutlich eine Bewegung, eine Passage – *passin'* –, die körperlich – *en corps* – ins Innerste, ins Mark oder Herz – *en core* – einer Sache führt, aber es derart tut, dass sie jeweils noch nicht – *pas encore* – und doch immer noch – *pass encore* – passiert. Noch nicht und zugleich immer noch, so spricht dieses Polynym, und spricht somit auch von seinem eigenen Sprechen als einem solchen, das ‹immer noch noch nicht› und ‹noch nicht immer noch› geschieht und deshalb ohne Kern und Körper – *pass sans core, pass sans corps* – und doch wiederum nicht ohne sie – *pas sans core, pas sans corps* – passiert. Die Laut- und Silbengrenze, die zwischen den Morphemen und somit zwischen affirmativen und negativen Partikeln – *pass en* und *pass sans* – scheiden könnte, wandert und erlaubt diesem mit seinen Grenzen wandernden Wort alle zeitlichen Dimensionen seines Sprechens in sich zu verdichten und alle zu suspendieren. Es sagt, was innerhalb der Grenzen einer bloß formalen Logik zu sagen unmöglich und was in ihm doch wirklich ist: dass Sprache, ohne je in einem Augenblick bei sich selbst sein zu können, wirklich außer sich selbst ist. *Passencore* sagt, dass seine Sprache weiterhin ist, was sie war, sofern sie weiterhin wird, was sie nie wurde, und dass sie deshalb bleibt, was sie niemals gewesen ist und niemals gewesen sein wird.

Nadler, Wien 1951, S. 363.

Ihr Hybrid- und Hyper-Wort spricht – und *er*spricht sich – eine Hybrid- und Hyper-Zeit, mit der sie eine Bewegung des Übergehens zu Anderem durchläuft, ohne an einer einzigen Raum-, Zeit- oder Sprachstelle zu jenem Anderen zu gelangen oder nicht zu gelangen, der in ihrem Übergehen angegangen wird. Die Sprache des *passencore* bewegt sich diesseits und jenseits aller Oppositionen zwischen Affirmation und Negation, zwischen Selbigkeit und Andersheit, weil sie diese Oppositionen allererst zuläßt. Sie räumt Entgegensetzungen ein, aber bestätigt sie nicht. Sie bewegt sich mithin ohne vorgesetztes oder auch nur setzbares Ziel – *pas en core* – und bewegt sich – *pas encore* – nicht. Sie verweilt, fern aller Immanenz, in einem Übergehen, das nicht in ihm selbst resultiert – sie bleibt *sans core* – und das nicht in es selbst als Übergehen zurückgeht –, denn sie bleibt im *pas encore* vor allem und zuerst vor sich selbst zurück. Diese *passencore*-Sprache: noch nicht und immer noch Sprache, noch nicht immer noch Bewegung, immer über sich hinaus und vor sich selbst zurück, der Körper dessen, was keinen hat – *sans corps en corps* –, ohne Mitte in ihrer Mitte – *sans core en core* –: diese *passencore*-Sprache spricht *in* und spricht *mit* verschiedenen Sprachen, dem Französischen und Englischen, aber spricht sie nur, indem sie mit dem Ohne-Mit derjenigen Sprache spricht, die sie selbst spricht: *pass sans core*: Sprache ohne Mitte, Kern oder Körper, Sprache-mit-dem-Ohne-Mit-der-Sprache. *Passencore* ist, kurzum, die wortgewordene Aporie: Übergehen zu dem, was kein Gehen ist und keines erlaubt, nicht es *selbst* ist und nicht *ist*. Wenn es aber auch nur eine einzige ‹sprachliche› ‹Bewegung› gibt, die eine Aporie artikuliert – und es gibt deren unzählige –, dann muß Sprache insgesamt aporetisch strukturiert sein. Da Philologie, die die Struktur der Sprache zu klären hat, selber eine Sprache, ein sprachliches Verhältnis und eine sprachliche Bewegung ist, hat sie zunächst und vor allem die Aporien der Sprache und des Sprechens von ihr zu klären.

In der «These» 4 wird die Minimalstruktur der Philologie als *Transzendieren ohne Transzendenz* charakterisiert. Die Formulierung sollte nur dann Schwierigkeiten bereiten, wenn nicht bedacht wird, dass in der philosophischen Tradition die Rede vom Transzendieren die Bewegung von Einem zum Anderen, insbesondere von einem Erfahrenden zu einer Sache bezeichnet, mit der dieser eine Erfahrung macht. Damit ist nichts sonderlich Erhabenes gemeint, wie man unter dem Eindruck aller möglichen Transzendentalismen, neu-englischer oder sonstiger Provenienz, glauben könnte, sondern der relativ schlichte Vorgang, in dem jemand eine körperliche Sensation verspürt, den Tisch bemerkt, auf den er blickt, oder die Mauer spürt, gegen die er stößt. Im Bereich der Sprache ist ein solches

Transzendieren immer auch dasjenige, in dem sich ein Laut, eine Lautverbindung, ein Wort oder eine Wortfolge auf andere Laute, Worte und Wortkomplexe beziehen und diese Beziehungen sich wiederum auf Empfindungen, Gefühle, Vorstellungen, auf Sachen und Sachverhalte beziehen. Alles, was Beziehen, Verbinden, Verhalten, Verweisen, Bedeuten, Meinen, Besagen etc. pp. genannt wird, kann als Bewegung des Transzendierens zu jeweils Anderem gefasst werden, und solange kein stabiles gegenständliches Substrat mitsamt dem Horizont seiner Bedeutsamkeit festgestellt werden kann, in dem es das bleibt, was es – ‹substanziell› – ist, kann nicht behauptet werden, dass die Bewegung des Transzendierens an ihr Ende gekommen und der unverrückbare Horizont dessen, was von diesem Transzendieren angegangen wird, erreicht wäre. Kein Horizont ist erreichbar, jeder wandert und entzieht sich. Transzendieren endet in keiner bestimmbaren Transzendenz. Alle Bestimmungen sind weiterbestimmbar; Bestimmung selbst impliziert, dass sie strukturell Fortbestimmung anderer Bestimmungen und allein vermöge ihrer eigenen *Fort*bestimmbarkeit Bestimmung sein kann. Da sie Bestimmungs*offenheit* impliziert, impliziert jede Bestimmung ein Verhältnis zu dem, worin sie sich selbst nicht erschöpft. Mit der Formulierung *Transzendieren ohne Transzendenz* ist demnach gesagt, dass auch dieses Übergehen keine in und durch sich selbst gesicherte, keine jemals schon vollzogene, stetige und beständige Bewegung, sondern eine jeweils neu einsetzende, nicht vorzufindende, sondern zu *er*findende und somit eine Bewegung ohne vorgebahnten Weg, eine Bahnung ohne vorgegebene Richtung und ohne versicherbaren Sinn sein muß. *Transzendieren ohne Transzendenz* heißt somit: Transzendieren, ohne dass auch nur der *Sinn* dieser Bewegungsformel gesichert sein könnte.

Diese Bewegtheit vor jeder distinkten Bewegung, ihr Hinüber vor jeder versicherbaren Gegebenheit eines Jenseits, ist auf vielfache Weise deutbar. Aber selbst wenn sie in Abrede gestellt, negiert oder verworfen würde, bliebe sie, eingeklammert oder in Anführungszeichen gesetzt, ein Index dessen, was mit der Sprache von der Sprache behauptet werden kann, und bliebe, ob als strukturelles Skandalon oder als skandalöse Behauptung der Unversicherbarkeit sprachlicher Transzendenz, ein Stein des Anstoßes für jedes Denken der Sprache, jedes Denken sprachtingierter Erfahrung und jedes Denken und jede Erfahrung überhaupt. Sprache hat ein Nicht-Sprachliches vor sich, und sie wäre nicht Sprache, wenn sie eines Etwas – und sei dieses Etwas sie selbst – gewiß sein könnte. Wenn es Sprache – als System, als strikt reguliertes Kommunikationsverfahren, als Organon der Mitteilung zwischen unabhängig von ihr gegebenen Lebewesen, als durchgängig determinierte und determinierende Form des Miteinanderlebens – bereits gäbe, dann bräuchte und dann könnte es keine Sprache geben, mit der noch irgendetwas außer ihr selbst gesagt werden könnte; dann gäbe es niemanden, dem noch etwas gesagt werden könnte; dann gäbe es ausschließlich solche Sprecher, Besprochene und Angesprochene, die als Marionetten an den Fäden einer Sprachrechenmaschine hingen, deren Funktionieren allein von dieser selbst programmiert und perpetuiert werden könnte. Es hätte nie Geschichte gegeben, nie Zukunft, nie Anderes und nie Andere, wenn das Programm einer totalen Sprache nicht allenthalben Lücken aufwiese. Zu den Erhaltungs- und den Überlebensbedingungen der Sprache gehört, paradox, dass es Sprache nie schon als feststehendes *datum* gibt. Dass sie immer schon *noch nicht* zur Gänze – und mithin nicht *als* Sprache – spricht, und noch nicht *immer noch* spricht; dass sie – *passencore* – den Übergang von ihrem Nie-Gewesen in ein Vielleicht-Einmal eröffnet: dies ist die einzige Annahme, die der Struktur einer Sprache ohne gesicherte – und also immanente – Transzendenz und ohne stabile – und also letale – Substanz gerecht wird. Damit ist aber gesagt: sie *ist* nicht einfach, die Sprache, sie – oder was ‹wir›, aber Andere nicht, so nennen – *er*spricht sich und die Welt.

II
I was of three minds,
Like a tree
In which there are three blackbirds.

‹Philologie›, dieser Begriff, der seit über zwei Jahrtausenden für die Konservierung, Restitution und Exegese überlieferter Texte gebraucht wird[24], ist kein klassisches Konzept der Epistemologie oder der Philosophie. Der Gedanke eines *anèr philólogos* findet sich zwar in einem der gewichtigen und wirkungsreichen Dialoge Platons – dem *Phaidros* (236e) –, wird dort aber nicht methodisch untersucht, sondern wie eine *ad hoc*-Formel in einem Gespräch über das Sprechen und über die Liebe zu ihm – den *éros*, die *manía*, die *philía* – verwendet. *Philía* bezeichnet in diesem Zusammenhang ein Verhältnis zum *lógos* als der – im weitesten Sinn zu verstehenden

---

24 Zu ihrer Geschichte cf. die beiden Werke von Rudolf Pfeiffer, *History of Classical Scholarship*, Oxford 1968 (Dt.: *Geschichte der klassischen Philologie. Von den Anfängen bis zum Ende des Hellenismus*, München 1978) und *A History of Classical Scholarship from 1300-1850*, Oxford 1976 (Dt.: *Die klassische Philologie von Petrarca bis Mommsen*, München 1982).

– Darbietung und dem Vernehmen dessen, was lebendigen Wesen aufgeht und was sie angeht; es bezeichnet ein Verhältnis zu einem Verhältnis, das in ausgezeichneter Weise das Leben dieser Lebewesen mitkonstituiert. Da diese *philía* Neigung, Zuwendung, Befreundung und Annäherung bedeutet[25], betont der Ausdruck ‹Philologie› den Geschehens- und Bewegungscharakter des Verhaltens zum *lógos*, den Zug zu ihm hin und zugleich die Entfernung, die dieses Verhalten zu ihm von ihm gesondert erhält. Damit ist angezeigt, dass sich der *lógos* allein in der Bewegung der *philía* erschließt und allein in ihr auch verschlossen, verstellt und vergessen werden kann; dass jener *lógos* eine Bewegung durchläuft, die sich der Bewegung der *philía* verdankt und mit dieser zersplittern, gegen sich selbst wenden, in die Irre geraten und auf verschiedene Weisen zum Stillstand kommen kann. *Philía* ist, kurzum, ein immer erforderliches, aber nie gesichertes Verhältnis zu jener Verhältnisbestimmung, die *lógos* genannt wird.

Wenn am Ende des *Phaidros* (279b-c) Sokrates seinen Gesprächspartner dazu anhält, ein Gebet an Pan – der als *phíle Pán* angesprochen wird – zu richten (*poreúesthai*), so ist es ein Gebet um *philía*; und wenn Phaidros seinerseits Sokrates bittet, auch für ihn mitzubeten (*syneúchou*) mit der Begründung, Freunden sei alles gemein – *koinà gàr tà tôn phílōn* –, so wird diese Gemeinsamkeit als eine Gemeinsamkeit allein aus der Befreundung, diese Befreundung ihrerseits als eine in der Bitte um Befreundung und im Verlangen nach ihr erklärt. Das *syn-* des *syneúchesthai* und das *koinón* in der *philía* sind demnach nicht schon Gegebene und Innegehabte, über die nach Willkür verfügt werden könnte, sie bieten keine primäre Synthesis, sondern eine solche, die allererst gewonnen werden muß und jederzeit ausbleiben oder verlorengehen kann. Was *lógos* heißt ist ebenso wenig wie die *philía* ein universeller Begriff, der eine gegebene Relation oder eine Relation zu einer solchen Relation beschreibt, vielmehr eine vor- und über-allgemeine Bestimmung dessen, was sich jeder Bestimmung – jeder ‹logischen› wie jeder ‹philo-logischen› – entziehen kann. Philologie gibt es mithin allein als denjenigen Bezug, der sich selbst problematisch ist, mit sich selbst nicht zusammenstimmen und das Mit, das *syn-*, *co-* und *cum* seiner Gemeinschaft mit Anderem – das *koinón* – offenlassen muß. Auch ihre *philía* bleibt, wie es die Schlusspassage des *Phaidros* deutlich macht, der Bewegung der Bitte um sie – der *euché* – überlassen. Von einer Antwort des *phíle Pán* spricht Platon nicht.

Die Minimalbestimmung zur Unbestimmtheit, die sich in der ersten großen Untersuchung zum Verhältnis zwischen *philía* und *lógos* findet,

---

25 Cf. Jean-Claude Fraisse, *Philia. La notion d'amitié dans la philosophie antique*, Paris 1974.

ist nicht im strengen Sinn paradox. Sie geht jeder *doxa* und noch jedem gesicherten Begriff vom *lógos* und von der *philía* voraus und kann deshalb hypoparadox heißen, weil sie sich diesseits einer ausgebildeten Begriffssprache und der allein in ihr möglichen Widersprüche bewegt. Die Weisung, die damit verbunden ist: gegen Ordnungs- und Zuordnungsbegriffe den größtmöglichen und immer wieder zu erneuernden Vorbehalt zu wahren – er trägt bei Platon bekanntlich die Züge dessen, was missverständlich ‹Ironie› heißt –, läßt sich als Charakteristikum des philologischen Verhaltens überhaupt, des Verhaltens der Philologie zum *lógos*, zum *phileîn* und den damit umschriebenen Verhältnisweisen, und läßt sich als irreduzibles Verhältnis der Philologie zu sich selbst, zu ihren Prämissen, ihren Operationen und ihrer Geschichte verstehen. Ihr Verhältnis – ihr *lógos* in einer der Bedeutungen des griechischen Wortes – ist jeweils Verhältnis zu Anderem, und zwar zu solchem Anderem, dessen Verhältnis zu ihm nicht reziprok sein muß, jederzeit also ein Missverhältnis, ein Verhältnisbruch oder inexistent sein kann. Als strukturell ‹philologisch› läßt sich demnach jedes Verhalten zum Vorenthalt der Bedingungen dieses Verhaltens charakterisieren. Die damit gegebene Weisung zur Suspension begrifflicher und prädikativer Festlegungen wird vom platonischen Dialog selbst nicht durchweg respektiert, viel weniger aber von den philosophischen Lehren, die, wie die Aristotelische, das *koinón* und das *génos* zu Fundamentalbegriffen ihrer Ontologie gemacht haben. Insbesondere die genealogischen Obsessionen, die in der Geschichte seither – nicht nur in der Philosophie – die philologische Suspension aller Gewissheiten ermäßigt und abgedrängt haben, wirken auf allen Niveaus, in allen Regionen und Formaten als Sicherungs- und Bemächtigungsversuche und halten weithin noch immer den argumentierenden Protest gegen sie im Gehäuse eines Ordnungsdenkens fest, das von Analysen und Argumenten dispensieren soll.

Von wenigen Ausnahmen abgesehen berufen sich auch die Antworten auf die *Thesen* mit auffälliger Insistenz auf wohlbekannte und kaum geprüfte Orientierungsraster. Genealogien, empirische Evidenzen, rhetorische Kardinalfiguren, kategoriale Zuschreibungen, Oppositionsbestimmungen, juridisch-moralische Universalien etc. pp. werden aufgeboten, um mit dem Text der *Thesen* einerseits mitzugehen und ihm andererseits auszuweichen. Da dieses Verfahren der Zuordnung, Einordnung, Unterordnung und Anordnung oder schlicht der Ordination und Koordination zwar jederzeit mechanisch reproduzierbar ist und deshalb nicht unplausibel erscheint, da es aber auch das, was Geschichte, was Sprache und Philologie sein können, auf eine quasi-kausale Sequenz reduziert und auf dem Weg dieser

Reduktion die Reichweite des in den *Thesen* Angesprochenen auf eine Gruppe, eine Schule, ein Kirchenspiel oder Schlimmeres einschränkt, sollen im Folgenden einige dieser Ordinationsfiguren – in aller Freundschaft und in aller Dankbarkeit für die Freundschaft, die sich in diesen Antworten äußert – diskutiert werden. Dass diese Diskussion Missverständnissen, Entstellungen und problematischen Annahmen mehr Aufmerksamkeit widmet als den Bestätigungen, Ergänzungen und unabhängigen Untersuchungen, ist die bedauerliche Konzession, die an die Form einer Antwort auf Antworten gemacht werden muss.

Auf die Suggestion einer Deszendenz- und damit Dependenzlinie, in der die *Thesen* stehen sollen, verzichten nur wenige von den zwölf und mehr Antworten. Diese Linie wird regelmäßig von drei Namen markiert, von denen keiner in den *Thesen* erwähnt wird. Es sind die von Jacques Derrida, Paul de Man und Peter Szondi. Ann Smock dagegen zeigt in ihrer eindrucksvollen Lektüre, wie Überlegungen von Walter Benjamin und Maurice Blanchot auf gewichtige Weise in den *Thesen* mitsprechen, räumt zwar ein, dass darin noch andere Stimmen *tacitly* am Werk sind, hält aber allein die von Benjamin und Blanchot für wiedererkennbar – und dementiert damit die Diagnosen der Majorität der Antworten –: *This thesis* [76, die sich auf einen Brief von Freud an Fliess bezieht] *is among the few where I am able to hear one or two of the other voices that I think must be speaking tacitly along with Hamacher's throughout the entire manifesto;* [...]. [*Diese These ist eine der wenigen, in der ich eine oder zwei der andern Stimmen zu hören vermag, von denen ich annehme, daß sie allenthalben in diesem Manifest mit der von Hamacher verschwiegen sprechen.*] (85) Gerhard Richter, der als einziger unter den Kommentatoren den Cento-Charakter der *Thesen* hervorhebt, macht ähnlich wie Ann Smock auf das Mitsprechen anderer ‹Stimmen› aufmerksam und verweist unter diesen, nicht zu Unrecht, besonders auf die von Laurence Sterne: *This voice may or may not be Hamacher's alone; it may be his without being fully his, and, at any rate, readers of Hamacher may need to learn to differentiate among different voices operating within his texts, beginning, perhaps, with the distinction between an author's voice and the voice of a narrator, a distinction we are more accustomed to making when reading novels by Thomas Mann or Laurence Sterne's* Tristram Shandy, *but which we rarely dare to keep alive when attending to theoretical texts and philological treatises.* [*Dies mag Hamachers Stimme sein oder auch nicht; mag seine sein, ohne mit seiner Stimme gänzlich übereinzustimmen, zumindest werden Hamachers Leser lernen müssen, zwischen verschiedenen Stimmen, die in seinen Texten am Werk sind, zu unterscheiden, zunächst einmal vielleicht zwischen der Stimme eines Autors und Erzählers, eine Unterscheidung, die uns leichter fällt, wenn wir Romane Thomas Manns oder Laurence Sternes* Tristram Shandy *lesen, die wir aber gern außer acht lassen, wenn wir die Aufmerksamkeit auf theoretische Texte und philologische Abhandlungen lenken.*] (21) Zwar weist auch Richter auf Derrida und de Man hin, doch auf den einen als Ironiker der theoretischen Gegenstands- und Begriffserfassung, auf den anderen als Opfer einer – nicht nur ironischen – Fehllektüre. Richter fügt der üblichen Trinität der Bezugsgrößen aber noch eine selten erwähnte vierte hinzu, nämlich Heidegger, der, wie er nahelegt, *has such an important presence in the adventure of reading that is Hamacher's œuvre* [*von so gewichtiger Präsenz ist im Abenteuer des Lesens, das Hamachers Werk darstellt*] (22), ohne darüber eine fünfte, Benjamin, und eine – vermutlich nicht ohne Ironie genannte – sechste, Thomas Bernhard, zu vergessen.

Dem Verdacht einer Überbesiedlung der *Thesen* durch andere ‹Stimmen› wirkt Avital Ronell entgegen, indem sie in ihrer autobiographisch getönten «Philology of Kinship» den Kreis der historischen Einflussparteien ökonomisch auf eine begrenzt: Hamacher [...] *had in the early days worked under the fabled professor Peter Szondi* [*Hamacher* [...] *hatte anfangs unter dem sagenhaften Professor Szondi gearbeitet*] (144), dafür aber den Verwandtschaftskreis spielerisch ins kaum Überschaubare der europäischen Philosophie- und Literaturgeschichte erweitert: der H-Namensverwandten nämlich, *Hegel and the other H's* – Heraklit, Hume, Hamann, Hölderlin, Husserl und Heidegger, I presume – (135) und der W-Namensverwandten aus Goethes Romanen von Werther über Werner bis Wilhelm (Meister, natürlich). Spaßvögel, die *three* für einen *tree* halten. Für Vincent W. J. van Gerven Oei steht fest: *One of the origins of philological thinking in Werner Hamacher's œuvre is without a doubt the work of his teacher Paul de Man.* [*Einer der Ursprünge philologischen Denkens in Hamachers Werk ist ohne jeden Zweifel das Werk seines Lehrers Paul de Man.*] (104) Ohne einen Zweifel steht für van Gerven Oei aber ebenso fest, dass die in «Anataxis. Komma. Balance.» vorgelegten Analysen des Satzes in der neueren Dichtung (von Benn, Mallarmé, Stein und Daive) mit Derridas «Supplément de la copule» *affiliated* [*affiliiert*] (112) sind, obwohl Derrida im genannten Aufsatz bewusst nicht mehr bietet als ein Referat der Überlegungen von Heidegger und Benveniste, mit denen er seinerseits kaum einfach *affiliated* genannt werden kann. Der genealogische Baum verzweigt sich also weiter, diesmal nicht in spaßige Homonymien und Paronymien, sondern in Zweige, die fehlen würden, wenn sie nicht erst inokkuliert worden wären. Van Gerven Oei mag von der Auslegung als Einlegung selbst nicht die höchste Meinung hegen, denn auf halber Strecke zwischen den beiden ‹zweifelsfreien› Herkunftsbehauptungen, für die erst de Man herangezogen und dann zugunsten von Derrida wieder fallengelassen wird, bemerkt er, dass die Überlegungen zur Dichtung als *prima philologia* zum Teil aus der Lektüre von Paul Celan gewonnen worden sind – *take as one of his points of departure his readings of Paul Celan* [– *nehmen als einen ihrer Ausgangspunkte seine Lektüren von Paul Celan* –] (107) – und läge damit nicht völlig falsch, wenn er nicht Celans Dichtung von aristotelischen Prämissen ausgehen ließe – *Celan's poetical project departs explicitly from Aristotle* [*Celans poetisches Projekt nimmt seinen Ausgang ausdrücklich von Aristoteles*] (107) –, die für Celan alles andere als maßgeblich waren.

Der Genealogisierungseifer, die Suche nach Herkünften, Ursprüngen, Vaterschaften, Doppel-, Dreifach- und Clan-Vaterschaften – immer ohne Mutter, Schwester, Frau oder Freundin, ohne Bruder, Onkel oder Freund –, verschont offenbar niemanden, Celan nicht und nicht Szondi und nicht Derrida, und jedes Mittel der Imputation und der Suggestion scheint recht zu sein, um auf Biegen und Brechen eine Familienordnung herbeizuführen, die gleichzeitig, wenn auch noch so implizit, in Abrede gestellt oder schlicht für lachhaft erklärt wird. Eine Komödie der Philo-Genealogie oder Gen-philo-logie oder Philo-Gene-Agonie wäre also die Antwort auf ein argumentierendes Plädoyer für eine *andere* Philologie? Dann wären das Andere und die Anderen genetisch kodiert und dekodierbar? Also kein Anderes, sondern ein Etwas, ein Seiendes unter oder neben oder über anderem Seienden? Dann hätte man die Texte von Derrida und de Man und Szondi, auf die man sich routiniert wie nur Historiker um Augustus oder DNA-Chemiker um Zweitausend beruft, gar nicht gelesen, und, wenn gelesen, dann nach Gebrauch geschüttelt, weggeworfen und vergessen? Und die armen *Thesen* –: dito? Oder wollte man der in den *Thesen* angedeuteten Vermutung den Beweis nachschicken, dass die Philologien Ordnungssysteme bedienen, die aus ihrer Sache – der Sprache, sofern sie auf kein *koinón* und kein *génos* eingeschränkt werden kann – niemals begründbar und nicht einmal räsonabel plausibilisierbar sind?

Es kann also passieren, dass man vor lauter Stammbäumen den Wald nicht mehr sieht, oder vor lauter Wald nicht die Welt. Das unterläuft selbst denen, die, wie van Gerven Oei, den saussure'schen *arbre* [*Baum*] mit Lacan in seiner *arbitrarité* [*Zufälligkeit*] und durch eine *barre* [*Sperre*] verschlagen – also als arbritär und als *barren* [*versperrt*] – entziffern. Kein Baum ist, sei's im naturalistisch-genetischen, sei's im ‹symbolisch›-genealogischen Sinn, ein Stammbaum, wenn ‹Stammbaum› die Metapher für eine substanzielle

Deszendenzrelation sein soll. Deshalb könnten die Sätze von Francis Ponge, die Michèle Cohen-Halimi in ihrem dichten Kommentar zu «These» 49 und zum Wort *objeu* zitiert, für das Verhältnis zwischen Sprache und Sache, aber auch zwischen Sprache und Sprache kaum triftiger sein. Ponge sagt: *... voilà une autre façon de tenter la chose: la considérer comme non nommée, non nommable, et la décrire* ex nihilo *si bien qu'on la reconnaisse ...* Und weiter: *Il faut que le nom ne soit pas utile. / Remplacer le nom.*[26] [*... hier eine andere Sicht auf die Sache: sie als ungenannt, unnennbar anzusehn, und sie* ex nihilo *beschreiben, bis sie kenntlich wird ... Der Name muß außer Gebrauch sein. / Den Namen ersetzen.*] Wenn aber der Name um der Sache – und sei's um der Sache des Namens – willen, getilgt und ersetzt werden muß, dann auch der Name der Philologie. Cohen-Halimi formuliert dieses Implikat und bemerkt, nicht minder triftig als Ponge, in Form einer Frage: *What philology could still maintain that any thing responds or corresponds to its name?* [*Welche Philologie könnte noch behaupten, eine beliebige Sache respondiere oder korrespondiere (mit) ihrem Namen?*] (35) Wird nun das Paleonym ‹Philologie›, wie es in den *Thesen* geschieht, aus sachlichen und strategischen Motiven beibehalten, und dennoch als *anderer* Name für eine veränderte Sache gebraucht, dann ergibt sich, dass jeder Text – denn jeder ist im emphatischen Sinn ‹philologisch› – und jedes einzelne Wort in ihm die Struktur eines Palimpsests hat. Ponge gebraucht statt des Begriffs Palimpsest den Neo-Logismus *géné-analogie* und erklärt dazu: *Ainsi, comme les personnes ont des ancêtres, les mots ont aussi des ancêtres. Ils ont, enfin, un arbre oserai-je dire géné-analogique: celui des associations d'idées qu'ils développent chez le lecteur.* [*Wie also Personen Vorfahren haben, so auch Wörter. Sie haben, so wage ich zu sagen, einen gene-analogischen Stammbaum: den der Ideenassoziationen, die sie im Leser wecken.*][27] Und Cohen-Halimi, die diese Sätze zitiert, setzt hinzu: *«Gene-analogy» is the transverse version of philology as «philallology» or «philalogy» (Thesis 24),* [*«Gene-analogie» ist die Diagonalversion von Philologie als «Philallologie» oder «Philalogie» (These 24).*] (35) Dieses gene-analogische Verhältnis müsste wie zwischen Wort und Sache der Philologie so auch zwischen den Philologen bestehen, so dass ein jeder sich zu den anderen verhält wie zu der Sache, deren Namen er löscht, um *ex nihilo* einen anderen Namen für eine veränderte Sache zu finden. Zur Sache – zur Sache der Philologie und zur Sache der Philologen – verhält sich also allein, wer ihren Namen nicht als gegeben, nicht als natürwüchsiges oder historisches Datum behandelt, sondern ihn als Decknamen entfernt, um die ungedeckte Sache aufs Neue benennen zu können.

---

26 Francis Ponge, *Méthodes*, Paris 1961, S. 35.

27 *Entretiens de Francis Ponge avec Philippe Sollers*, Paris 1970, S. 170.

Die genuin philologische Operation ist die *Ent*nennung und *Um*benennung, die *Ent*setzung und *Um*besetzung von Äußerungen und ihren Bedeutungen, die Über- und Hinübersetzung von Formulierungen in andere Formulierungen, von einem Idiom in ein anderes. Philologie macht *tabula rasa* mit der Sprache, die vorgegeben ist, um die Tafel mit einer neuen Sprache zu beschreiben; sie *ent*spricht, was gesprochen ist, um zu *er*sprechen, was von der Sache, um die es geht, noch zu sagen bleibt. Was bleibt, ist jeweils dies, dass es – was immer es sei – noch zu sagen bleibt.

Das gilt auch für den Begriff ‹Philologie› und für die Tätigkeit, die seit langem mit ihm bezeichnet wird. Was ‹Philologie› heißen kann, war immer schon und ist immer noch jeweils aufs Neue zu finden, weil sie als eminent geschichtliches Phänomen strukturell offen auf andere, noch ungeschehene Geschichten bleibt. Geschichtsoffen ist sie nur, weil sie offen auf Lücken der Erfahrung, des Verstehens und der Erkenntnis ist, an Lücken ansetzt und Lücken erhält und erweitert. In jeder ihrer Bewegungen ist Philologie an einem Nullpunkt und an ihrem Nullpunkt: sie ist und sie bleibt Phil-*o*-logie. Das macht jede Vorstellung von einem stabilen Traditionszusammenhang oder einem genealogischen Kontinuum zur blanken Naivität. Erst wenn sich die ‹Gene-analogie›, wie Ponge andeutet, zur Gene-*a*logie präzisiert, wird deutlich, was ‹Philologie› ist.

Feinhörig wie Cohen-Halimi, wenngleich auf völlig andere Weise, gebraucht Ronell für den ‹gene-analogischen› Komplex eine etwas vertrautere Formulierung. Sie spricht von einer *make-believe family* [*angenommenen Familie*]. In einer Phase, in der sie *turned toward friends to scope (with?) the vacated space of friendship* [*sich Freunden zuwandte, um (mit ihnen?) den leerstehenden Raum der Freundschaft zu erkunden*], hat sie, wo andere fortfuhren [*to*] *quietly playing with dolls, our pretend-friends* [*behaglich mit Puppen, unsern falschen Freundinnen, zu spielen*] sich Anderen zugewandt: *I get attached and put together a make-believe family* [*Ich empfinde Zuneigung und setze eine angenommene Familie zusammen*]. (137) Da sie selbst die Sprache der Psychoanalyse wählt, könnte man diese Familie der Philologin als Übergangsfamilie und als multiples Übergangsobjekt charakterisieren, an dem die Vorzüge, aber auch die Gefahren verlorener Objekte aufs Neue belebt und, mit mehr oder weniger Glück, allmählich fortgespielt werden – mit allen Erscheinungen von Trauer und Melancholie, Schmerz und Heiterkeit, die damit einhergehen können. *Objeu*, *trajeu* und, mit dem von Cohen-Halimi glücklich gefundenen Begriff, *trajeudi* sind damit erkannt als die charakteristischen Elemente der Beziehung zur Sprache und zur Welt, mit denen jeder Philologe – mit denen also jeder – zu haushalten hat. Jedes

Objekt, so wird damit deutlich, ist nicht nur multipel und mobil, es ist ein ‹Übergangsobjekt›, ein Objekt im Übergang zu anderen Objekten, jedes also ein Ersatzobjekt, das der Lösung von einem früheren dient, und jedes ein Eröffnungsobjekt, das weitere Beziehungen zu anderen Objekten und Objektreihen anbahnt. Jedes ist ein Spielobjekt, jedes ein Objektspiel, ein *objeu*. Als ein solches Übergangsobjekt ist es unhintergehbar und unüberschreitbar, da es alle strukturell möglichen Bewegungen der Besetzung, des Besetzungsentzugs und der Umbesetzung von Affekten in sich verdichtet.

Mit dieser Einsicht ist ein geschärfter Sinn dafür gewonnen, dass Philologie kein bloßes Metier und keine wohldefinierte Disziplin ist, die in den Routinen der Applikation einer vorgegebenen Technik besteht, sondern eine Bewegung der Transformation, die nicht von Gegebenem, sondern von Entzügen ausgeht, und nicht auf homogene Sprach- und Weltformen, sondern auf deren Umbildung hinausläuft. Damit ist zugleich größere Klarheit darüber gewonnen, dass auch das sogenannte Subjekt der Philologie ein *ob-je* und als solches ein *objeu*, ein *trajeu* und eine *trajeudi*, also keine beharrende substanzielle Größe, sondern eine Bewegungsinstanz in einem Sprach-Spiel ist, das *mit* Regeln und nicht nur *nach* ihnen gespielt wird. Die Defamilialisierung und Transfamilialisierung, die von Cohen-Halimi und von Ronell mit verschiedenen Akzenten beschrieben wird und die Suggestion einer harmonischen Familientradition in anderen Antworten auf die *Thesen* dementiert, ist kein bloß psychologisches, kein individual- oder disziplin-psychologisches Faktum – also auch keine *déformation professionelle* –, sie ist auch kein sprachliches Geschehen unter anderen, sondern *das* Geschehen der Sprache par excellence. *Objeu, trajeu* und *trajeudi* ist die Sprache, und jedes Verhältnis zu ihr, jede Philologie kann nur nach der Logik eines solchen *objeu, trajeu* und *trajeudi* strukturiert sein. In ihrem Zentrum spielen, auch sie als *objeu*, eine Vakanz – ein *vacated space* [*entleerter Raum*] (137), wie Ronell schreibt – und ein Entzug – *considérer* [la chose] *comme non nommé, non nommable*[28] [*sie* [die Sache] *als ungenannt, unnennbar anzusehn*] (35), wie Cohen-Halimi mit Ponge schreibt –, ein *nihil* und ein *ex nihilo*. Philologie ist, immer, ein Anfang.

28 Ponge, *Méthodes*, l.c., S. 102.

III
The blackbird whirled in the autumn winds.
It was a small part of the pantomime.

Es ist nicht selbstverständlich, dass es eine Vakanz, eine Absenz, eine Lücke – gewissermaßen ‹von selbst› – ‹gibt›, und deshalb muß zunächst gefragt werden, wie Vakanzen herbeigeführt werden, von denen sich anschließend behaupten läßt, sie hätten sich, wie ein positives Faktum, ‹ergeben›. Die Differenz zwischen einem Ausbleiben, das bewirkt worden ist, und einem Ausbleiben, das von Bewirkungen unabhängig bleibt und für diese allererst einen Spielraum eröffnet, ist in allen Fragen der Herleitung, der Motivation und des geschichtlichen Zusammenhangs entscheidend. Sie wird verdeckt, wo immer unbekümmert Deszendenzlinien gezogen, Koordinationsverfahren appliziert und die dazu erforderlichen Tilgungen vorgenommen werden. Mit solchen ordnungspolitischen Gesten wird eine Geschichte konstruiert, ohne dass auch nur nach der Struktur von Geschichte gefragt worden wäre; mit ihnen wird verleugnet, was Geschichte sein könnte und was sie in einzelnen Fällen ist.

Die Kuratoren solcher Ahnengalerien konzedieren, entweder ausdrücklich oder implizit, durchweg die Existenz noch anderer Ahnen, räumen damit zwar ein, dass die von ihnen konstruierte Geschichte nicht mehr sein kann als eine Konjekturalgeschichte, präsentieren sie jedoch als Naturgeschichte, die nach Kausalgesetzen verläuft. Andere Herkunftsgeschichten entfallen also nicht einfach, sondern werden aus dem Spielraum der Anfänge, Impulse und ‹Impressionen› ohne Angabe von Motiven entfernt. Die resultierende Geschichtserzählung hat ihren Grund nicht in der Sache der Philologie, um die es gehen sollte, sondern in der Suggestion, dass es ein nicht-philologisches, ein nahezu mechanisches und überdies ein einziges Verhältnis – ein Lehrer-Schüler-Verhältnis – gab, dass dieses Verhältnis stark genug war, um über eine Distanz von fast einem halben Jahrhundert wirksam zu sein, dass es also nicht nur ein institutionelles, sondern ein affektiv-familiäres Verhältnis und zwar ein solches war, das Texte erzeugt hat. Personalisierung, Familialisierung, Institutionalisierung und historische Linearisierung definieren das Resultat der historiographischen Suggestionen, die von der Idee einer anderen Philologie Rechenschaft geben sollen. Aber schon die Andeutung, es gebe mehrere mögliche Zugänge zu dieser Idee, fordert, wenn sie ernst genommen wird, von Personalisierungen Abstand zu wahren; sie fordert den Abschied von der Familie als Prototyp intellektueller Verhältnisse; sie legt in jede Beziehung zu Institutionen einen

Riß; und sie macht Linearisierungen nach dem Schema einer kausalen Relation unmöglich.

In «These» 32 wird darauf aufmerksam gemacht, dass narrative Sequenzen jeweils ein «und dann» und mit diesem ein «nicht mehr» und «noch nicht» implizieren, und dass sie mit diesem doppelten «nicht» ein Leerelement in die Bewegung des Redens einführen, das jede Folge davor bewahrt, zu einer Folgerung zu werden. *Junktoren* – wie «und», «dann», «außerdem» –, so heißt es dort, *sind nicht so sehr Platzhalter als Platzöffner für ein Nicht. Erst dieses Nicht läßt, ob als «nicht mehr» oder als «noch nicht», die Möglichkeit einer Geschichte zu, indem es die Folge davor bewahrt, zur Folgerung zu verkümmern.* Vor *jedem und noch* in *jedem «und darum», das die Kausalität von Handlungen und die Motiviertheit von Entscheidungen behauptet, steht ein «und dann» und ein «nicht», das weder eine* causa *noch einen Beweggrund angibt und dadurch andeutet, Geschichte sei nur, was von einem Nicht seinen Ausgang nimmt.* In den anschließenden «Thesen» wird diese Beobachtung zunächst mit dem Begriff geschichtlicher Kontingenz verknüpft, diese Kontingenz und somit Geschichte wird sodann als Abschied von kohärenten Verläufen charakterisiert – und zwar mit dem Satz *Was geschieht, ist Abschied*, einem Verbatim-Zitat aus der kleinen Studie über anakoluthische Existenz, die zwanzig Jahre früher unter demTitel «Über einige Unterschiede zwischen der Geschichte literarischer und der Geschichte phänomenaler Ereignisse» veröffentlicht worden war[29] –, wonach in den folgenden Bemerkungen Philologie als Hüterin der Geschichte – nämlich jenes Abschieds – und der Politik – nämlich eines «nicht so weiter» und «anders als so» – und deshalb als Liebe zum *non sequitur* charakterisiert wird. Das zweideutige ‹Ko-›, das Kontingenz und Kohärenz miteinander teilen, wird in «These» 38 als *dunkler Grund* bezeichnet, von dem sich die Phänomene, Figuren und Wörter abheben, der selbst aber weder Phänomen, noch Figur, noch nominale Einheit im Dienst der Vermittlung, der logischen, grammatischen oder kompositorischen Synthesis sein kann und deshalb in der nächsten «These» *kappende Kopula* heißt. (Dieser *dunkle Grund* hätte auch, ohne Rücksicht auf indianische Etymologien, *Connecticut* genannt werden können.)

Wenn selbst die kohärentesten Formen sprachlichen Geschehens in Dichtung, Literatur und dem sogenannten Alltagsleben Sequenzen von Nicht-Sequenzen sind, dann kann, was durch sprachliches Geschehen strukturiert

---

29 In *Zwei Königskinder? Zum Verhältnis von Literatur und Literaturwissenschaft*, hg. v. Wilhelm Vosskamp, Tübingen 1986, S.5-15. Seither in *Texte zur Theorie und Didaktik der Literaturgeschichte*, hg. v. Marja Rauch u. Achim Geisenhanslüke, Stuttgart 2012, S. 162-182.

oder auch nur mitstrukturiert ist, schlechterdings nicht die Form eines genealogischen Kontinuums haben. Institutionelle Koordinationen sind sekundäre Imputationen, die der Verdeckung oder Abdrängung eines Nicht dienen, das sich jeder Koordination entzieht und sich ihr entziehen muß, solange Koordination auch nur widerspruchslos denkbar sein soll. Die personalisierenden, familialisierenden, institutionalisierenden Konstruktionen, von denen Geschichte nach dem Modell des psychologischen Kleinfamilien- und Bildungsromans gemodelt wird, laufen auf eine Naturgeschichte von Sprachverhältnissen hinaus, die das genaue Gegenteil einer Geschichte aus Sprache und aus einer sie bedenkenden und betreibenden analytisch-transformativen Philologie ist. Jene Naturgeschichte ist zu hohen Kosten erkauft; ihr Preis ist die Besonderheit und die Freiheit jedes Einzelnen.

Einer der gewichtigsten Sätze in Szondis Traktat «Über philologische Erkenntnis» lautet: *Denn die Texte geben sich als Individuen, nicht als Exemplare.*[30] Am Ende seines Textes ist zwar mit einem Adorno-Zitat von der *«Logik [des] Produziertseins»* der Werke die Rede[31], aber *Produziertsein* heißt bei Adorno und auch bei Szondi, trotz beider Nähe zu Hegel, etwas anderes als Selbst-Produktion und etwas anderes als Selbst-Produktion des Geistes. Wenn Szondi vom *reflexiven Wesen* der theoretischen Hermeneutik spricht und betont, dass *der Stand der Unreflektiertheit der Wissenschaft inadäquat* sei[32], dann ist damit gesagt, Literaturwissenschaft könne nur dann den Anspruch erheben, Erkenntnis zu sein, wenn sie sich der Besonderheit ihrer Erkenntnis vergewissert, und diese Besonderheit liege darin, dass sich ihre Erkenntnis – im Unterschied zur derjenigen der Naturwissenschaften – nicht auf positiv erhebbare Fakten und ihre mechanischen Gesetze, sondern auf je individuelle Äußerungen von Einzelnen und ihr ‹subjektives› Gewordensein richtet. Den *subjektiv geprägten Tatsachen*, als die Szondi literarische Texte versteht, kann in seinem Sinne nur eine *subjektive Erkenntnis* gerecht werden, also weder ein positivistischer Empirismus, noch ein abstrakter Universalismus des objektiven oder gar absoluten Geistes. Am vieldeutigen Begriff des Subjektiven hebt Szondis Traktat durchgängig die Bedeutung des *Besonderen*, des *Einzigartigen*, des *Einzelgängers*, des jeweils *Individuellen* in Struktur und Genese hervor. *Das Unicum, das Beispiellose*[33] ist für ihn der Gegenstand der Literaturwissenschaft, und da diese für die Erkenntnis seiner Singularität verantwortlich ist, hat sie

30 Peter Szondi, *Hölderlin-Studien. Mit einem Traktat über philologische Erkenntnis*, Frankfurt am Main 1970, S. 21.

31 L.c., S. 34.

32 L.c., S. 10.

33 L.c., S. 20.

es sowohl gegen die Übermächtigung durch exegetische Willkür als auch gegen die Verdinglichung zu einem normenkonformen Sachverhalt zu schützen. Deshalb weist Szondi die Methode der Historisierung zurück, die *das Kunstwerk in der Geschichte* als einem normierenden Prozeß verortet, und fordert eine Betrachtungsweise, *welche die Geschichte im Kunstwerk* [...] *zu sehen erlaubt.*[34] Deshalb insistiert er auf dem Verständnis der Literaturwissenschaft als *perpetuierter Erkenntnis,* in der *Behauptungen wieder in die Erkenntnisse aufgelöst werden, aus denen sie hervorgegangen.* Deshalb endlich besteht er darauf, dass diese Erkenntnis im Grenzfall des hermetischen Gedichts wohl Entschlüsselung, jedoch Entschlüsselung des Verschlüsselten *als* Verschlüsselten zu sein hat.[35] Also gerade nicht Selbst-Erzeugung und Selbst-Offenbarung im Hegelschen Sinn ist die Sache der Literatur, und gerade nicht die Selbst-Reflexion jener Selbst-Produktion zu universeller Selbst-Durchsichtigkeit ist für Szondi die Sache der philologischen Erkenntnis. Ihre Sache ist, konträr, die Erkenntnis und Verteidigung der Besonderheit und Abgesondertheit des *Unicums* und somit die Aufschließung nicht des Verschlossenen, sondern die Erschließung seines Verschlossenseins.

Dass sie Reflexion einer jeweiligen Reflexions-Resistenz sei: in diese unaufhebbar paradoxe, nicht aber spekulativ-dialektische Wendung ließen sich Szondis Überlegungen zur Eigenart und zum Einzelgängertum der philologischen Erkenntnis fassen. Sie bestehen mit Schlegel auf dem, was *außerordentlich* ist – zu lesen als *außer-ordentlich*, als keiner Ordnung angehörig –, und auf dem, was sich dem *Postulat der Gemeinheit* – nämlich der Subsumtion unter Allgemeinbegriffe wie unter Verhaltenskonventionen – nicht fügt.[36] Und nicht nur Schlegel und Schleiermacher und Valéry und Adorno, die Szondi zitiert, stehen für den Widerstand der philologischen Reflexion gegen ihre – und jede – Unterwerfung unter universelle Begriffe und Norm-Postulate. Für diesen Widerstand steht, besonders prononciert, auch Hölderlin mit einem Notat, das Szondi in diesem Zusammenhang nicht zitiert, das ihm aber eminent gegenwärtig gewesen sein muß, da es in einem Faksimile von Hölderlins Handschrift auf seinem Schreibtisch lag. Es lautet: *Die* apriorität *des Individuellen / über das Ganze.*[37]

Diesem Gedanken – dem Problem dieses Gedankens – halten die *Thesen* auf ihre Weise die Treue. Hölderlins Notat protestiert mit Fichte gegen

---

34 L.c., S. 22.

35 L.c., S. 12.

36 L.c., S. 22.

37 Friedrich Hölderlin, *Sämtliche Werke und Briefe*, Bd. 1, hg. v. Michael Knaupp, München 1992, S. 422.

Kants Bestimmung des Individuellen als eines durchgängig Determinierten, hält aber gegen Fichte an der Apriorität des Individuellen gegen seine Auflösung in ein Ganzes fest. Die Notiz impliziert, dass dieses Individuelle nicht nur vom Ganzen, sondern auch von anderem Individuellen unterschieden und dass deshalb seine Unterscheidung der Grund jedes Verhältnisses zwischen Individuen und der Grund noch des Individuellen selbst ist. Die Apriorität des Individuellen ist demnach, anders als jedes Apriori bei Kant, kein Gegebenes, sie ist ein Geschehen, und als Geschehen der Unterscheidung im strengen Sinn grund-los. *Vom Abgrund nemlich haben / Wir angefangen* – so heißt es in dem Entwurf aus dem Homburger Folioheft, dem das Notat zum Individuellen, vielleicht als Kommentar, hinzugesetzt ist. Das ‹a priori› – das ‹von Anfang› – ist damit gedeutet als [*v*]*om Abgrund*. Das in sich selbst nicht befestigte Apriori des Anfangens – diese an-archische *arché* – kann nun aber allein als Geschehen des Unterscheidens noch vor jedem Unterschiedenen gedeutet werden. In ihm ist das Individuelle voraussetzungslose Individuation und diese Individuation Ko-Individuation mit Anderem in einem *Wir*: *Vom Abgrund nemlich haben* / Wir *angefangen*. *Wir,* die Grundlosen, sind demnach vor jedem Ganzen, mit dem uns ein anfänglicher oder finaler Bestimmungsgrund gegeben sein könnte, das Individuelle – das Un-unterschiedene –, sofern wir das Unterscheiden selbst sind. Dieses Unterscheiden, das wir sind, muß nicht nur *über das Ganze* und vor ihm sein, es kann auch in keinem Ganzen resultieren. Es bleibt in der Bewegung der Pluralisierung – *in Zweifel und Ärgerniß*, wie Hölderlin schreibt –, aber bildet sich nicht zu einem Kollektiv aus, das, wie das Ideal der sittlichen Vernunft bei Kant, Fichte und den Sozialontologen seither es gebietet, seinen Grund autark in sich selbst haben könnte. *Vom Abgrund nemlich* [...] *angefangen*, kann das Individuelle seinen Anfang vom Abgrund nicht wie eine lästige Vergangenheit abstreifen – dem widerspricht der strukturelle Sinn des Begriffs seiner Apriorität –, sondern muß ihn mit sich führen, wohin immer es sich bewegt. Das Individuelle muß sich mit seinem Abgrund und muß sich deshalb mit dem bewegen, was ihm durch kein konsistentes Mit verbunden ist. Ob ein Ich oder ein Wir, das Individuelle ist eine Bestimmung aus Bestimmungslosem, die keine finale Lösung im Ganzen der Selbst-Bestimmtheit erreichen kann.

Wird Hölderlins Notat in diesem Sinn – und also als Formulierung eines fortwährenden Verstehens- und Sinn-Problems – verstanden, dann zeigt sich in Szondis Deutung der Subjektivität, soll heißen der Individualität philologischer Erkenntnis eine Inkonsequenz. *Evidenz*, so schreibt er nämlich, ist *das adäquate Kriterium* dieser Erkenntnis, denn in ihr wird *die*

Sprache der Tatsachen […] *als subjektiv bedingte und in der Erkenntnis subjektiv vermittelte vernommen, also allererst in ihrer wahren Objektivität.*[38] So müsste es sich in der Tat verhalten, wenn subjektive Bedingtheit nicht auch Bedingtheit durch das Fehlen von Bedingungen, und wenn subjektive Vermittlung nicht auch Vermittlung von Vermittlungsunfähigem besagte. Szondi hat den Gedanken *vom Abgrund* in der Struktur des *a priori* des Individuellen ‹vergessen›; er hat das Nichts, das *ab nihilo* und das davon unablösliche *cum nihilo* getilgt. Durch jenes Nicht des Grundes der Subjektivität wird der Anspruch auf *wahre Objektivität* nicht zunichte, er wird jedoch kenntlich als ein Anspruch, der hinter seinen Erfüllungsbedingungen zurückbleiben muß und deshalb für sich selbst und für Andere nie *objektiv* genug und nie *wahr* genug sein kann. Dieser Anspruch bleibt subjektiv, individuell, unvollständig und grundlos ein Anspruch auf das, was von ihm und über ihn hinaus noch zu sagen bleibt. Niemand ist bloß Teil eines Ganzen, einer Welt, weil jeder das Un-Ganze einer Un-Welt mit sich führt.

Dass auch der Evidenzmangel zur Evidenz kommen kann, sollte daraus erhellen, dass nichts evident wird, das nicht zuvor dunkel war und es durch Vergessen oder Tilgung wieder werden kann. Es ist Sache dessen, was in den *Thesen* Philologie heißt, auch an jenes Vergessen und an diese Tilgung zu erinnern. Szondis Traktat hat an das Hermetische *als* Hermetisches erinnert, aber in seiner Formel von der subjektiven Vermittlung des subjektiv Bedingten die Unvermittelbarkeit des Un-bedingten und damit seine Hermetik wieder gelöscht. Deszendenzlinien mag es geben, individuelle und individuell zur Evidenz gebrachte, aber auch sie, die Bogen-, Zickzack- oder Bruchlinien sein können, und vielleicht sie vor allem, haben a priori *vom Abgrund* angefangen und hören von ihm anzufangen nicht auf.

IV
A man and a woman
Are one.
A man and a woman and a blackbird
Are one.

Mit der Beziehung der *Thesen* zu den Arbeiten von Paul de Man tun sich die Kommentatoren schwer. Sie wird von van Gerven Oei als einer der Ursprünge des gesamten Entwurfs einer *anderen* Philologie eingeschätzt, Jan Plug vermerkt einerseits zurückhaltend: *There can be little question that*

---

38 Szondi, *Hölderlin-Studien*, S. 27.

[*they*] *have de Man somewhere «in mind»* [*Es dürfte kaum fraglich sein, daß* [*sie*] *irgendwie de Man «im Sinn» haben*], weil die «These» 61 das Motto von *Allegories of Reading* mit einem Kurzkommentar versieht, andererseits scheut er nicht vor der Behauptung zurück: *Hamacher follows de Man's own understanding of philology* [...] [*Hamacher folgt de Mans eigenem Verständnis von Philologie* [...]], und gibt mit dem *own* mehr noch als mit dem *follow* zu verstehen, dass de Man das Original und Hamacher sein Prophet sei, wenn es darum geht, den wissenschaftlichen Anspruch von Literaturwissenschaften in Frage zu stellen. Das Anklammerungsdenken, das sich in diesen Diagnosen bezeugt, erfordert wie in jedem anderen, so auch in diesem Fall eine beträchtliche psychische – soll heißen: philologische – Leistung, denn der Text der *Thesen* ist, was eine der Basisoperationen just von de Man angeht, unzweideutig. Deshalb ist die Löschung der einschlägigen Bemerkungen – ihre Ausblendung, Verleugnung oder Übermalung – ein philologischer Vorgang von höchstem Interesse für eine Philologie auf dem Weg aus ihrer selbstverschuldeten Unmündigkeit. Jene Löschung betrifft, einmal mehr, ein Nicht, oder ein Nichts.

Die Basisoperation, die in «These» 54 diskutiert wird, ist die Unterscheidung zwischen zwei fundamentalen Funktionen der Sprache, deren eine die Selektion und deren andere die Kombination ist. Diese Unterscheidung, der diejenige zwischen Metapher und Metonymie korreliert wird, geht nicht auf de Man zurück, aber de Man hat sie, wie vor ihm Lévi-Strauss und Lacan und Genette für ihre jeweiligen Forschungsregionen, adoptiert, und er hat sie, anders als jene, mit weiteren rhetorischen Grundfiguren, zunächst mit einem anderen Paar, der Allegorie und der Ironie, zu radikalisieren und zu unterlaufen verstanden. Die Subversion – oder Sub-Version – der rhetorischen Grundfiguren bleibt für de Man jedoch ihrerseits regelmäßig wiederum an Figuren gebunden, in denen die Bewegungen der zunächst isolierten Figurenpaare miteinander verschränkt und entweder aktiviert oder desaktiviert werden. In de Mans Werk ist das prominenteste Beispiel einer solchen Subfigur, die noch den Bewegungen der Ironisierung und Allegorisierung vorausgeht, die Prosopopöie: die Figur der Figuration, die Trope der Verfertigung und Zuweisung von Tropen und daher die Fundamentaltrope der sprachlichen Weltzurichtung schlechthin. Da ihre Analyse de Man zu verdanken ist, kann in der «These» 54 ihr Name auf den seinen hindeuten: der Name des Figuren-Machens auf den Namen dessen, der ihm das schärfste Profil gegeben hat. Wer mit dem Feld der Literatur- und Kulturwissenschaften vertraut ist, sollte diesen Hinweis nicht verkennen können.

Roman Jakobson ist es gewesen, der aus dem Fundus einer jahrtausendelangen Befassung mit sprachlichen Figuren die zwei markantesten – Metonymie und Metapher – hervorgehoben und sie zu den beiden *modes of arrangement* der Kombination und der Selektion verallgemeinert hat.[39] Da die Kombination von Sprachelementen gleich welcher Ebene aber bereits ihre Selektion impliziert und Selektionen allein in kombinatorischen Zusammenhängen möglich sind, drängt sich die Frage nach dem Schnittpunkt der beiden Achsen des Sprachsystems auf, die von Jakobson in seiner Untersuchung der *modes of arrangement* nicht eigens gestellt wird. Deshalb heißt es in einer Fußnote zum Aufsatz «Apotropäische Figur» von 1982: *Das heikle Problem des Schnittpunkts beider Achsen, der Origo des von ihnen ausgespannten Koordinatensystems, der Struktur der Projektion der einen auf die andere bleibt in der Jakobson'schen Sprachtheorie undiskutiert.*[40] In dem Aufsatz selbst, der sich in einer Lektüre von *Among School Childen* auf die apotropäische und auto-apotropäische Figur der *scarecrow* [*Vogelscheuche*] konzentriert, wird von dieser Figur und Gegen-Figur gesagt, sie markiere *in der tropologischen und grammatischen Rhetorik der Repräsentation ein Nullsyntagma, in dem der Gang des Gedichts aussetzt, um sich auf seinem anasemischen Grund, zäsuriert, fortsetzen zu können.* Und: in ihr setze *die Sprache der Generierung* aus, *um die Möglichkeit der Generierung der Sprache zu erhalten.*[41] Dieser Gedanke einer im geometrischen Sinn verstandenen ‹Origo› und eines ‹Nullsyntagmas› wird zwei Jahre später, wiederum im Kontext einer Subversion des Paradigmas der Generierung, in der Studie «Die Sekunde der Inversion» wiederaufgenommen[42] – und diesmal auf

---

39 So zum Beispiel in «Two Aspects of Language and Two Types of Aphasic Disturbances», in *Language in Literature*, Cambridge 1987, S. 98 ff.

40 Werner Hamacher, «Apotropäische Figur», in *EuropaLyrik 1775-heute*, hg. v. Klaus Lindemann, Paderborn/München 1982, S. 327-346. Hier: S. 337.

41 L.c., S. 338, 337. – An späterer Stelle (S. 345) heißt es dort: *Auto-apotropäisch ist die Sprache des Gedichts, sofern sie sich als das unabschließbare Drama zwischen zwei aufeinander irreduziblen und gleichwohl voneinander dependierenden Schutzfiguren entfaltet.* – In diesem Zusammenhang sei auf ähnliche Überlegungen des Verfassers in «pleroma –» (Berlin 1978) und, zum Begriff des Apotropäon, auf Freuds Studie von 1922 «Das Medusenhaupt» (GW XVII, S. 47-48) hingewiesen.

42 In der französischen Übersetzung durch Jean-Luc Nancy wurde dieser Text unter dem Titel «La seconde de l'inversion» in dem Band *Contre-Jour. Études sur Paul Celan*, hg. v. Martine Broda, publiziert, der die Beiträge für das Celan-Colloquium in Cerisy-la-Salle aus dem Jahr 1984, für das er bestimmt war, versammelt. Der Hinweis auf Jakobsons Aufsatz dort S. 209. In *The Lesson of Paul de Man* (Yale French Studies 69) wurde dieser Aufsatz in der englischen Übersetzung von William D. Jewett 1984 veröffentlicht; dort steht der Hinweis auf «Signe Zéro» auf S. 298.

Jakobsons Aufsatz «Signe Zéro» bezogen.[43] In diesem Aufsatz, 1937 verfaßt und 1939 zuerst veröffentlicht, wendet sich Jakobson, gestützt auf die Arbeiten von Charles Bally, der seinerseits auf eine Untersuchung von Gauthiot von 1902 zurückgreift, der ‹morphologischen Nullfunktion› sowohl von Signifikanten wie von Signifikaten zu, also einer ‹Nullfunktion›, die, ohne dass Jakobson diese Konsequenz eigens berührte, auch die Koordination von Selektion und Kombination reguliert und als Null-Metapher oder Null-Metonymie die letzte Ressource der gesamten sprachlichen Ordnung bietet. Null-Zeichen ist für Jakobson der Name für die Abwesenheit eines solchen Zeichens, das in Opposition zu einem anderen Zeichen stehen könnte; es ist also dasjenige Zeichen, das allein vermöge seiner Abwesenheit auch dort noch differenzierungsfähig ist, wo ihm ein paarig zugeordnetes Zeichen mit differenziellen Qualitäten nicht gegenübergestellt werden kann. Da die ‹Null› als Zeichen für ein fehlendes Zeichen oder als differenzielle Markierung für eine fehlende differenzielle Markierung eintritt, definiert sie die Struktur der Sprache überhaupt –: sie sichert als ‹Nullopposition› die Homogenität der auf Oppositionen gebauten sprachlichen Ordnung, indem sie noch deren Abwesenheit als bedeutsame oder bedeutete Abwesenheit und somit als sprachlich gesetzte markiert.

Da das ‹Signe Zéro› als Signifikant für alle fehlenden Signifikanten eintreten kann und apotropäisch das Fehlen oder das Versagen der Sprache insgesamt abwehren und sie vor ihrem Verstummen bewahren kann, mussten nicht allein die Linguistik, sondern die Anthropologie, die Psychoanalyse und auch die Philosophie an seiner Funktion eminent interessiert sein. Lévi-Strauss hat das Null-Zeichen deshalb in einer berühmten Passage seiner «Introduction à l'œuvre de M. Mauss» von 1950 als *symbole à l'état pure, donc susceptible de se charger de n'importe quel contenu symbolique* [*Symbol im Reinzustand, also in der Lage, beliebige symbolische Inhalte aufzunehmen*] zur Lösung der Rätsel herangezogen, die von Grundbegriffen des Typs *hau, mana, wakan* und *orenda* aufgegeben werden; Lacan hat den Begriff *symbole zéro* 1953 in seinem «Discours de Rome» zur Konturierung der von ihm so genannten ‹symbolischen Ordnung› und zur Begründung einer *dette inviolable* [*untilgbaren Schuld*] herangezogen, die sich aus dem signifikanten Bezug auf einen fehlenden Signifikanten ergibt; Derrida

---

In *Premises* (Harvard und Stanford 1996), in der Übersetzung von Peter Fenves, auf S. 370.

43 Roman Jakobson, *Selected Writings II*, The Hague 1971, S. 211-219. – Auf Deutsch liegt dieser gewichtige Aufsatz unter dem Titel «Das Nullzeichen» in der Übersetzung von Regine Kuhn nur in der Sammlung *Aufsätze zur Linguistik und Poetik*, hg. v. Wolfgang Raible, vor, München 1974, S. 44-53.

hat 1966 in «La structure, le signe et le jeu dans le discours des sciences humaines» im ‹flottierenden Signifikanten‹ des Null-Zeichens eine von vielen Spuren einer unvordenklichen Supplementarität gefunden; Deleuze versichert unter dem Titel «À quoi reconnait-on le structuralisme?» 1972: *Pas de structuralisme sans ce degré zéro*, und verweist auf die kleine dichte Arbeit «La suture» [«Die Naht»] von Jacques-Alain Miller, in der 1966 der Begriff der Null aus Freges *Grundlagen der Arithmetik* herangezogen wird, um eine Logik des Signifikanten im Sinne von Lacan zu rekonstruieren.[44] Frege definiert in § 74 seiner Schrift aus dem Jahr 1884: *Null ist die Anzahl, welche dem Begriffe «sich selbst ungleich» zukommt.* Schon aus dieser knappen Definition wird deutlich genug, dass der logische Begriff, dem die Anzahl Null zugeordnet wird, keines Gegenstandes bedarf – nämlich keines durch sich selbst ersetzbaren und in diesem, von Leibniz vorgeschlagenen, Sinn mit sich selbst gleichen Gegenstandes bedarf –, um *als* dieser logische Begriff den Anfang der Zahlenreihe und die Arithmetik insgesamt in der Logik zu begründen.[45] In die logischen Aporien, in die, wie Russell gezeigt hat, Freges ‹Logizismus› führt, muß Jakobsons Null-Zeichen nicht geraten. Für Jakobson und deutlicher noch für Levi-Strauss verhält sich die Sprache insgesamt, zugespitzt formuliert, als Null-Zeichen zu jedem denkbaren Relat.

Wie nicht von allen genannten Autoren klar gesehen wird, kann es kein Kriterium für die Unterscheidung zwischen einer als Opposition markierten und einer nicht als Opposition markierten Abwesenheit geben, das nicht seinerseits wiederum auf ein Null-Zeichen zurückgreifen muß, welches diese Unterscheidung offen läßt. Mit dem Null-Zeichen, das immer sowohl ein Zeichen als auch keines sein, sowohl eine Differenz markieren als auch nicht markieren kann, ist in jede logische Ordnung ein irreduzibel *a*logisches Element eingelassen, das ihre interne Kohärenz außer Kraft setzt. Die Differenz zwischen einer Null-Opposition und einer Null, die nicht in Opposition zu einem irgendwie ‹gegebenen› Phänomen steht, kann aber nicht wiederum nach der Logik der Opposition markiert werden. In der ‹Null› gabelt sich die Minimal-Markierung, mit der die Sprache operiert, in eine Markierung der Abwesenheit und die Abwesenheit einer Markierung, bezieht sich somit auf Gesetztes und Ungesetztes, ist Beziehung und Bezug zum Entzug jeder Beziehung und muß, da diese Null kein unzweideutiges

44 Cf. die Einleitung von Claude Lévi-Strauss zu Marcel Mauss, *Sociologie et Anthropologie*, Paris 1950, S. XLIX-L; Jacques Lacan, *Écrits*, Paris 1966, S. 279; Jacques-Alain Miller, «La Suture», in *Cahiers pour l'Analyse 1* (1966); Jacques Derrida, *L'écriture et la différence*, Paris 1967, S. 409 ff.; Gilles Deleuze, *L'île déserte et autres textes*, Paris 2002, S. 261.

45 Cf. Gottlob Frege, *Die Grundlagen der Arithmetik*, Stuttgart 1987, S. 107-108, 97.

Zeichen für ihre Differenz setzt, ihren eigenen Wert mit einem für sie nicht fassbaren anderen teilen. In dieser *Ammarkierung*[46] bricht, kurzum, das uralte, alterslose Ur-Problem der Ontologie wieder auf, was und ob überhaupt Nicht-Seiendes sei und in welchem Verhältnis es zu Seiendem und seiner Anwesenheit stehe.

An diese hier nur in Umrissen charakterisierte Lage der linguistischen, poetologischen, anthropologischen und mathematischen Forschung erinnert die «These» 54, und auf diese Lage versucht sie eine Antwort vorzubereiten. Sie gibt dem Begriff der Zero-Rhetorik einen Umfang, der sich nicht mit dem Gebrauch der Zero-Komposita bei Jakobson deckt, und verdeutlicht diese Abweichung durch zwei miteinander verbundene Züge: Zero-Rhetorik ist keine Rhetorik der Setzung und Entgegensetzung und sie bezieht sich deshalb nicht so sehr auf eine ‹Leerstelle›, als vielmehr eine ‹Stellenleere›. Die «These» behauptet nämlich, die Rhetorik von Metapher und Metonymie sei auf eine *Zero-Funktion angewiesen, von der nicht einmal die Figur der Prosopopöie Rechenschaft ablegen kann, da sie in einer Setzung und nicht in keiner besteht.* Und weiter: *Zero-Rhetorik wäre diejenige, die im Achsenkreuz aller Tropen die Leerstelle – und, genauer, die Stellenleere – markiert, deren es bedarf, um die Möglichkeit einer Sprache überhaupt zu wahren.* Was sich in der Parenthese als Präzisierung von ‹Leerstelle› zu ‹Stellenleere› gibt, ist tatsächlich mehr als eine bloße Korrektur; es ist die Abwendung von der Ordnung der Stellen und der Setzungen, die mit der Achsengeometrie, mit der arithmetischen Null und mit ihrem logischen Begriff verbunden ist. Die Formulierungen dieser «These» versuchen also in der Sprache der Setzungs-Rhetorik etwas zu sagen, was von dieser Sprache resolut ausgeschlossen wird, was aber, um auch nur denkbar und andeutbar zu sein, doch als ein Spielraum für Änderungen in jener Positions-Rhetorik offen bleiben muß. Einen solchen Spielraum gibt es, wo eine Stelle, und sei sie Leerstelle, in die Abwesenheit einer Stelle, eben eine ‹Stellenleere›, versetzt wird. Da die ‹Stellenleere› jeder Leerstelle vorausgeht, die eine wohlbestimmte Grundposition im Gefüge der Sprache besetzt, kann sie diesem Gefüge nicht angehören und mit seinen Mitteln nicht zureichend charakterisiert, sondern jeweils nur vage – ‹flottierend› –, durch Negationen, Hyperbeln,

46 Dieser Begriff wird zur Klärung des selben Sachzusammenhangs eingeführt in zwei Studien zu Paul Celan: «Bogengebete» (in *Aufmerksamkeit – Liechtensteiner Exkurse III*, 1998, S. 11-44) und «Epoché Poème – La *parenthèse-rime* de Celan autour des parenthèses de Husserl» (übersetzt von Michèle Cohen-Halimi, in *Revue de Métaphysique et de Morale*, juillet 2013, S. 297-329) [«Epoché Gedicht. Celans *Reimklammer* um Husserls Klammern», inzwischen erschienen in Werner Hamacher, *Keinmaleins. Texte zu Celan*, Frankfurt am Main 2019, S. 143-179].

hypothetische Modi oder Paradoxien angedeutet werden. Da es aber ohne diese Infravakanz einer setzungslosen ‹Stellenleere› keine Sprache gäbe, kann sie aus dem Horizont der Sprache auch nicht ausgegrenzt und als schlicht unsprachlich, vorsprachlich oder außersprachlich ignoriert werden. Die Relation zum Irrelationalen, die durch die Beziehung des Null-Zeichens zum Zeichenlosen eröffnet wird, ist vielmehr das schlechthin aporetische Konstitutivum der Sprache überhaupt. Deshalb vermerkt der letzte Satz der «These» 54, in dem der Gebrauch der Ausdrücke ‹Zero› und ‹Origo› von ihrem linguistischen, arithmetischen oder logischen Gebrauch stillschweigend, aber dramatisch abweicht: *Erst die Philologie des Zero wäre die Origo der Philologie.*

Wenn Paul de Man das Thema seiner Studie «Autobiography as Defacement», die Prosopopöie, charakterisiert, bevorzugt er, dieser Figur des Figurenmachens entsprechend, das Vokabular der Setzung: *the figure of prosopopeia, the fiction of an apostrophy to an absent, deceased, or voiceless entity, which* posits *the possibility of the latter's reply and confers upon it the power of speech* [*die Figur der Prosopopöie, Fiktion der Apostrophe einer abwesenden, verstorbenen, stimmlosen Entität,* stellt *die Möglichkeit der Erwiderung durch letztere in Aussicht, verleiht ihr das Vermögen zu sprechen*]. Und: *Our topic deals with the* giving *and* taking away *of faces* [...] [*Unser Gegenstand handelt vom* Geben und Nehmen *von Gesichtern*]. Und weiter: *prosopopeia* [...] makes *the unknown accessible to the mind and to the senses* [*Prosopopöie* [...] macht *das Unbekannte dem Denken und allen Sinnen zugänglich*]. Und wiederum: *the rhetorical function of prosopopeia as* positing *voice or face by means of language* [...] [*die rhetorische Funktion der Prosopopöie als* Setzung *von Stimme oder Gesicht durchs Mittel der Sprache*].[47] Die abwesende und unbekannte Entität, an deren ‹Stelle› von der Prosopopöie Gesicht und Sprache eingesetzt werden, ist die Natur und, als deren Extrem, der Tod. Deshalb sind es *figures of deprivation*, die bei Wordsworth, dem de Mans Studie gilt, immer wieder ins Zentrum der poetischen Aufmerksamkeit rücken: *maimed men, drowned corpses, blind beggars, children about to die* [*verkrüppelte Männer, ertrunkene Leichen, blinde Bettler, sterbende Kinder*].[48] Die privative, die tödliche Instanz schlechthin ist indessen die Sprache selbst als das, was Wordsworth *counter-spirit* nennt.[49] Wenn Prosopopöie das Prinzip der Sprachsetzung ist, dann muß es zugleich das der Sprachberaubung sein, denn allein eine Sprache, die gibt, kann auch nehmen, und sie muß

---

47 Paul de Man, *The Rhetoric of Romanticism*, New York 1984, S. 75-76, 80, 81. (Hervorhebungen W.H.).

48 L.c., S. 73.

49 L.c., S. 79.

nehmen – oder zu nehmen suggerieren –, um weiterhin geben zu können: *giving and taking away*, so war gesagt worden, sei die Grundoperation der Prosopopöie. Die Balance, die beide in de Mans Darstellung halten, mag dem Symmetriewunsch von Wordsworth korrespondieren. Aber kaum anders als durch einen Systemzwang, der die Sprache zum Zentrum aller Setzungen und Negationen macht, sind die Wendungen erklärlich, die, nicht allein im Prosopopöie-Aufsatz, auf einer präzisen Reziprozität zwischen Thesis und Antithesis, *spirit* und *counter-spirit*, Geben und Nehmen bestehen. So heißt es am Ende von de Mans Studie: *To the extent that, in writing, we are dependent on this language, we all are* [...] *deaf and mute* [...] [*In dem Ausmaß, in dem wir, beim Schreiben, von dieser Sprache dependieren, sind wir alle taub und stumm*]. Und im vorletzten Satz wird die strenge Proportion – auch sie gehört zum Bedeutungsspektrum von *lógos* – noch einmal emphatisch betont: *prosopopeia* [...] *deprives and disfigures to the precise extent that it restores* [*Prosopopöie* [...] *entzieht und entstellt genau in dem Maß, in dem sie wiederherstellt*].[50] Die unverrückbare Symmetrie, die de Man mit dieser exakten Korrespondenz – *to the extent, to the precise extent* – zwischen Figuration und Disfiguration, Wiederherstellung und Entstellung behauptet, wird nicht nur von der Struktur der Ammarkierung in Frage gestellt, die jedes sprachliche Zeichen und die Sprache insgesamt beunruhigt.

De Man zieht die zwingende Konsequenz aus seinem Korrespondenzschema mit der in jeder Hinsicht gravierenden Aussage: *Death is a displaced name for a linguistic predicament* [...] [*Tod ist ein versetzter Name für ein sprachliches Prädikament*]. Die Versicherung könnte ein Trost sein, wenn damit gesagt wäre, dass ‹Tod› *nur* ein Name und nichts außerdem ist; ein Name zwar für die irreduzible sprachliche Funktion der Anrede und der Verweisung, mithin ein Name für die Sprache insgesamt, aber als ein solcher Name eben nicht die Sache und deshalb unwirklich. De Mans Versicherung bietet einen solchen Trost nicht, denn sie geht nicht von der Unwirklichkeit der Sprache und des *predicament* aus, das den Namen ‹Tod› trägt, sie geht vielmehr von der überwältigenden Wirklichkeit aus, die der Sprache als Setzung zukommt. Als Setzung aber kann diese Wirklichkeit durch andere Setzungen getilgt und derart ihrer Unwirklichkeit überführt werden. Der Trost, den de Mans Versicherung bietet, liegt in der Homeostase zwischen der Unvermeidlichkeit des Namens ‹Tod› und der Unvermeidlichkeit seiner Tilgung, also in der Balance zwischen einer Setzung und ihrer Negation.

Die Homöostase zwischen sprachlich gesetztem und sprachlich getilgtem Tod wird in de Mans Satz indessen durch das eine – vielleicht überflüssige – Wort *displaced* beunruhigt. Es steht im «Defacement»-Aufsatz in

50 L.c., S. 80, 81.

einer Reihe mit *deprived, disfigured, defaced* und kann als wiederholende Präzisierung des *name* verstanden werden, der schon zuvor als Effekt eines *defacing* und *displacing* charakterisiert worden war. Der Satz würde ohne das didaktisch-mnemotechnische Adjektiv lauten: *Death is the name for a linguistic predicament*, oder einfacher: *Death is a name*, und, deutlicher: *Death is the name.* Damit wäre hinreichend deutlich, dass der Tod ein sprachliches Faktum ist, keine substanzielle oder auch nur ‹natürliche› Wesenheit, und dass sein Name zunächst für nichts anderes steht als für den Akt der Benennung, sofern sich in ihm die Grundoperation der Sprache insgesamt kontrahiert: ‹Tod› ist der Name alles Genannten; wenn immer gesprochen wird, wird von ihm gesprochen. Da der thetische Akt der Nennung notwendig in einer differenziellen Markierung resultiert, durch die er dem Feld anderer Markierungen assimiliert wird, ist ‹Tod› ein Signifikant, der trotz seiner Differenz zu ‹Leben› mit einer Bedeutung und sogar einem Sinn assoziiert werden kann. Da aber eben dieses thetische Geschehen nicht nur unvermeidlich, sondern strukturell arbiträr – ein *random event* – ist, muß es in einem Null-Signifikanten resultieren, dem sich sowohl Bedeutung und Sinn als auch weder Bedeutung noch Sinn beilegen lassen. ‹Tod› ist also nicht nur ein Name, der eine Sache, die vor ihm keine war, setzt und durch den Aufweis ihrer Gesetztheit neutralisiert; er ist überdies ein Name, der sich selbst dementiert und als bedeutungsunfähig aus den Grenzen des sprachlichen Setzungsgeschehens entfernt. Er markiert *in* der Sprache eine untilgbare unsprachliche Wirklichkeit – oder eine untilgbar wirkliche Unsprachlichkeit –: keine Setzung, sondern eine Ver-setzung, Fehl-setzung und Ent-stellung des gesamten Setzungs-, Stellungs- und Koordinationsgefüges der Sprache: ein Name, mit dem sich die Sprache verfehlt und entnennt. *Displaced* ist ‹der Tod› von keinem zuvor besetzten Platz im Signifikantengefüge und von keinem Topos, der für ihn der korrekte wäre; er ist *displaced*, da er der sprachlichen Ordnung von Orten nicht angehört und sein Fehlname diese Ordnung nicht nur auf eine ‹Leerstelle›, sondern überdies eine ‹Stellenleere› öffnet. Wenn ‹Tod› aber immer auch derjenige *A*topos der Sprache ist, der wie kein anderer jedes topische Denken verwehrt, dann ist dieser *A*topos – diese Atropos – auch ein absoluter Widerstand gegen die Reduktion der Philologie auf eine Rhetorologie der Topoi und Tropen. ‹Tod› ist nie gesetzter Tod, ohne die Ent-setzung der gesamten Ordnung der Setzung, der *poiesis* und des Aktes zu sein. Dass Setzung und Entsetzung sich zueinander symmetrisch verhalten könnten, ist eine Annahme, die nur auf der unbegründbaren Reduktion der *Ent*setzung auf eine *Entgegen*setzung basieren kann. Noch der geringe Trost, den die von de Man behauptete Balance gewährt, findet an der unsprachlichen Wirklichkeit der Elemente der Sprache keinen Halt. Philologie, wie sie in den *Thesen* gedacht wird, ist Phil*a*logie; sie bleibt auf die Disproportion, die Irrelation – den *alógos* – offen.

De Man kommt auf die Struktur der Setzung und ihres Verhältnisses zu Bedeutung und Sinn, er kommt auf die Verbindung zwischen *poiein* und *prosopon*, die von der primären Setzungsfigur der Prosopopöie behauptet wird, explizit und extrem kritisch zurück, wenn er in «Shelley Disfigured» schreibt: *language posits and language means (since it articulates) but language cannot posit meaning; it can only reiterate (or reflect) it in its reconfirmed falsehood* [*Sprache setzt und Sprache bedeutet (weil sie artikuliert), doch Sprache setzt nicht das Bedeuten; sie kann das Bedeuten, in seiner Falschheit bestätigt, lediglich reiterieren (oder reflektieren)*].[51] Der Satz, einer der gewichtigsten des jüngeren Sprachdenkens, besteht auf der radikalen Disjunktion zwischen zwei Funktionen der Sprache – Setzung und Bedeutung –, deren keine ohne die andere möglich und deren keine auf die andere reduzierbar ist. Wenn der zweite Teil dieses Satzes von Reiteration (oder Reflexion) spricht, dann wird damit keine dritte Sprachfunktion eingeführt, sondern der Setzungskraft der Sprache zugeschrieben, dass sie durch Wiederholung (oder Reflexion) eine weder intern noch extern fundierte und deshalb prinzipiell falsifizierbare Bedeutung erzeugt. Das Scharnier, das die gesamte Last der Beziehung zwischen Setzung und Bedeutung trägt, ist demnach die Wiederholung, die Reiteration oder Reflexion, die aus einer zufälligen oder arbiträren Setzung eine bedeutsame, relativ beständige und mit dem Schein der Motiviertheit oder sogar Wesentlichkeit belehnte Setzung macht. Aber wenn die bloß setzende Sprache durch Iteration eine Bedeutung erzeugen kann, dann muß ihre Setzung als solche und in Selbigkeit iterierbar sein; da es aber weder ein internes noch ein externes, etwa durch eine Bedeutung gesichertes, Kriterium für diese Selbigkeit geben kann, kann auch von einer bloßen Setzung, einer Setzungskraft oder einer isolierbaren Setzungsfunktion nicht die Rede sein. Jede sprachliche Setzung muß, um Setzung sein zu können, zu ihr selbst in Differenz gesetzt, sie muß, in jedem und aus jedem Sinn, *Aus*setzung sein. Das heißt aber: sie kann nicht in Selbigkeit und also nicht als Setzung wirken, sondern kann jeweils nur anders, verändert und verändernd als inkonsistentes Geschehen wirksam werden, das keinen beständigen Grund für Wirkungen bietet.

Sprache, so ist damit gesagt, ist ein Grund ohne Folge. Und weiter: sie ist ein Grund, der nicht trägt, nicht sich selbst und nichts Anderes trägt, ein Grund im Entzug. Jede Wiederholung einer Setzung muß die Verfehlung

---

51 L.c., S. 117-118.

dieser Setzung sein können, sie kann nicht einmal mit Gewissheit eine Selbst-Verfehlung sein, da ein Selbst sich allererst in der gesicherten Wiederholung des Selben konstituieren könnte. So wenig aber eine stetige Koordination zwischen Setzung und Setzung und zwischen Setzung und Bedeutung angenommen werden kann, so wenig können inkonsistente Setzungen von Bedeutungen strikt unterschieden gedacht werden. Da sie keinem Prinzip folgen und keiner stabilisierenden Macht unterstehen, müssen Setzungen, anders als de Man postuliert, immer auch Bedeutungssetzungen sein, Bedeutungen ändern und gesetzte Bedeutungen tilgen können. Kriterien für ihre Falschheit oder Korrektheit kann es unter diesen Bedingungen nicht geben. Ob in ihrer Bedeutungs- oder ihrer Setzungsfunktion, Sprache ist sie ‹selbst› nur, wo sie ihrem Nicht-Selbst, ihrer Unsprachlichkeit, also ihrem Setzungs- und Bedeutungs-Unvermögen ausgesetzt ist. Ein Zusammenhang zwischen Setzung und Bedeutung ist jeweils nur der, in dem beide radikal *kontingent* sind und in der Berührung ihres gemeinsamen ‹Nullpunkts› ihren gemeinsamen Unzusammenhang berühren. Dieser gemeinsame und ungemeinsame ‹Nullpunkt› ist der einzige Ort, an dem sich die Sprache *als* Sprache – als bedeutsame Mitteilung – konstituiert; aber es ist kein Ort, an dem sie sich als Sprache konsolidiert. Dieser geometrische, aber zugleich *a*metrische Ort sichert nicht die stetige Vermittlung zwischen Setzungen, sondern die unstetige *Ent*mittlung zwischen und in ihnen. Daher kann er nicht als eine dritte Funktion, er kann nur als Zero-Funktion – und, genauer, Dysfunktion – gezählt, und entzählt, werden. Sprache ist strukturell dysfunktional. Nur deshalb bedarf es so anhaltender Bemühungen, ihre Funktionen zu erfassen und sie zum Funktionieren zu bringen.

Überlegungen dieser Art zur Setzungs-Struktur sind im Ausgang von einer kritischen Analyse der Fichteschen Fundamentalthese der *Thathandlung*, gegen konventionalistische und egologische *speechact*-Theorien, wie sie von Austin und Benveniste vertreten werden, und in deutlicher Distanz von Derrida und de Man seit den frühen siebziger Jahren entwickelt worden und mehr oder weniger bündig seit 1979, in «Der ausgesetzte Satz», und 1989, in «Afformativ, Streik», veröffentlicht worden. In «Prämissen» wird die Generaldiagnose formuliert, Ontologie sei *Onto-theseologie*, und in Verbindung mit dem Satz von Paul Celan: *La poésie ne s'impose plus, elle s'expose* [*Die Dichtung drängt sich nicht mehr auf, sie setzt sich aus*], wird der Gedanke einer Extheseologie erwogen. In «*Für* – die Philologie» heißt es: *Sprache setzt und sie setzt fort.*[52] Diese Formulierung versucht – unter

52 «*Für* – die Philologie» (2003), in *Was ist eine philologische Frage?*, hg. v. Jürgen-Paul Schwindt, Frankfurt am Main 2009, S. 36-39, und in dem um Vor- und Nachspann erweiterten Für – *die Philologie*, Holderbank 2010, S. 40-44.

anderem – de Mans Axiom der einerseits setzenden, andererseits bedeutenden Sprache zu beantworten. Das ‹und› in diesem Satz könnte als bloß additives missverstanden werden. Gemeint ist es aber auch als explikatives, so dass der Satz auch heißen könnte: *Sofern Sprache setzt, setzt sie fort.* Dieses ‹fort› wiederum könnte als bloße Kontinuierung oder bloße Distanzierung der thetischen Aktivität missverstanden werden. Gemeint ist aber mit ‹fort-setzen› auch, dass diese Aktivität zu anderem als einer Setzung aufbricht, indem sie sich von sich absetzt und einer Ferne, einem Anderen – Ungesetzten und Unsetzbaren – sich aussetzt, über das Setzungen keine Macht haben. Dieses Andere kann immer auch ein Niemand und Nichts bleiben. Die Sprache, die sich im figurenbildenden und figurentilgenden Akt der Prosopopöie selbst die Waage hält, kann ein Weg zu Anderem nur sein, weil sie nicht im Gleichgewicht steht, sondern in sich selbst schon Veränderung ist. Nur eine *andere* Philologie kann ihr entsprechen.

VI
Icicles filled the long window
With barbaric glass.
The shadow of the blackbird
Crossed it, to and fro.
The mood
Traced in the shadow
An indecipherable cause.

Derrida hat eine ‹Grammatologie› geschrieben, keine ‹Philologie›. Eine Deszendenzlinie von jener zu dieser, gar *eine* Linie, und sei sie noch so zackig, wird man schwerlich aufspüren oder konstruieren können. Doch da man annehmen kann, dass die *Thesen* nicht früher als *La voix et le phénomène, De la grammatologie, L'écriture et la différence, La dissémination, Glas, Donner le temps* etc. pp. verfaßt wurden und dass sie nicht naiv genug sind, die Einsichten und Argumente von Derridas Werk unbedacht zu lassen, wird man auch mit der Vermutung nicht fehlgehen, dass sie mit einem Verständnis des Wortes *lógos* und des Begriffs ‹Sprache› operieren, das für jeden ‹Logozentrismus› unbrauchbar ist. Die *andere* Philologie – wenn es denn überhaupt *eine* sein sollte –, von der in den *Thesen* die Rede ist, eignet sich nicht zum Philo-Logozentrismus. Sie nehmen es mit dem *philo-* zu genau, als dass sie dessen Begleiter, das *miso-*, vernachlässigen würden, und verfahren mit beiden zu analytisch, als dass sie beider Auflösung, die *lysis*, nicht in Betracht ziehen würden. Weder philo- noch misologozentrisch, sprechen sie von «These» 1 an von den *Elementen der Sprache*, die *für das* sprechen, *was vom Gesagten noch zu sagen bleibt*, sprechen also nicht vom Gesagten, das sich zu einem geschlossenen System fügen könnte, nicht von einer Bedeutung oder einem Sinn, in dem jenes Gesagte seinen Erschließungsbereich finden könnte, sondern, zurückhaltend und rudimentär, von dem, was noch nicht – und vielleicht nie – gesagt ist, was dennoch zu sagen bleibt, und was als *das zu Sagende* und also als Ungesagtes nicht einmal mit Sicherheit geeignet ist, jemals gesagt zu werden. Die Zukunft, von der man sicher sein könnte, dass sie mit einer bekannten Sprache oder überhaupt einer Sprache aufwartet, wäre keine Zukunft und ihre Sprache nur das Gesagte noch einmal, ein *fatum* in der Form eines Programms. Wenn die *Elemente der Sprache* advokatorisch – und, in diesem Sinn, philologisch – *für* das sprechen, was *noch zu sagen bleibt*, so ist noch ihr *für* nicht nur ein ‹anstatt›, sondern auch ein ‹zugunsten› und, als dieses ‹zugunsten›, ein *für* für das, was selbst keines *für* fähig, vielleicht keines *für* bedürftig und vielleicht so ist, dass es – «These» 48 deutet darauf hin – von keinem *für* erreicht werden kann. Die *Thesen* sprechen für eine *andere* Philologie, weil sie für die Zukunft und deshalb für eine andere als jede schon bekannte Sprache, für anderes als jede gekonnte Sprache sprechen. Sie sprechen – in jedem Sinn über jeden hinaus – *für* ihre eigene Sprachlosigkeit. Sie sprechen auf das zu, was es nur als ein *passencore* gibt, und sprechen also *mit* ihrem Nicht.

Wenn man diese Bewegung ohne Weg – diese *Diaporie*, wie sie in «pleroma –» und wieder in «These» 95 genannt wird – mit der von Derridas *archi-écriture* gleichsetzen will oder den Nachweis zu führen versucht, wie Jan Plug es tut, dass die Doppel-, Halb-, Viertel- und Achtel-«These» mit den Ziffern 48 nach dem Muster von Überlegungen Derridas in «La structure, le signe et le jeu» angelegt ist, so steht dem – selbstverständlich – nichts im Wege.[53] Nur fragt es sich dann, warum man genau diese Anstrengung auf sich nimmt, wenn man den *Gedanken*, dass es keine Herkunft und erst recht keinen Ursprung außer einem strukturell verwehrten gibt, einräumt; es fragt sich, warum man auf der Suche nach Prototypen für exzentrische Kompositionsformen nicht unter den ‹Manieristen› aller Zeiten Ausschau hält, um zum Beispiel bei Ausonius oder Cortázar fündig zu werden; und

53 Eine vermutlich weit plausiblere, jedenfalls interessantere Verbindung unterhält diese Poly-«These» – Exthese und Ek-stase – zu Paul Celans Gedicht «Dein / Hinübersein» aus der *Niemandsrose* (*Gesammelte Werke*, Bd. 1, Frankfurt am Main 1983, S. 218).

es fragt sich, warum man sich die Mühe der Typologisierung macht, wenn man *Argumente* an der Hand zu haben glaubt, die den Charakter des *typos* zweifelhaft und sogar als irrig erkennbar machen. Und es fragt sich weiter, ob das 48/48 nicht einem halb-privaten Kode des Autors der *Thesen* angehört, oder einem Kode, für den nicht einmal dieser den Schlüssel kennt, so dass er schlicht ohne Prototyp, Bild, *eidos* oder Idol ist. Was nun die Argumente angeht, so wird man sich daran erinnern, dass Derrida in einer Fußnote zu seinem zweiten Husserl-Buch, *La voix et le phénomène*, ausdrücklich vermerkt, dass seine Analysen [*s'appuyent*], *en des points décisifs, sur des motifs heideggeriens*[54] [*an entscheidenden Punkten auf Motive Heideggers* [*sich stützen*]], auch wenn Heideggers Denken Fragen herausfordert, wie dieser selbst sie an die *métaphysique de la présence* [*Präsenzmetaphysik*] gestellt hat –, dass er also, mit ihm gehend, von ihm sich entfernt, und sein Mit-ohne-Mit die Bewegung einer Veränderung durchläuft, die ihren Ausgangspunkt nahezu unkenntlich macht. Wenn man sich daran aber durchaus nicht erinnern will oder kann, so vermutlich auch deshalb, weil man meint, davon ausgehen zu müssen, dass Hegel eben Hegel, Heidegger niemand anderes als Heidegger, Derrida just Derrida, jeder mit sich selbst derselbe und also ein wohldefiniertes Subjekt oder Objekt, im Einwohnerverzeichnis oder auf dem kulturhistorischen Katasteramt verzeichnet, eine bürgerliche Identität mit Personalausweis, eine Liegenschaft mit Titeln sei. Diese polizistische Auffassung unterstellt nicht nur die Feststellbarkeit von Namen, Werken und ihren Beziehungen zueinander, sie stellt diese Feststellbarkeit her und suggeriert, dass das, was sich erst vermöge und mit der Sprache ergibt, dass also die Sprache mitsamt ihren Namen und Relationskategorien selbst ein Ding unter Dingen und wie ein Ding klassifizierbar, kontrollierbar und polizierbar sei. Aber Sprache muß zunächst in irgendeiner Weise ‹da sein›, wenn sie auch nur den mindesten Anhalt bieten soll, sie dingfest zu machen. ‹Es› muß ‹sie› schon ‹geben›, wenn aus ihr ein Etwas gemacht werden soll, dessen Machbarkeit und Feststellbarkeit man behaupten kann. Wer nicht einmal die Frage danach stellt, ob die Sprache und wie sie sich dazu hergibt, sich als ein solches Etwas zu geben, und ob sie sich ausschließlich dazu und zu nichts anderem hergibt, der kann auch die implizite oder explizite Behauptung nicht legitimieren, sie sei machbar, herstellbar und durchgängig typologisierbar. Er muß sich sagen – oder sich sagen lassen –, dass er sich eines restriktiven Begriffs von Sprache bedient und eine Polizei-Philologie appliziert, wo dazu weder ein Rechtsgrund noch ein Gegenstand gegeben sein kann.

---

54 Jacques Derrida, *La voix et le phénomène*, Paris 1967, S. 83.

In mindestens eine der *Thesen* spielt ein Gedanke von Heidegger hinein, der nicht so sehr die Gegebenheit als vielmehr das Geben der Sprache angeht. Dieser Gedanke erscheint zum ersten Mal flüchtig angedeutet 1927 in *Sein und Zeit* und ausgearbeitet 1962 in «Zeit und Sein». In den von ihm selbst publizierten Schriften Heideggers findet er eine weitere Ausarbeitung in drei Vorträgen über ein Gedicht von Stefan George, die zum erstenmal 1957/58 unter dem Titel «Das Wesen der Sprache» gehalten wurden. Dieser Gedanke, vermutlich in der Auseinandersetzung mit Kant und Husserl gewonnen, hat bereits früh das größte Interesse von Levinas und Blanchot und, seit spätestens 1977, in *Donner le temps*, das von Derrida auf sich gezogen. Die fast unauflöslich enge Verknüpfung mit einer idiomatischen Wendung des Deutschen erlaubt es kaum, Heideggers Gedanken und seine Erläuterung auf auch nur annähernd elegante Weise in andere Sprachen zu übertragen. Diese Wendung lautet schlicht: *Es gibt*. Sie kann gebraucht werden, um zu sagen, dass etwas vorliegt, nicht nur Dinge, sondern auch Möglichkeiten, und stimmt insofern überein mit dem Gebrauch des französischen *il y a*, das nicht von ‹geben›, sondern ‹haben› spricht und die Ortsbestimmung *y* hinzufügt. Die Wendung *es gibt* kann aber auch wörtlich verstanden werden und besagt dann, dass etwas nicht einfach vorkommt, sondern dass es, um vorzukommen, allererst gegeben und aus seiner Herkunft erfahren sein muß. In diesem emphatischen Sinn verwendet Heidegger das Syntagma, und wehrt mit ihm die Deutung von Seiendem – wirklichem, notwendigem und möglichem – ab, es sei als ‹von Natur› Vorhandenes oder als Hergestelltes zureichend erklärbar.

Die aristotelische *prima philosophia* fragt nach den ersten Gründen, den *archai*, und höchsten Ursachen, den *aitiai*, des Seienden, sofern es Seiendes ist (*Metaphysik* 1003a 26), und findet an dem, *was* ist und insofern den Aufweis enthält, *dass* es ist, die höchste Ursache als ein Wirkendes, *tò poiētikón*, und, genauer, als sich selbst erwirkenden Geist, *noûs poiētikós*, vor (*De anima*, 430a 11). Das Theorem von der auto-poietischen und autotechnischen Wirksamkeit des Seienden beantwortet die Frage nach dem Sein, gleichgültig ob sie sich auf das Was-Sein oder das Dass-Sein bezieht, durch die Auskunft, dieses Sein sei *entelécheia*, Aus-sich-zu-sich-selbst-Bestimmtsein. Da mit dieser Auskunft die Frage nach dem Seienden zwar beantwortet ist, aber die Antwort nur von einer zirkulären Selbst-Bewegtheit des Lebendigen spricht, ist in der aristotelischen Ontologie nur die Selbst-Gegebenheit im Sinne der Selbst-Verfertigtheit der Substanz, eben darum aber nicht ihre Gegebenheit und noch weniger das Geben gedacht, das dem Gegebenen vorausgehen muß. Sein hat für Aristoteles und die ihm anhängende Tradition den Sinn eines Selbst-Verhältnisses von unbedingter Reziprozität. Die Transzendentalphilosophien der Neuzeit, in denen Subjektivität als substanziell gedacht werden soll, lassen das Gegebene als Datum der Sinnlichkeit zu, nehmen es aber als Gegenstand der Erkenntnis nur unter der Bedingung auf, dass es in kategorialen Bestimmungen des Verstandes sein Korrelat findet. Das Gegebene ist gegeben nur, wenn es zu einem Angenommenen umgeformt ist. Sowohl die Substanz- als auch die Subjektphilosophie kennt ein Geben nur als Bewegung zu einem Gegebenen und dieses nur als Vergegenständlichung in einem Angenommenen. Sie verlassen den Kreis des Seienden nicht, sondern bestimmen ihn als Zirkulationsbewegung seiner Verfertigungsformen. Vom Reduktionismus beider Tendenzen versucht Heidegger das Denken mit einem *Es gibt* zu befreien, das noch vor jedes Gegebene und vor jedes Subjekt und jede Substanz des Gebens zurückreicht.

Wenn das *Es gibt* als Antwort auf die Problemlagen der klassischen und der neuzeitlichen Philosophien einen Sinn haben soll – nämlich den Minimalsinn, die Herkunft von Sinn befragbar zu machen –, dann kann es nicht innerhalb des Kreises dessen lokalisiert werden, was als Seiendes der Vorstellung oder der Gegenstandserfahrung gedacht wird. Nach Heidegger gibt es vornehmlich Dreierlei, das nicht als solches Seiendes charakterisiert werden kann: Sein und Zeit und Sprache. Sein zeichnet sich dadurch aus, dass es kein Seiendes, kein Ding, kein Vorstellungsinhalt und keine Vorstellungsform ist, ohne doch deshalb mit Gründen bestritten werden zu können. Von ihm läßt sich sagen, dass es jeweils – und jeweils auf singuläre Weise – ein Geschehen von Seiendem ist, in dem dieses Seiende weder als Subjekt noch als Substanz wirksam ist. Von der Zeit wurde bereits in der *Physik* des Aristoteles gesagt, dass sie nicht oder kaum ist (218a), denn das *nŷn*, in dem allein sie sich zeigt, ist schon nicht mehr, sobald es da ist, und ist noch nicht, solange es bevorsteht. So wenig wie vom Sein und der Zeit läßt sich von der Sprache sagen, dass sie *ist*: auch sie läßt sich keinem Subjekt prädizieren, das nicht erst durch sie als solches konstituiert – oder destituiert – würde, auch sie ist nichts substanziell Seiendes, das sich selbst verfertigen könnte, auch sie ein Geschehen, das sich auf keine *arché* oder *causa* zurückführen läßt, die als *entelécheia* oder als *causa sui* ihren eigenen Bestand sichern könnte. Sprache *ist* nicht; *es gibt* Sprache. ‹Es› gibt sie aber nicht von einem Selbst her und keinem Selbst zurück, sondern gibt sie – denn sonst *gäbe* es sie nicht – Anderem und gibt sie als anderes denn als ein Selbst.

Diese Vorüberlegungen historischer und struktureller Art können verdeutlichen, was Heidegger im Kontext des George-Gedichtes «Das Wort» über «Das Wesen der Sprache» schreibt. *Das Wort*, so heißt es dort, *das Sagen, hat kein Sein*. Und weiter: *Das Wort – kein Ding, nichts Seiendes.* [...]. *So wenig wie das Wort gehört das «ist» unter die seienden Dinge* [...] *Dennoch lassen sich weder das «ist» noch das Wort und dessen Sagen in die Leere der bloßen Nichtigkeit verbannen.*[55] Das Geschehen der Sprache, so wenig es sich in einem Seienden – einer Äußerung, einer Aussage, einem Lexikon oder Idiotikon – dingfest machen läßt, kann allein schon deshalb nicht als nichtig erklärt werden, weil erst mit ihm Etwas überhaupt als Etwas sich zeigen kann. Dass es Sprache ‹gibt›, heißt aber nicht schon, dass sie ein Seiendes – oder ein ausgezeichnetes Seiendes – oder dessen logische Negation sei. Wenn es sie ‹gibt›, dann muß es sie so geben, dass dieses Geben, anders als die Wendung *Es gibt* nahelegen könnte, nicht als ein bloßes Prädikat der Sprache, sondern als das von ihr unablösbare Geschehen zu deuten ist. Daher fährt Heidegger fort: *Es gibt – dies nicht in dem Sinne, dass «es» Worte gibt, sondern dass das Wort selber gibt. Das Wort: das Gebende.* [...] *Dann hätten wir denkend in jenem «es, das gibt» das Wort zu suchen als das Gebende selbst, aber nie Gegebene.*

‹Zu suchen› bleibt jenes Wort und ist ‹nie› als positives Datum bereits gegeben, da es als Geschehen des Gebens jeder manifesten Gabe vorausgehen und, derart vorausgehend, jeder Verfestigung in einem Gegebenen entzogen bleiben muß. Dieser Entzug – er wird auch als *Verweigerung*, als *Vorenthalt* und in «Zeit und Sein» als *Enteignis*[56] charakterisiert – gehört zur Struktur des Gebens der Sprache selbst, so dass Heidegger von ihr sagen kann, dass in ihr, der Sprache, *jenes sich verbirgt, was gibt.* Das Geben und mit ihm das Gebende ist demnach jeweils und auf immer ‹verborgen›, und zwar ‹verborgen› noch vor der Alternative zwischen Anwesen und Abwesen, zwischen Erscheinen und Verschwinden, zwischen affirmativen und negativen Aussagen, die sich allesamt erst jenem Geben verdanken. Wird also die Sprache als *Geben* und als *das Gebende* gedacht, dann kann sie nicht nach dem Muster eines genetischen oder eines Produktionsprozesses, noch weniger nach dem eines Selbst-Erzeugungsprozesses, dann kann sie aber auch nicht nach dem grammatischen Muster eines Aussagesatzes verstanden werden, in dem sie, die Sprache, das Subjekt eines Gebens wäre, das sie sich selbst als Prädikat zuspräche. Wenn das Geben und mit ihm das

---

55 Martin Heidegger, *Unterwegs zur Sprache*, Pfullingen 1971, S. 192-193. Dort auch die folgenden Zitate.

56 Martin Heidegger, «Zeit und Sein» in *Zur Sache des Denkens*, hg. v. Friedrich-Wilhelm von Herrmann, Frankfurt am Main 2007, S. 28.

Gebende strukturell ‹verborgen› heißen, dann in dem Sinn, dass sie nicht zur Ordnung des in apophantischen Propositionen aussagbaren Seienden gehören und also weder eine Subjekt- noch eine Prädikatsposition einnehmen können. Weder Subjekt noch Prädikat oder Objekt, ist das ‹Verborgene› auch nicht von der Art, dass es in ein ‹Entborgenes› konvertiert oder dass ihm sein Geheimnis entrissen werden könnte. Die Sprache birgt kein Geheimnis außer dem, dass es sie gibt.

Die Implikationen und die Konsequenzen von Heideggers Bemerkungen zum *Es gibt* der Sprache sind unabsehbar. Besonders wichtig ist in diesem Zusammenhang, in dem es um Philologie geht, dass sie in einer geläufigen Redewendung deren Revers, eine andere, ungeläufige Sprache entziffern, die es erlaubt, *mit* der Sprache *vor* das Gesprochene und *in* ihr Geschehen zurückzudenken. Heidegger macht darauf mit steif-didaktischem Pathos aufmerksam, wenn er schreibt: *Plötzlich erwachen wir aus der Verschlafenheit des eiligen Meinens und erblicken Anderes.* Das Andere, von dem Heidegger hier redet, ist eine Sprache, die, weil sie nicht als Seiendes und also weder als Subjekt noch als Substanz des Gebens in Betracht kommt, sondern in ihrem Geben zurückgehalten bleibt, als Anderes zu Anderem spricht und sich selbst und Anderes in ihre jeweilige Andersheit entlässt. Mit dem *Es, das Wort, gibt,* ist nicht so sehr eine andere Sprache als vielmehr die Sprache als Anderes entdeckt. Und diese Entdeckung – wäre sie auch, in beliebigem Sinn, eine Erfindung – ist zugleich die einer anderen Philologie. Für diese ist Sprache nicht ein System von Bekundungen und Mitteilungen, das durch grammatische und rhetorische Kategorien reguliert ist, in denen sie, die Sprache, als ihr eigenes universelles Subjekt-Objekt fungiert, sondern dasjenige Geschehen, das, sofern es geschieht, der Dinglichkeit, und sofern es noch mit jedem Bewusstseinsakt geschieht, dem Bewusstsein entzogen bleiben muß. Dass ihr Geschehen sich allein im Entzug bekundet und durch keine Reflexion – denn diese ist selbst ein Geschehen – arretiert und mit Feststellungen synchronisiert werden kann, markiert die innere Endlichkeit der Sprache. Sie gibt sich, indem sie spricht, dem Verschweigen noch in jedem Akt der Bekundung hin, dem Vergessen noch vor jeder Möglichkeit der Verdrängung, Verleugnung oder Verneinung, dem Tod mit jeder Regung ihres Lebens. Endlichkeit besagt hier: apriorische Selbst-Entfernung der Sprache in ihrem Geben; Vergessenheit besagt: strukturelle Unbewusstheit der Sprache in ihrem Geschehen; Verschwiegenheit: aphasischer, asemischer Grund aller Äußerungen in ihrem Verlauf. Die *andere* Philologie, von der die *Thesen* sprechen, kann nur eine Philologie der apriorischen Selbst-Entfernung, der immediaten Selbst-Veranderung, sie kann also nur eine Philologie der Sprache als eines jeweils Anderen und muß eine Philologie der Antwort auf dieses Andere und der Verantwortung für sein *Es gibt* und sein *Es gibt nichts zurück* sein.

Deshalb ist in «These» 24 von der *Philologie* als *Phil*allo*logie, Philalogie* die Rede. Deshalb weist die «These» 28 das Verständnis der Philologie als eines reflexiven Selbstbewusstseins der Sprache zurück, deshalb spricht die folgende «These» 29 von der Sprachvergessenheit, die zur Sprache, und der Philologievergessenheit, die zur Philologie gehört, deshalb ist dort von der Selbstvergessenheit als dem entscheidenden Element der Geschichtlichkeit die Rede, und deshalb heißt es in «These» 31 von der Philologie: *Sie überführt das Gegebene in die Bewegung des Gebens und entlässt dieses Geben aus einem Vorbehalt.* Deshalb wird aber auch schon in der Studie «Faust, Geld» der Versuch unternommen, das Geben und Sich-Ausgeben als prä-primäre, man könnte auch sagen als Zero-Geste der Sprache zu charakterisieren. Aus dem *Faust II* wird dort der Vers des Knaben Lenker – einer Allegorie der Dichtung – über Plutos, den Gott des Reichtums, zitiert: *Das, was ihm fehlt, das teil ich aus*, und kommentiert: *Die Poesie ist also reicher als reich und reicher als der Reichtum selbst, weil erst* [...] *in ihr der Reichtum zur Sprache und zur Erscheinung kommt.* [...] *Poesie gibt, was sie nicht hat und was niemals Gegenstand einer Habe sein kann. Sie gibt also schlechthin, gibt noch das Geben selber, gibt sich selber und ihr Geben hin und läßt sich deshalb niemals als ein bloß Gegebenes, als gegenständlicher Besitz aneignen. Sie muß, als reines Geben, auch das Geben ihrer Gaben geben und sich also noch aus den Händen der Begabten weitergeben. Sie gibt alles und das Geben und gibt also – auch das gehört zum Paradox des Gebens – nur den Schein und gibt sich den Schein des Gebens.* Diese *Vorgabe jeder Gabe*, so heißt es weiter, *ist inappropriierbarer, nur unter der Zumutung seines Selbstdementi gültiger Kredit: Kredit im Stand der Diskreditierung.* Zum ersten dieser Sätze vermerkt eine Fußnote: *Daß es gibt, was es selbst nicht hat, ist für Plotin (Enneaden VI 7, 15) die Auszeichnung des Einen, Guten, das zugleich ein Schönes ist* [...], und verweist auf die Studie von Jean-Louis Chrétien «Le Bien donne ce qu'il n'a pas» [*Das Gute gibt, was es nicht hat*].[57] In dieser Studie werden die

57 «Faust, Geld», in *Athenäum – Jahrbuch für Romantik*, hg. v. Ernst Behler, Jochen Hörisch u. Günter Oesterle, 4. Jahrgang, Paderborn 1994, S. 131-187, hier: 150-151. (Die Analyse des Gebens ist mit der hier zitierten Passage aus der *Faust*-Studie nicht abgeschlossen; sie wendet sich in ihrem weiteren Gang der Verbrennung und Einäscherung alles Gegebenen zu.)
Der Hinweis auf Chrétien und sein Buch *La voix nue* (Paris 1990) hätte erweitert werden können durch die Referenz auf ein Buch, von dem Chrétiens Studie erklärtermaßen ihren Ausgang nimmt, nämlich Vladimir Jankélévitch, *Philosophie*

Aporien des voraussetzungslosen Gebens analysiert, aber es wird durch sie

---

première. Introduction à une philosophie du «presque» (Paris 1954). Dort formuliert Jankélévitch – der Heidegger nicht eben nahestand – fünf Jahre vor der Publikation von *Unterwegs zur Sprache* im Anschluß an die Bemerkung: *Celui qui fait n'est pas lui-même un étant* – ‹Der, der macht, *ist* nicht selbst ein Seiendes› – drei *métalogismes violemment paradoxaux*, die zugleich Paradoxien der Schöpfung, des ursprünglichen Machens und der Setzung sein sollen, genauer bedacht aber nur solche eines nicht-poietischen und nicht-thetischen Gebens sein können. Er beruft sich bei ihrer Formulierung auf Plotin und trifft zu dessen Erläuterung die wichtige Unterscheidung zwischen Gegebenem (*dóron*), Gebendem (*dotér*) und Gebung der Gabe (*dósis*). Seine paradoxen Metalogismen lauten: *1. Ce qui fait n'est pas ce qu'il fait;* [...] – ‹Was macht, ist nicht das, was es macht; [...]› – *2. Ce qui donne donne ce qu'il n'est pas* [...]; – ‹Was gibt, gibt das, was es nicht ist [...]›; – *3. Ce qui donne n'a pas ce qu'il donne, et inversement ce qui donne a encore ce qu'il a donné!* – ‹Was gibt, hat nicht das, was es gibt, und umgekehrt hat das, was gibt, noch das, was es gegeben hat!› – (l.c. S. 188-191) Was das dritte Paradox angeht, so stellt sich die Frage, ob die Zeitdimensionen, die es mit dem *encore* und dem *a donné* einführt, zu dem Gedanken stimmen, der eine unbedingte Vor- und Un-Zeitlichkeit des Gebens wie des Habens fordert. Was gibt, so müsste nach den Prämissen von Jankélévitch und auch von Plotin gesagt werden, *hat* niemals schon *gegeben*, und *hat* nicht *immer noch*, was es *gegeben* hat. Da es zur Gänze in seinem Geben aufgeht, ohne doch im Gegebenen zu verschwinden, *hat* es jeweils allein sein Geben, nie aber das, *was* es – in einer perfektischen oder imperfektischen Vergangenheit – gegeben hat. Das Geben steht nicht unter den Bedingungen der Zeit, die es gibt.

Weder in die Falle des hyper-ousiologischen Präsentismus noch in die der chronometrischen Zeitvorstellung geht Heidegger, der in «Zeit und Sein» vom *Es gibt* als der vierten Dimension der Zeit spricht, die weder Gewesenheit, noch Anwesenheit, noch Künftigkeit, sondern – so ließe sich abweichend von Heideggers Terminologie sagen – eine ana-chrone Zeit ‹ist›. Diese vierte Dimension gewährt der dreidimensionalen Zeit erst ihren Spielraum und bewahrt ‹sich› in jeder ihrer Dimensionen: bewahrt, so läßt sich sagen, in jeder Zeit keine Zeit. Wenn das *Es gibt* auch im *Es, die Sprache, gibt* eine vierte Dimension bezeichnet, so müsste gesagt werden können, sie *sei* in jeder Sprache keine und *habe* in jeder Sprache keine. Damit wäre nahegelegt, dass, solange die Sprache spricht, sie aus ihrem und mit ihrem Nicht-Sprechen spricht. Nichts wäre ‹logischer›, nichts ‹alogischer› – denn Sprache kann (sich) nur geben, wenn sie aus ihrem Un-sein und ihrem Un-wesen hervorgeht und als dieser Hervorgang ihr Geschehen ist. Geschieht sie aber in der Tat so, dann kann auch ihr Nichtsein nicht aufhören, mit und aus ihr zu sprechen, zu schweigen, zu verstummen. Verhält es sich so, dann muß zweifelhaft werden, ob es *ihr* Nichtsein sein kann, das in ihr mitspricht, oder ob es nicht vielmehr ein *anderes* als das *ihre* ist. Selbst das Nicht-Haben läßt sich der Sprache nicht als *ihre* Habe zusprechen. Vielleicht liegt darin das abgründigste Implikat des plotinischen Gedankens. Es ist weder von Jankélévitch, noch von Chrétien, noch auch von Heidegger erkannt worden, der zwischen 1946 und 1950 in «Der Spruch des Anaximander» zum *didónai díke* die Frage stellt: *Kann*

nicht hinreichend deutlich, dass sie Aporien einer Sprachgebung vor jeder Sprache, mithin einer Un-sprache und Un-gabe sind, die sich der Ordnung des *lógos* und der Logik, der Ordnung des Seins und der Ontologie – auch der ‹negativen› – verweigert.

«These» 55 nimmt den Faden der Bemerkungen aus «Faust, Geld» – in denen, durch den Kontext des Goethe-Kommentars, der *Enneaden* des Plotin und ihrer Ausdeutungen durch Jankélévitch und Chrétien eingeschränkt oder verdeckt, auch Heideggers Gedanke des *Es gibt* der Sprache mitsprechen mag –; diese «These» nimmt diesen Faden aus einer Vielzahl von Fäden wieder auf und verknüpft ihn mit der Beobachtung des inexpliziten Nicht, dem die «Thesen» 32-36 sqq. nachgehen, sowie mit der Bemerkung zum gegabelten Zero und der *Stellenleere*, auf die «These» 54 eingeht. Daher ist in «These» 55 von einem *nihil* die Rede, das kein *negativum* sein kann, sondern als *nihil donans* charakterisiert werden müsste. Damit ist der Übergang zu den folgenden zwei Sätzen angebahnt, die vom Geben und Nicht-Geben der Sprache handeln. Mit dem *nihil donans* ist jenes inexplizite Nicht und die Stellungs- und Setzungsvakanz angesprochen, ohne die es Sprache nicht gäbe. Sprache ist demnach zu denken als ein Nicht-Seiendes – das dennoch nicht nichts ist –, dessen Geben, sofern es gibt, nie zu einem ontologischen oder logischen Datum erstarren kann.

Sprache gibt, aber sie kann eben deshalb kein Gegebenes sein. Sie gibt Sein, aber *ist* nicht, was sie gibt, und *ist* nicht in der Weise eines Gegebenen. Sie kann, da sie das Geschehen des Gebens bleibt, auch nicht nach dem Maß des von ihr gegebenen Seins bemessen und benannt sein, *west* also nicht und *west* nicht in dem Sinn, den Heidegger als *Anwesen* charakterisiert. Da sie als schlechthin Gebende jeder kategorialen Bestimmung vorausgeht, kann es leicht in die Irre führen, wenn sie mit den Kategorien ‹notwendig›, ‹wirklich› oder ‹möglich› charakterisiert wird oder mit den Gegenbegriffen ‹zufällig›, ‹unwirklich› oder ‹unmöglich›. Weiterhin wäre es irreführend, sie in der Terminologie des kritischen und des spekulativen Transzendentalismus als die selber unbedingte Bedingung der Möglichkeit

---

es [das Je-weilige] *geben, was es nicht hat?*, und die Antwort gibt, *dieses Geben kann nur in der Weise des Anwesens beruhen.* (*Holzwege*, Frankfurt am Main 1950, S. 329) Derrida, der in Heideggers Frage eine Reprise der Frage Plotins liest (*Donner le temps 1. La fausse monnaie*, Paris 1991, S. 13, 202), ist der einzige, der schon in seinen frühesten Publikationen die damit verknüpfte Frage nach dem *proprium*, dem Eigentum und der Habe stellt, sie freilich einer Antwort zuführt, die andere Akzente trägt als die hier skizzierte, weil für ihn der entscheidende Text von Heidegger «Zeit und Sein» ist, während er sich nirgendwo auf die frühere *Es gibt*-Passage aus «Das Wesen der Sprache» bezieht.

objektiver Erfahrung zu bezeichnen. Zum einen sind diese Benennungen allein durch die Architektur von Transzendentalphilosophien zu rechtfertigen und verlieren ihren Grund, wo deren unaufgebbare Prämisse, die Ur-Setzung des Subjekts als Substanz, entfällt. Zum anderen gibt Sprache, wenn sie die schlechthin Gebende ist, keine Bedingung und keinen Grund, ohne Bedingungen und Gründe in ihrem Geben auch zu entziehen. *Donans* ‹ist› Sprache jeweils allein als *recedens*. Deshalb muß es fraglich bleiben, ob angesichts der Entzugs-Struktur des Gebens die Rede von einem Gegebenen sich überhaupt anders rechtfertigen läßt als durch den Verweis auf die Grundannahmen der klassischen und der neuzeitlichen Ontologien, die ein Geben immer nur als das eines Gegebenen zu denken erlauben. Die Sprachschwierigkeiten, die sich bei dem Versuch einstellen, das Geschehen der Sprache zu benennen oder prädikativ zu bestimmen, werden aber nicht nur durch die Grammatik und das Vokabular der Feststellungs-Philosophien ausgelöst. Sie stellen sich auch bei Wendungen der ‹natürlichen› Sprachen ein, wenn sie nicht immer wieder auf das hin befragt werden, was damit gesagt sein soll und was über das offenkundig Gesagte hinaus von ihnen noch zu sagen bleibt. So im Fall der Wendung *Es gibt*. Wenn Sprache nämlich gibt und nichts anderes ‹ist› als Geben, dann kann das, was sie aus sich entlässt, gleichfalls nur ein Gebendes, nicht aber ein Gegebenes sein. Da ihr Geben sich aber erhalten und deshalb zurückhalten muß, kann es sich niemals verausgaben, kann also kein rückhaltloses und, strictu sensu, kein Geben sein. *Es gibt* besagt demnach immer auch: *Es gibt nicht*, und besagt somit: *Es gibt – das Nichtgeben* oder *Es, das Nichtgeben, gibt*. An dieser Strukturformel für die Sprache zeigt sich, dass das, was als Geben gefasst, seiner Fassung, dem Geben, schon entglitten sein muß. Die Formel bringt nicht ein Verhältnis – und als solches einen *lógos* –, sie bringt ein Missverhältnis der Sprache zur Sprache – einen *alógos* – und legt nahe, dass dieses Missverhältnis die Sprache selbst in ihrem Geschehen, und dass sie *lógos alógos* sei. Damit wird aber fraglich, ob Heideggers Formulierung *Es, das Wort, gibt*, Bestand haben kann; und es wird fraglich, ob die Grundformel für die Sprache, die er am Ende von *Unterwegs zur Sprache* aufstellt: sie sei *das Verhältnis aller Verhältnisse*, sei also der *lógos* aller *lógoi*, die Sache trifft oder nicht vielmehr zielsicher verfehlt.[58] Präziser, und gleichwohl noch

---

58 Heidegger, *Unterwegs zur Sprache*, l.c., S. 267. – Zum Komplex und zur Komplexität des ‹Wortes›, und nicht nur des Wortes, *Verhältnis* und seiner Nachbarn *Ver-halten, ent-halten, Auf-ent-halt, epoché* etc. bei Heidegger cf. die Studie «Das Verhältnis», auf Englisch erschienen unter dem Titel «The Relation» in der Übersetzung von Roland Végső in *The New Centennial Review*, vol. 8, no. 3, winter 2008, Michigan 2009, S. 29-69.

unzureichend, wäre sie zu umschreiben als Verhältnis zum Verhältnisoffenen, Unhaltbaren. Was die Sprache bleibt, ist dies, dass sie nicht – und dass sie vor allem nicht ‹sie selbst› – bleibt.

Von diesen, immer noch vorläufigen, Überlegungen ist in die «These» 55 nur wenig eingegangen. Ihre zwei letzten Sätze sagen nur: *Es gibt für die Philologie nicht nur ein «Es gibt – Sprache»; es gibt darin auch ein «Es gibt kein ‹Es gibt – Sprache›». Es ist die Sprache, die (sich) gibt, und sie, die (sich, dieses Geben) entzieht.* Was sich für die Philologie daraus ergibt, wird hier offen gelassen. Es läßt sich aber aus dem Kontext – zum Beispiel der «These» 1 – verstehen, dass das *phileîn* nicht nur ein nachträgliches Verhältnis zu einer bereits vorgegebenen Sprache bezeichnet, sondern ein solches Verhältnis, dem sich deren Gegebenheit verdankt. Erst die *philía* gesteht zu – sie läßt zu und gibt zu –, dass etwas gegeben und dass es ihr gegeben ist. Mit dem *phileîn* ist keine psychische oder emotionale Inklination im Sinne einer *psychologia rationalis* oder auch der Psychoanalyse gemeint, sondern ein sprachliches, ein Verhalten der Sprache und, genauer, das strukturelle Hingehaltensein der Sprache, der Sprecher und der Angesprochenen zu Anderem. Da dieses Andere, dem das *phileîn* sich hingibt und das es mit seiner Hingabe allererst gibt, nie im Sinne eines Dings oder Objekts kon-ditioniert wird, kann das *phileîn* allein so gedacht werden, dass es den Entzug dessen zuläßt, das es gibt. Dieser Entzug kann nur dann als Privation, Frustration oder Enttäuschung aufgefasst werden, wenn mit der Dinglichkeit, Vorgestelltheit oder Festgestelltheit eines Gegebenen gerechnet wird, nicht aber, wenn dieser Entzug als struktureller Zug des Gebens selbst realisiert wird. Geben gibt, indem es das freigibt und sich entzogen sein läßt, dem es sich hingibt. Würde es sich anders verhalten, so wäre *philía* die sui-suffiziente Setzung eines Subjekts, eine Selbst-Substitution und ein Tausch des Selbst mit sich unter der Gestalt eines Anderen; sie wäre die Bewegung der Rückkehr zu sich, ein Selbst-Gegebenes, aber kein Geben.

Die Bewegung des *phileîn* und des *lógos* – und somit die Grundbewegung der Philologie – läßt sich mit einem seit der Antike immer wieder zitierten und vielbedachten Satz des Heraklit verdeutlichen. Er lautet lakonisch: *phûsis krúptesthai phílei* (Fr. 123). Liest man ihn im Hinblick auf das *lógos*-Verständnis des Heraklit, so kann er besagen: *lógos krúptesthai phílei,* und kann mit einem hinreichend weiten Verständnis sowohl von *lógos* als auch von Sprache sagen: Sprache neigt, (sich) zu verbergen. Da sie zu Anderem geneigt und nichts anderes als diese Neigung zu Anderem ist, gibt Sprache sich dem hin, was nicht sie selbst ist, gibt sich mithin dem, was ihrer eigenen Aufhellungstendenz entzogen bleibt, und hält sich zurück, so dass dasjenige ins Licht rückt, dem sie zugeneigt ist. Sprache entzieht sich, indem sie sich dem Gesprochenen überlässt. Sie räumt ein, ohne in dem von ihr Eingeräumten einen Platz zu finden. Sie gibt und ergibt sich und Anderes mit ihrem Entzug. Das ist Philologie: Philokryptie.

Für die Praxis der Philologie – nicht bloß der akademischen und didaktischen, sondern der halbbewussten und unbewussten der Alltags- und Allnachtsphilologie – ist damit vor allem gesagt: Es gibt keine Sprache, die nicht weiter gegeben und weitergegeben werden müsste. Keine Sprache, die das Gesagte nicht veränderte; keine, die das Sagen nicht veränderte; keine, die ein Kriterium dafür bieten könnte, dass sie – und ausschließlich sie – Sprache ist; keine Sprache, die nicht auch keine Sprache sein könnte. Da sie jeweils aufs Neue weiter gegeben wird und, in diesem Sinn, Iteration ist, muß sie in ihrer Minimalstruktur wiederholbar und als Sprache kenntlich sein; da sie in jedem ihrer Momente ein neuer Anfang ist, muß sie ein Anfang ohne Nachfolge sein, ein Initium, das seine Folgen nicht konditioniert. Da sie Iteration eines Anfangens und ohne Kriterium für dessen Anfänglichkeit ist, muß sie It*erration* sein. Sie gibt sich im Dativ – noch bevor es einen Nominativ für das Gegebene, einen Genitiv für seine Herkunft, einen Akkusativ für seinen Ausschluß oder einen Ablativ für seine Medialität geben kann –, gibt sich also ohne vorgegebene Orientierung und ohne Kriterium für die Bestätigung, Anerkennung und Konfirmation ihrer Gabe. Philologie, die dieser Bewegung entspricht, wird sich über die Minimalstruktur zu verständigen haben, die es erlaubt, sie zu wiederholen, und die es verhindert, dass sie sich zum fixen Substrat, zum ‹Kode› oder zur ‹Konvention›, zu einem ‹Typus› oder ‹Schema› konsolidiert. Allein an dieser irreduziblen Minimalstruktur kann die Philologie ihre eigenen – ihre sprachlichen – Verfahren und ihre Blockaden, ihren Spielraum und ihre Schranken, ihre Geschichte und ihre Geschichtsferne erkennen: Nur an ihr kann sie ihre Erkenntnis erkennen. Nur an ihr kann sie auch – über das in den «Thesen» 17, 76, 89-92 Gesagte hinaus – ihre Praxis definieren. Sie kann es nicht, wenn sie sprachliche Phänomene positivistisch als bloße *faits accomplis* oder konstruktivistisch als prinzipiell manipulierbare Entitäten behandelt. Sie kann es nur, wenn sie sich von dem Missverständnis, sie sei eine – empiristische, transzendentalistische, dialektische oder sonstwie modifizierte – Ontologie sprachlichen Seins, verabschiedet.

Rückhaltloser als viele vor ihm hat diesen Abschied Maurice Blanchot durchdacht und durchgearbeitet. Drei Jahre nach der Veröffentlichung von *Unterwegs zur Sprache* publiziert er 1962 mit *L'attente l'oubli* eine ebenso ‹philosophische› wie ‹literarische›, von ferne an die Geschichte von

Orpheus und Eurydike gemahnende Meditation, die unter anderem eine Antwort auf Heideggers jüngst veröffentlichte Arbeiten gibt.[59] Auf Seite 48 heißt es dort: *L'attente donne l'attention en retirant tout ce qui est attendu.* – ‹Das Warten gibt [oder gewährt] die Aufmerksamkeit, indem es alles entzieht, was erwartet wird.› Vom ersten Satz des Buchs an ist die Rede von diesem Warten im Reden, Hören, Schreiben und Lesen, im Ansprechen, Aufnehmen und Wiedergeben. Ein Modus des Wartens ist das Warten auf Antwort, das sich in der Frage artikuliert. Sie wird im ersten Absatz von Blanchots Text, vielleicht als Echo auf Valérys *Qui pleure* [...] *Mais qui pleure?* [*Wer weint?* [...] *Wer weint denn?*] in den Eröffnungsversen der *Jeune Parque* [*Die junge Parze*], als Frage nach dem, der spricht, gestellt: *Qui parle?* [*Wer spricht?*], und noch einmal dringlicher: *Qui parle donc?* [*Wer also spricht?*]– Durch Foucault ist sie in einer Beckettschen Variante später zu einer gewissen Berühmtheit gelangt.[60] Sie wird, als Frage der Philologie, wieder aufgenommen in «These» 67 und durch «Wer schweigt?» und «Was schweigt?» erweitert. – Wie der Satz: *L'attente donne* [...] *en retirant tout*, anzeigt, ist Geben eine Zurückhaltung des Gebens, die jeder temporalen Retention und jeder attentional-intentionalen Relation, wie Husserl sie denkt, vorausgehen muß. Das Geben, so kann damit gesagt sein, entzieht alles Vorgegebene, Gegebene und Erwartete derart, dass gegeben jeweils vor allem der Entzug des Gegebenen wird. Deshalb ist das Vergessen – eben dieser Entzug – die Gabe *par excellence*, aber kann es nur sein, sofern auch es selbst verborgen ist: *L'oubli, le don latent.* – ‹Das Vergessen, die verborgene Gabe.›[61] Wenn das Warten – auf eine Antwort, auf ein Ereignis, auf die Ankunft und Anwesenheit einer Gestalt sei's der Welt, sei's der Sprache – wohl die Aufmerksamkeit und die Spannung auf das Erwartete gibt, damit zugleich jedoch dieses selbst entzieht, so ist gegeben immer allein das, was im Modus des Verzugs, der Vorenthaltung und der Zerstreuung gegeben ist: als das, was nur ‹ist›, weil es ungegeben ist. Gegenwärtig sein kann nur, was in der Frage nach ihm und im Warten auf es ungegenwärtig

---

59 Maurice Blanchot, *L'attente l'oubli*, Paris 1962. – Im selben Jahr wie Heideggers Sprach-Buch war 1959 auch *Gelassenheit* mit dem wichtigen ‹Feldweggespräch› «Zur Erörterung der Gelassenheit» (von 1944/45) erschienen, in dem der Begriff des Wartens ein Verhalten charakterisiert, das nicht *Er*wartung oder Antizipation ist. – Eine kurze, später überarbeitete Passage aus einer Frühfassung von *L'attente l'oubli* hatte Blanchot unter dem Titel «L'Attente» bereits 1959 in der Festschrift *Martin Heidegger zum siebzigsten Geburtstag* publiziert (S. 217-224). – Zu Heideggers und Blanchots ‹Warten› cf. infra.

60 Cf. Michel Foucault, «Qu'est-ce qu'un auteur?», in *Dits et Écrits I*, Paris 1994, S. 792.

61 Blanchot, *L'attente l'oubli*, l.c., S. 87.

bleibt. Ungegeben und ungegenwärtig ist aber jeweils zunächst und vor allem Anderen die Sprache. Sie ist es, die bei Blanchot Warten, und sie, die Vergessen heißt.

Noch der Name aller Namen, der Name des Seins, kann nur ein Name für das Vergessen sein. Derrida erinnert in *Donner le temps* an diesen Gedanken – freilich indem er ihn in seinen Gegensinn verkehrt –, hat aber, so deutet er an, seinen genauen Wortlaut und noch seinen Ort in der Schrift von Blanchot, die ebenfalls vom Geben und vom Geben der Zeit handelt, ‹vergessen›: *L'être est encore un nom pour l'oubli.* – ‹Das Sein ist noch ein Name für das Vergessen.›[62] Was *noch* und *noch immer* ein Name *für* das Vergessen und also für ein dem Vergessen verfallendes Vergessen ist: *das Sein* bleibt im Wort bewahrt: *l'oubli demeure en une parole* – ‹das Vergessen bleibt in einem Wort bewahrt›[63] –, und somit bleibt in der Sprache das Vergessen als Name des Seins *und* bleibt als Vergessen dieses Namens bewahrt: wie Warten bleibt Vergessen ein Name für keinen Namen und eine Sprache für keine. Sein bleibt, dank der Gabe des Vergessens, ohne Sein. *Le présent que leur ferait l'oubli: la présence libre de tout présent, sans rapport à l'être, détournée de tout possible et de tout impossible.* – ‹Das Geschenk, das Gegenwärtige, das ihnen das Vergessen gäbe: die Gegenwart frei von allem Gegenwärtigen, ohne Verhältnis zum Sein, abgewandt von allem Möglichen und allem Unmöglichen.›[64] Und weiter: *présence immobile détournée de la présence* – ‹unbewegte, von der Gegenwart abgewandte Gegenwart›.[65] Ob man nun *présence* mit Gegenwart, Anwesenheit oder Anwesen übersetzt, Blanchots Formulierung berührt ein Extrem von Heideggers Zeit- und Sein-Analysen, die im «Spruch des Anaximander» in dem Merksatz resümiert werden: *Das Sein entzieht sich, indem es sich in das Seiende entbirgt.*[66] Blanchot macht deutlich, dass noch diese Aussage über das Sein und seinen Entzug unter den Bedingungen dieses Entzugs steht und ihre Triftigkeit zum einen von diesem Entzug empfängt, zum anderen aber an ihn verliert. Als ‹Gegenwart frei von allem Gegenwärtigen› ‹ohne Bezug zum Sein›, und als Anwesenheit, die von der Anwesenheit abgewandt ist, sagt sie in ihrer Adresse an Jemanden wie in ihrer Referenz auf Etwas und in ihrer Selbst-Referenz zunächst ihre ‹eigene› Nichtexistenz.

---

62 L.c., S. 69. – Von Derrida zitiert in *Donner le temps 1*, l.c., S. 38: *Blanchot dit aussi, à peu près, que l'oubli est un autre nom de l'être* [*Blanchot sagt ungefähr auch, das Vergessen sei ein anderer Name des Seins*].

63 Blanchot, *L'attente l'oubli*, S. 69.

64 L.c., S. 103.

65 L.c., S. 154.

66 Heidegger, *Holzwege*, l.c., S. 310, 311.

Sprache, wie sie im Text von Blanchot erfahren wird, ist die Lösung vom Gegenwärtigen und seiner Gegenwart, Ablösung der Sprache von ihr selbst, Befreiung des Anwesens vom Anwesen, Sein des Ohne-Sein. Doch auch diese Sprache *sans rapport à l'être* spricht noch, spricht ohne sich selbst und ihr Gegenwärtigsein, spricht, indem sie nicht spricht: *parlant-ne parlant pas, dans un même mouvement* – ‹sprechend-nicht sprechend, in ein und der selben Bewegung›[67] –, *parlant, différant de parler* – ‹sprechend, vom Sprechen verschieden, das Sprechen verschiebend›[68]. Sprache spricht also *aus* der Differenz zu sich selbst, spricht *als* diese Differenz und spricht, indem sie spricht, ihr Nicht-Sprechen. Während einer der umstrittensten Sätze Heideggers lautet: *Die Sprache spricht*[69], könnte der Satz bei Blanchot, ohne dem von Heidegger zu widersprechen, nur lauten: ‹Die Sprache spricht – nicht›. Paradox wie diese Wendungen von einer nicht-sprechenden, ihr Nicht sprechenden, ihr Sprechen aufschiebenden Sprache – und die analogen Wendungen, mit denen Derrida die *archi-écriture* charakterisiert – anmuten mögen, sie sind hypo-paradox, sofern sie jeder Logik vorausgehen, die es untersagen könnte, ein und derselben Sache kontradiktorische Prädikate beizulegen. Das Geben der Sprache bleibt von dieser Logik frei, da es frei bleibt von einem als Selbst-Gegenwärtigkeit und Selbst-Besitz gedeuteten Sein, und frei von der Obsession, sein eigener Grund zu sein. Deshalb – und also aus der Struktur des Gedankens einer schlechthin gebenden, aber eben darum sich verweigernden Sprache, nicht aber aufgrund irgendwelcher ‹Einflüsse› aus der antiken oder zeitgenössischen philosophischen Diskussion[70] – sagt einer der Protagonisten von Blanchots *L'attente l'oubli*, und ‹zitiert› damit ein weiteres Mal eine Version des plotinischen Satzes vom Geben des Nichtgehabten: «*Je ne puis vous donner ce que je n'ai pas.*» – ‹«Ich kann Ihnen nicht geben, was ich nicht habe.»› – und bekommt darauf die Antwort: «*je vous le demande* […], *je vous le demanderai jusqu'à la fin.*» – ‹«ich bitte Sie darum […], ich möchte Sie darum bitten bis ans Ende.»›[71]

---

67 Blanchot, *L'attente l'oubli*, l.c., S. 93.

68 L.c., S. 111.

69 Heidegger, *Unterwegs zur Sprache*, l.c., S. 12.

70 Was nicht ausschließt, sondern vielmehr erst ermöglicht, dass Blanchot die Formel ‹Geben, was man nicht hat› durch Lacan kennengelernt hat, der sie in «La direction de la cure», zuerst publiziert 1961 – also zur Zeit der Niederschrift von *L'attente l'oubli* – in *La Psychanalyse* (vol. 6), zur Charakterisierung der Liebe gebraucht (*Écrits*, Paris 1966, S. 627).

71 Blanchot, *L'attente l'oubli*, l.c., S. 112.

Dies Fragment eines Monologs mit verteilten Stimmen spricht von dem, was in den *Thesen* ‹Philologie› heißt: vom Verlangen nach einer Sprache ohne das Vermögen, ohne die Macht, ohne das Wesen, ohne die Anwesenheit der Sprache. Die Bewegung der so verstandenen Philologie wird ebenso in dem späteren, doppelwendigen Titel von Blanchots Buch erkennbar, das *Le pas au-delà* heißt und von einem Schritt in ein Jenseits spricht, das kein Jenseits ist.[72] Und wiederum später wird die Bewegung der Philologie erkennbar in dem Titel: *L'entretien infini* – ‹Die unendliche Unterhaltung›, der unendliche Aufenthalt im Zwischen, die Relation ohne gegebene Relate. Diese Wendungen sind, recht verstanden, genauer, sie sind analytischer und reichen weiter in den Komplex dessen hinein, was Sprache heißt, als die Bedeutungs- oder Funktionszuschreibungen es sein können, die unter dem Namen Philologie fragwürdigste Traditionsbestände der antiken und mittelalterlichen Substanzialismen und der neuzeitlichen Subjektivismen bedienen.

Derrida hat eine ‹Grammatologie› geschrieben, keine ‹Philologie›. Aber jene ‹Grammatologie›, wie sie in *La Dissemination*, *Glas*, *Donner le temps* und zahllosen früheren und späteren Werken entwickelt wird, betreibt eine der rückhaltlosesten und zugleich diskretesten Philologien, die sich finden lassen. Sie wäre keine *andere* und wäre keine andere *Philologie*, wenn sie sich darauf reduzierte, die *seine* zu sein, seine *eigene* gewesen zu sein und mit seinem Eigennamen, und ausschließlich diesem, identifizierbar zu bleiben. Derrida wäre nicht Derrida, wenn er bloß «Derrida» wäre und nicht insistent wie kaum ein anderer die Prämissen und Effekte seines und jedes Namens untersucht hätte.

Mit einigen inexpliziten ‹Zitaten›, die allesamt auch *Um*schreibungen sind, erinnern die *Thesen* – unter anderem – an die Vor-Geschichte der in ihnen diskutierten Theoreme und der mit ihnen verbundenen Namen, an die Vor-Geschichte damit auch dessen, was keiner empirischen Geschichte angehört: an das, was in ihnen *nihil donans* heißt und was von Derrida, von Blanchot, von Chrétien, Lacan, Jankélévitch, Heidegger, Goethe, Proklus, Plotin, Heraklit und zahllosen Ungenannten und Namenlosen vor, gleichzeitig mit und nach ihnen auf jeweils verschiedene Weise angenommen und umgedeutet, verweigert und weitergegeben wurde – ohne jemals auf diesen ‹Namen› zu hören, ohne eines Namens zu bedürfen, ohne einen Namen, der sein eigener oder auch nur für es geeignet wäre, tragen zu können.

Philologie, wer weiß, könnte ein anderer Name, zum Beispiel, für das sein, was Derrida Dekonstruktion genannt hat. Aber der bloße Name – der

72 Hinrich Weidemann hat für seine Übersetzung von Blanchots *Le pas au-delà* die schöne Formulierung *Jenseits Weg* gefunden (Berlin 2006).

eine wie der andere – besagt nicht viel. Er gibt zu denken, ist jedoch kein Etikett für eine sterile Theorie. Philologie ist eine nicht weniger singuläre als plurale Praxis. In jeder *Um*benennung ist sie eine Praxis der *Ent*nennung.

Philologie ist diejenige Praxis der Sprache, die mehr – und also Anderes – als alles Gesagte sagt. Es gäbe sie nicht, wenn es sie schon gäbe.

VIII
I know noble accents
And lucid, inescapable rhythms;
But I know, too,
That the blackbird is involved
In what I know.

Einer der stärksten Sätze in den Antworten auf die *Thesen* lautet: *A poem is not language.* [*Ein Gedicht ist nicht Sprache.*] (68) Er ist vermutlich einer der kühnsten, die jemals über Dichtung, Sprache und ihr Verhältnis zueinander aufgestellt worden sind. Die Begründung, die Sean Gurd, dem dieser Satz zu verdanken ist, in «Catch a wave. Sound, Poetry, Philology» für ihn gibt, läßt sich aber kaum halten.

Der Satz, ein Gedicht sei nicht Sprache, geht in Gurds Darstellung von einem Begriff von Dichtung aus, der sie, an Jakobsons Thesen in «Linguistics and Poetics» orientiert, durch die strenge Symmetrie zwischen den beiden Prinzipien der Sprache, der Selektion und der Kombination, definiert. *The principle of equivalence* soll in der Dichtung *from the axis of selection into the axis of combination* projiziert sein und somit die gesamte Struktur ihrer Sprache determinieren. Die Verbindung zwischen Laut und Bedeutung, die die Sprache zur Sprache macht, dieser *sound-meaning nexus* [*Klang-Bedeutungs-Nexus*] ist nach Jakobson *a simple corollary of the superposition of similarity on contiguity* [*ein bloßes Korollar der Überblendung von Kontiguität durch Ähnlichkeit*].[73] Damit ist nun aber behauptet, dass Dichtung nicht nur die kompakteste, sondern die strukturell erfüllteste Sprache ist, da sie die Kontingenz des Laut-Bedeutung-Nexus ganz unter das Prinzip der Äquivalenz bringt. Entspräche sie dem Jakobsonschen Theorem, dann müßte Dichtung eine harmonische Sprachwelt bieten, deren phonetische Dimension mit ihrer semantischen zusammenstimmt, ohne eine bemerkenswerte Lücke, einen Misston oder Widersinn zuzulassen. Gurd knüpft an diese Konstruktion den berechtigten Verdacht, Jakobsons Begriff von Sprache und von Dichtung sei dazu angetan, die

---

73 Roman Jakobson, *Style in Language*, Cambridge 1960, S. 371-372.

eine wie die andere zu einem *object of linguistic science* zu disponieren. Wenn, wie es in der Dichtung von Homer bis heute geschieht, die kognitiv-semantische Funktion der Sprache kollabiert und ihre ‹materielle Ebene› nur die Spuren dieses Kollapses verzeichnet, dann läßt sich Dichtung, so argumentiert Gurd, nicht mehr nach dem Koordinationsschema Jakobsons strukturiert denken. Denn, so schreibt er, *poetry uses language in ways that fundamentally subvert linguistic self-evidence* [*dadurch, wie Dichtung Sprache gebraucht, wird sprachliche Selbstgewißheit von Grund auf subvertiert*]. (68)

Aber ist die von Gurd gemeinte Subversion Subversion genug, um diesen Namen zu rechtfertigen? In seiner Replik auf Charles Segals Kommentar zu Sapphos *phaínetaí moi*-Fragment (fr. 31) konzediert Gurd zwar, dass das Gedicht *descends into eros as the negation of form* [*zu Eros als zur Negation der Form absteigt*], bezweifelt aber, dass *it comes all the way back* [*es von dort auch wiederkehrt*]. (71) Den Beleg für die Überwältigung der Form durch das Formlose des Eros findet er in der Überwältigung der Stimme in Sapphos Gedicht durch das *humming* [*Summen*] in den Ohren der Sprechenden. Die Konsequenz, die er aus diesem und anderen Elementen des Textes zieht, lautet: *the poem's sonorousness is the material correlate of its theme* [*die Klanglichkeit des Gedichts ist die materiale Entsprechung seines Themas*]. (71) Mit dieser Formulierung übernimmt Gurd aber unbemerkt Jakobsons Axiom vom *sound-meaning nexus* [as] *a simple corollary of the superposition of similarity on contiguity* [*Klang-Bedeutungs-Nexus [als] einem bloßen Korollar der Überblendung von Kontiguität durch Ähnlichkeit*], dem er entgegentreten will. Thema und Laut stimmen überein, wenn das Thema ein asemantisches Rauschen ist, das in der Phonetik des Gedichts als ein ebensolches Rauschen zu hören ist. Wenn also semantische und somatische Elemente der Sprache zusammenstimmen, dann findet noch die tiefste Verstörung von Erkenntnis und Selbsterkenntnis in der Verstörung des Klangs ihr Äquivalent. Eine Disharmonie, die *als* Disharmonie bezeugt wird, ist, formal, harmonisch und kann deshalb kaum anders, als Segal es tut, nur als eine im Hegelschen Sinn ‹aufgehobene›, nämlich sowohl getilgte wie zu sich selbst gebrachte, mit sich selbst harmonierende Disharmonie aufgefasst werden. Die Subversion der Sprache, die Gurd gegen Segal und mehr noch gegen Jakobson zu behaupten versucht, scheint nur eine andere Version der Sprache zu sein, die sich in der Erzeugung und Konstatierung von Äquivalenzen beständig selbst stabilisiert.

Damit es aber überhaupt so etwas wie eine Ausgleichung, eine Balancierung und Harmonisierung geben kann, muß es zunächst eine Disparität und sogar eine Verhältnislosigkeit zwischen den somatischen und semantischen Sprachelementen und also das geben, was für Jakobson nicht in die Grundstruktur der Sprache integriert werden kann. Gurd spricht von dieser Disparität als *a radical disjunction between the sense of the line and its sound* [*einer radikalen Disjunktion der Bedeutung der Zeile von ihrem Klang*]. Sie wird zum Beispiel von den drei Laut-Elisionen im letzten Vers der zweiten Strophe Sapphos markiert, in dem vom Verstummen der Stimme des Gedichts gesprochen wird. Erstaunlich ist nun aber Gurds Deutung jener Disjunktion. Er schreibt nämlich: *More sound than meaningful utterance, the line offers only a fragment of sense* [*Mehr Klang als bedeutsame Äußerung, bietet die Zeile Sinn bloß fragmentarisch*]. (72) Damit wiederholt er die These von der Präponderanz des Klangs vor dem Sinn, die er zuvor aufgestellt hatte, aber damit widerspricht er zugleich der Beobachtung, in der diese These ihren Grund finden soll. Durch die Elisionen wird der Klang ausgespart und, wie Gurd ausführlich darlegt, zum Verstummen gebracht – er wird, wenn man näher beim griechischen Text bleibt, abgewürgt –, während die Bedeutung auch der verminderten Worte unzweifelhaft klar bleibt. Die Charakterisierung des fraglichen Verses könnte demnach in die Umkehrung von Gurds Satz gefasst werden: More meaningful utterance than sound, the line offers only a fragmentary phonetic realization of sense [Mehr bedeutsame Äußerung als Klang, bietet die Zeile bloß ein Fragment phonetischer Verwirklichung von Sinn]. Doch damit würde deutlich, dass von einer konventionell und im Sinne Jakobsons und Segals verstandenen ‹Bedeutung› nur dann die Rede sein kann, wenn sie ihr ‹Äquivalent› in ihrer klanglichen, morphologischen und grammatischen ‹Realisierung› findet. Dass sie es in Sapphos Vers nicht tut, wird zwar durch seinen semantischen Gehalt explizit motiviert, aber dieser Gehalt wiederum fordert, dass nicht nur weniger als bedeutet, sondern gar nichts verlauten würde: das Gedicht müßte, *strictu sensu*, noch vor oder mit dem Vers, der vom Verstummen spricht, selber verstummen. Die Disjunktion zwischen *sense* und *sound* ist demnach – in jedem Sinn von ‹Sinn› – zunächst eine Disjunktion zwischen *sense* und *sense*. Diese Disjunktion des Sinns, des somatischen und sensorischen, des semantischen und epistemischen Sinns, reißt in der Sprache immer dort auf, wo sie auf die Grenzen der Sprache – auf leibliche Regungen und die Regungen des Gefühls, auf den Widerstand der Sprachen Anderer, auf sinnliche Realitäten und das reale Irrealisierbare schlechthin, den Tod – stößt, und diese Grenzen dennoch überschreitet.

So spricht die Stimme in Sapphos Gedicht im Präsens noch über die Grenze ihres Verstummens hinaus; sie läßt ihr Verstummen, dem Laut zu geben sie unvermögend ist, dennoch verlauten, und bedeutet, was sie bedeuten nicht kann, dennoch.[74] Das heißt aber, dass sie ihr Nicht-Verlauten verlautet, ihr Nicht-Bedeuten bedeutet, ihr Nicht-Sprechen spricht. Und das heißt weiter, dass sie *mit* dem Nicht ihres Sprechens, ihres Bedeutens und Verlautens spricht. Und wiederum weiter, dass sie mit dem Nicht ihres Sinns, des somatischen und semiotischen, spricht. Da dieser Sinn in Sapphos Gedicht sich allein aus dem Eros ergibt; da erst dieser den Blick auf Gestalten, die Stimme für ihre Beschreibung und die Erfahrung von Gefühlen freigibt, gibt es in diesem Gedicht nichts, das nicht vom Eros her gesagt, erblickt und erfahren wäre. Eros, der alles freigibt, versagt aber dem Freigegebenen, in ein harmonisches, reziprokes Verhältnis zu ihm zu kommen, und verwehrt deshalb alles Verlauten, Erblicken und Fühlen: die Stimme versagt, der Blick erblindet, das Gehör ertaubt und die Redende erscheint sich selbst nahezu tot. Schroff formalisiert: Eros ist eine Sinn und Sinne verleihende und in ihrer Verleihung sie entziehende Gewalt. Von dieser Gewalt und von ihr *her* kann nur sprechen, wer aus der Erfahrung ihres Entzugs spricht. Deshalb verstummt Sapphos Gedicht nicht, sondern spricht *mit* dem Verstummen seines Sprechens, spricht nur so auch *von* ihm und spricht *über* es hinaus. Seine semiotische Dimension verfällt nicht der blanken Sinnlosigkeit, seine somatische nicht dem unsinnlichen Rauschen, da die eine sich in der anderen und mit dieser artikuliert. Es verhält sich also nicht so, dass ein Laut einer präexistenten Bedeutung aufgesetzt würde – *superposition* ist Jakobsons Wort – oder ein Bedeutungsprinzip auf ein Lautbildungsprinzip – wiederum nach Jakobsons Wort – *projiziert* würde, denn Bedeutung und Laut entspringen beide einem Antrieb, der sich sowohl der Bedeutung als auch dem Laut verweigert. Kein Sinn wird somatisiert, kein Laut semantisiert; beide sind Phänomene des Übergangs zu dem, was beide nicht sind, nie waren und nie zur Gänze geworden sein können: *Allo*somatisierung, *Allo*semantisierung und also *Allo*logisierung, die keinen bestimmbaren Anfang hat und kein Ende, das ihr Ziel sein könnte. Sprache spricht aus ihrem Dis-sens. Sie spricht nicht mit Lauten und koordinierten Bedeutungen, sie spricht mit Anderem – mit Lautlosem und Unbedeutsamem –, das nicht *ihr* Anderes oder das Andere *ihrer selbst* sein kann, weil es nicht *ist* und nicht allein für *sie* ist. In diesem Sinn, der sich von jedem Sinn löst, kann es im letzten, fragmentarisch überlieferten

---

74 Dieses Paradox wird auch in einer der detailliertesten neueren Arbeiten zu Sapphos Fragment nicht als solches erkannt, weil das Präsens des Gedichts als Präsens der Erinnerung statt der aktuellen Erfahrung gedeutet wird, in Gyburg Radke, *Sappho Fragment 31 (LP). Ansätze zu einer neuen Lyriktheorie* (Stuttgart 2005, S. 44, passim).

Vers von Sapphos Gedicht von Allem als Anderem neutral heißen: *allà pân tolmatón* ... – ‹Aber alles ist zu tragen ...›. Dieses Tragen – oder dieses Wagen – ist die Sache der Philologie, der Phil*allo*logie, der Phil*a*logie. Sie könnte, mit Bezug auf die Dichtung der Sappho, eine Erotik der Sprache heißen.

Jakobson operiert in seinem Zwei-Achsen-System der Sprache mit der Prämisse, dass Laut und Sinn, Selektion und Kombination selbständigen ‹Prinzipien› gehorchen. Er modifiziert seinen cartesianischen Dualismus, indem er Projektionen, Interferenzen und damit einen Schnittpunkt zwischen beiden erlaubt, von dem offen bleibt, welchem der beiden ‹Prinzipien› und ob er überhaupt einem von beiden untersteht. Sean Gurd deutet diesen Punkt, auf dessen problematischen Status in «These» 54 hingewiesen wird, als nicht-sprachliches Substrat der Sprache: *This zero-point*, so schreibt er, *is no longer language but an all-too tangible materiality* [*Dieser Null-Punkt is nicht länger Sprache, sondern allzu fühlbare Materialität*]. Und er fährt fort: *It is from this self-positing space that the «projection» of the principle of equivalence from one axis to the other happens* [...] [*In diesem selbstgesetzten Raum geschieht die «Projektion» des Äquivalenzprinzips beider Achsen aufeinander*], und bringt im folgenden Satz mit dieser ‹Projektion› den Satz aus «These» 47 in Zusammenhang, in dem es heißt: *philology is the event of the freeing of language from language* [*Philologie ist das Ereignis der Freilassung: der Sprache von Sprache*]. (69) Es mag dahingestellt bleiben, ob ein Punkt ein Raum ist, aber nach jedem kuranten Verständnis ist weder der eine noch der andere von *tangible materiality*. Gewiß ist auch, dass keiner von beiden als *self-positing* charakterisiert werden kann oder, wenn das gemeint sein sollte, als vorgegeben. Da Gurd aber keinen Zweifel daran läßt, dass dieser Raum das *acoustic substrate of speech* [*das akustische Substrat der Rede*], das *plastic material* [*plastische Material*] (66) von *auditory phenomena* [*Höreindrücken*] (73) sein soll, deren *sonic presence* oder *audible presence* [*klangliche* oder *hörbare Präsenz*] (66) in seinen *complex vibratory temporalities «beneath» or beyond* [*language*] [*vielschichtig vibrierenden Zeitlichkeiten «unterhalb» oder jenseits* [*von Sprache*]] (68) durch die Arbeiten von Homer, Sappho oder Alvin Lucier zur Erscheinung gebracht werden, muß dennoch gefragt werden, in welchem Sinn dieses *acoustic substrate* und in welchem Sinn irgendein anderes Substrat für die Sprache irreduzibel und vermöge seiner Irreduzibilität für sie konstitutiv sein kann. Wenn Gurds Satz: *A poem is not language*, und wenn der Satz von der Freilassung der Sprache, der ihm von Gurd an die Seite gestellt wird, verständlich werden sollen, muß zunächst geklärt werden, was mit ‹Sprache› gemeint sein soll und welche elementaren Züge für sie unverzichtbar sind.

Spätestens seit Aristoteles' Schrift *Peri hermeneias* wird angenommen, dass kein Wort einer Sprache ‹von Natur› – *phýsei* – ein Wort ist, sondern dass es nur durch wandelbare Konventionen – *katà synthéken* – als solches definiert wird. Die stimmliche Verlautung ist nicht charakteristisch für ein Wort, denn sonst – so das bestreitbare Argument von *Peri hermeneias* (16a 29) – wären auch die Laute von Tieren Worte. Wenn aber Sprache ein durchweg synthetisches Gebilde ist, das allein durch Konventionen erzeugt und durch Konventionen verändert wird, dann ist der Laut nicht konstitutiv für die Sprache. Er kann durch andere Konventionen abgelöst, ersetzt und seinerseits arbiträr bezeichnet werden, die, wie die Schrift, keiner Verlautung bedürfen. Laute mögen, wie Gurd schreibt, das *acoustic substrate of speech* sein, sie sind nicht das der Sprache. Stumme und Taube verständigen sich durch Schrift, Gesten oder Blicke, denen niemand ihren sprachlichen Charakter bestreiten wird. Farben, Düfte, Geschmäcke und durch das Getast erspürbare Stoffe können nicht weniger zur ‹symbolischen›, also sprachlichen Verständigung gebraucht werden als die Anlage von Gebäuden und Straßen, die Gestaltung von Gärten, die topographischen Besonderheiten von Landschaften. Alles, kurzum, was sich als sinnlich erfahrbares Substrat darbietet, kann als Substrat der Sprache herhalten, aber kann es allein dann, wenn die von Aristoteles kanonisierte Bedingung gilt, dass es zu einem solchen Substrat nicht von sich aus, nicht ‹von Natur›, sondern durch Konvention, *katà synthéken*, wird.

Das einzige ‹Substrat› der Sprache wäre demnach gesellschaftliche Übereinkunft. Die Frage, wie es zu dieser Übereinkunft kommen kann, hat Aristoteles weder gestellt noch beantwortet. Es ist aber ein Implikat der von ihm konstatierten Disjunktion zwischen Erleidnissen und Verlautungen, Verlautungen und Schriftzeichen, dass Konventionen ein ‹symbolisches› Substitut für fehlende ‹natürliche› Verbindungen sind, dass jedoch die Diversität dieser Konventionen den Mangel an Kohärenz zwischen ihnen und den Mangel an interner Konsistenz jeder einzelnen bezeugt. Konventionen müssen einen Mangel nicht nur der ‹Natur›, sie müssen einen Mangel dieser Konventionen selbst komplettieren, und müssen es mit Mitteln tun, die nicht anders können, als den Mangel, den sie ausgleichen sollen, zu perpetuieren oder zu vergrößern. Wenn also Konventionen – *synthêkai*, *sýmbola* und ihre *synthéseis* – das einzige irreduzible Substrat der Sprache sind, dann hat sie keines, von dem auch nur ein einziges ihrer Elemente zusammengehalten werden könnte. Ihr *syn-*, *con-* und *cum* ist, wie in den

«Thesen» 1-2, 38-40 sqq. nahegelegt wird, ein Mit-ohne-Mit. Was an Konventionen irreduzibel erscheint, steht jederzeit und allerorten weiteren ‹Reduktionen› offen.

An der Fragilität von Konventionen wird nur deutlich, dass sie geschichtlich und geschichtsoffen sind, nicht aber, dass es sie nicht gibt. An der Präkarität des Substratcharakters von Sinnesphänomenen wird klar, dass keine reinen Perzepte die Grundlage sprachlicher Modellierung bilden, nicht aber, dass es Sinnesphänomene überhaupt nicht gibt. *Wie* es sie ‹gibt›, das läßt sich leichter als an den philophonetischen Beispielen, die Gurd heranzieht, an einem Extremgebilde der neuen Musik erkennen, das die Sprachlichkeit oder, um eine von Adorno empfohlene Distinktion aufzugreifen[75], die Sprachähnlichkeit der Musik an eine äußerste Grenze führt. In der Komposition mit dem Titel *4'33"* hat John Cage die Anweisung *Tacet*, die traditionell das Schweigen einzelner Stimmen oder Instrumente fordert, über allen drei Sätzen des Stücks notiert und damit für die Dauer der Aufführung jeder Stimme und jedem Instrument Schweigen geboten. Zu hören gegeben wird also die Stimm- und Lautlosigkeit dessen, was zu verlauten bestimmt ist, aber schweigt, um andere Stimmen oder Laute hören zu lassen. In *4'33"* wird geschwiegen, nicht nur um andere Stimmen oder Instrumente, sondern um die Stille vernehmbar zu machen, die in Kompositionen den Fond der Musik bietet und nur an ihren Gelenkstellen und, deutlicher, in ihren Pausen sich meldet. Völlig unabhängig von den weiteren Intentionen, die Cage mit seinem Arrangement verbunden haben mag, verhält es sich also so, dass hier die Stille komponiert ist. Sie wird nicht etwa als natürlicher Rohstoff dem Hören dargeboten, sondern aufgeführt in einem konventionellen musikalischen Szenario, mit einer zwar variablen, aber chronometrisch exakt angegebenen Dauer – vier Minuten und dreiunddreißig Sekunden –, mit einem oder mehreren Instrumenten und somit ohne einen Zweifel daran zu lassen, dass das, was zu Gehör gebracht wird, Musik ist. Die Stille, kurzum, wird gespielt. Sie wird nicht vorgetäuscht, sondern eigens *als* Stille exponiert. Und dennoch bleibt sie inexponibel. Sie gehört nicht zu dem, was als Gegebenes oder Vorhandenes, als sensorisches Geschehen oder bedeutsame Auskunft mitgeteilt wird und kann in keinem Sinn als positive Anwesenheit der Stille überhaupt aufgefasst werden, sondern allein als Spiel *dieser*, einer musikalisch komponierten Stille, die sich in *dieser* selbst dekomponiert und der Vergegenständlichung entzieht. Es wird nichts gesagt oder sprachähnlich dargeboten, doch eben dies: *dass*

75 Cf. T.W. Adorno, «Musik, Sprache und ihr Verhältnis im gegenwärtigen Komponieren», in *Musikalische Schriften I-III* (*Gesammelte Schriften 16*), Frankfurt am Main 1978, S. 649-664.

nichts gesagt wird, wird musikalisch gesagt. Mit dieser Stille spricht die Musik von Cage, indem sie mit ihrem Nichtsprechen spricht, ohne Gewissheit darüber zu bieten, dass es ihr *eigenes* und allein *ihr* Nichtsprechen ist. Dieses Nichtsprechen läßt hören, doch wie das Hören zwar hören läßt, aber *sich* nicht hören läßt, so läßt das Nichtsprechen hören, ohne *sich* als ein vorhandenes Etwas hören zu lassen. *4'33"* kann, im weitesten Wortsinn, keine Resonanz finden.

Zu den nicht weiter reduziblen Elementen der Sprache und des Sprachähnlichen gehören mithin nicht solche somatischen Phänomene, die als Botenstoffe eines mit ihnen korrelierten Sinnes fungieren oder von dieser Funktion sich lösen, um als Signifikanten ohne Signifikate Eindruck zu machen. Zu diesen Rudimenten gehören *a limine* allein solche Phänomene, die sich auf ein Aphänomenales öffnen, das weder mit den Sinnen vernommen noch mit Sinn und Bedeutung verknüpft werden kann. Die fundamentale, affundamentale Struktur der Sprache beruht in der Exposition des Inexponiblen, der Ex-position aller ihrer positiven Elemente, der Freigabe der Sprache durch die Sprache. Da keine Sprache ohne Schweigen, Stille und Stummheit auskommt, muß eingeräumt werden, dass auch diese, die nicht ‹gehört› werden können, zur Sprache gehören, und zwar nicht als sprachlos präsente Sinnesdaten, sondern als *Ent*sprechung der Sprache, der durch sie geöffneten Sinne und des von ihr konsensuell umschriebenen Sinns. Irreduzibel an der Sprache ist allein die von ihr betriebene Reduktion auf das, was sie nicht und was keines ihrer Elemente ist. Ihr einziger Sinn liegt in ihrer Sinn-Offenheit.

Wenn Gurd behauptet, er folge in seiner philologischen Untersuchung dem *drift* der Sprache *towards an intransigent periphery* [*an eine unnachgiebige Peripherie*] (78), die für ihn vom *sound* gezogen wird, so ist dagegen zu bedenken, dass eine solche Lautperipherie nicht undurchdringlich bleiben kann, wenn selbst in dem von Gurd eindrucksvoll kommentierten Gedicht der Sappho just dieser *sound* erstirbt. Wenn er behauptet, dass Philologie nach der Darstellung der *Thesen works at the hollow core of language* [*im hohlen Herz der Sprache wirkt*] (78), so ist dagegen zu erinnern, dass für die *Thesen* ein solcher *core*, nämlich ein Zentrum jener Peripherie, nur eine linguistizistische – eine szientifische und ontologische – Konstruktion ist, die der Für-Struktur der Sprache nicht gerecht werden kann. Die Zero-Funktion, von der Jakobson spricht, ist keine Leere, sondern deren positive Markierung; die *Stellenleere*, von der «These» 54 spricht, ist keine geometrisch verortbare Leere, sondern eine solche, die allen Stellen und allen Leerstellen allererst einen – nicht-geometrischen – Raum öffnet. Deshalb kann im Spielraum der *Thesen* auch Gurds gewichtiger Satz: *A poem is not language*, weder der Dichtung noch der Sprache gerecht werden. In ihrem Kontext müßte der Satz lauten: ‹A poem is language ex-posed.› [Ein Gedicht ist aus-gesetzte Sprache.] Er ist in einem ähnlichen und ähnlich komplexen Sinn zu nehmen wie Celans: *La poésie ne s'impose plus, elle s'expose* [*Die Dichtung drängt sich nicht mehr auf, sie setzt sich aus*].[76]

Wenn Dichtung Sprache *in extremis* ist, dann ist auch von der Sprache überhaupt zu sagen, dass sie sich jeweils – in jedem ihrer Momente und jedem ihrer Elemente – schon nicht mehr in der Ordnung der Setzungen und Phänomenalisierungen hält, die es ihr gestattet, eine Konvention und die Konvention aller Konventionen zu sein, und dass sie in jedem ihrer Momente und Elemente anfängt, anderes als Setzung und Phänomenalisierung zu sein, und anfängt, immateriell, informell, in freien Rhythmen, allosemiotisch, allosomatisch in ihr – und nicht nur *ihr* – Nicht überzugehen. Deshalb gibt es kein Diesseits und kein Jenseits der Sprache. Auch das, *was* sie nicht ist, und dies, *dass* sie nicht ‹ist›, gehört ihrem Geschehen *noch*, sei's auch im Modus des Noch-*Nicht*, an. Als fortgesetzte *Freilassung der Sprache von der Sprache* («These» 47) bleibt sie Sprache allein aus der Bewegung ihres *passencore*. Sie geht mit ihrem Nicht-Gehen; und in diesem Mit-ohne-Mit-, diesem Mit-anderem-als-Mit-Gehen, durchläuft sie die Bewegung der Philologie, der Phil*a*logie, Phil*allo*logie.

XI
He rode over Connecticut
In a glass coach.
Once, a fear pierced him,
In that he mistook
The shadow of his equipage
For blackbirds.

Eines der gründlichsten Missverständnisse der Philologie heftet sich an den Evidenzrest, der sich in grammatisch-rhetorischen Figuren und ihren semantischen Effekten darzubieten scheint. Philologie missversteht sich selbst, wenn sie sich an die grammatische ‹Evidenz› hält, dass es Namen, Prädikate, Junktoren und Markierungen gibt, die innerhalb engerer oder weiterer Kontexte und der in ihnen sedimentierten Traditionen eine prinzipiell bestimmbare Bedeutung konnotieren. Sie, die Philologie – ob im Sinn

76 Paul Celan, *Gesammelte Werke III*, Frankfurt am Main 1983, S. 181. – Cf. den kurzen Kommentar weiter oben.

alltäglicher Verstehensversuche oder im Sinn einer disziplinierten Restitutionstechnik verstanden –, müßte sich bereits vergriffen haben, wenn sie es zulässt oder gar fördert, dass von ihr als ‹der Philologie› geredet wird. Denn ‹die Philologie› gibt es nicht. Wenn aber nicht ‹die› mit einem bestimmten Artikel versehene, dann auch nicht ‹eine› von einem unbestimmten Artikel begleitete, und weiterhin auch ‹ihren› Plural nicht. Dasselbe wäre von den Komponenten dieses Kompositums zu sagen, denn weder gibt es *philía*, noch gibt es *lógos* im Sinn einer nominalen oder intelligiblen Einheit. Da die Ungegebenheit von Wort und Sache – jedes Wortes und jeder Sache – sich auf das gesamte sprachliche Universum erstreckt, müßte jedem Sprechenden – ‹Sprachkrisis› hin oder her – jedes Wort wie ‹ein modriger Pilz› im Munde zerfallen[77], er dürfte sich selbst nicht als ‹Sprechenden› apostrophieren, dürfte sich nicht als ‹selbst› denken, müßte mental und sozial verstummen und die Welt in einen Katarakt ziehen, der nicht einmal ‹stumm› heißen könnte. Aber ‹dürfte›, ‹müßte›, ‹könnte›, ‹kein› und ‹nicht›, auch sie ‹gibt› es nicht, obzwar sie doch offenkundig gebraucht werden, um die Ungegebenheit ‹ihrer› ‹selbst› zumindest anzudeuten. ‹Es gibt› mithin alles und seine Bestreitung, die Sprache und keine, Philologie und ihre Aphasie, und ‹es gibt› unterdessen nicht einmal jenes ‹Es gibt›, das ‹es gibt›. Das ist die Lage – also auch keine –, die jedes Wort unter Vorbehalt setzt, und dies nicht erst seit den Zeiten einer eleganten ‹Dekadenz› mit angeblich nihilistischen Zügen, sondern seit es Sprache gibt, die sich auf das Faktum und den Modus ihres Gebens und der Gegebenheit ihrer Ungegebenheit bezieht. Ein relativ spätes Fragment, das davon Zeugnis ablegt, datierend vermutlich aus dem vierten vorchristlichen Jahrhundert, vermerkt trocken: *Wüst hingeschüttet wie ein Misthaufen* (sárma) *ist die schönste Welt* (kállistos kósmos). (Heraklit, B 124)

Wie also reden, ohne vom Reden zu schweigen? Alles Reden ist – unter anderem – Bestimmen, Markieren, Identifizieren. Aber wer Sprache durch ihre semantischen, grammatischen und figurativen Funktionen definiert und mit diesen Funktionen identifiziert, kommt, recht bedacht, in jeder Hinsicht zu spät, um ihr Geschehen verständlich zu machen. Er meint zu definieren, wodurch er schon definiert ist, und identifiziert, was ihn schon identifiziert hat. Im Horizont bloß der Identifizierung kommt Sprache nur als Organon der Selbsterhaltung, der Selbstreproduktion und in letzter Instanz der Selbstsetzung ihrer Bedeutsamkeit in Betracht. Im Urteil identifiziert sie eine Sache als die, die sie ist, indem sie sich zugleich selbst

---

77 Cf. Hugo von Hofmannsthal, «Ein Brief», in *Gesammelte Werke – Erzählungen, Erfundene Gespräche und Briefe, Reisen*, hg. v. Bernd Schoeller, Frankfurt am Main 1979, S. 465.

identifiziert als die, die mit sich identisch ist. Deshalb konnte die Sprache des Urteils, die Prädikation, zum maßgeblichen Schema der Sprache überhaupt avancieren. Die Verbindlichkeit dieser Identifikations-Ontologie ist nicht auf einen esoterischen Zirkel von Philosophen beschränkt, sie ist die Arbeitsontologie einer ganzen Kultur, die aus ökonomischen – und zunächst sprachökonomischen – Motiven zur Kultur des Ganzen der Welt expandieren konnte. Ihren Grund gibt sie, angeblich, sich selbst. Da in ihr die Sprache der Aussage sich als die irreduzible Resource von Sein und Bedeutung identifiziert, muß sie Setzungsontologie sein. Da ihre Selbstsetzung jeweils zugleich Setzung eines Selbst von universeller Allgemeinheit und Setzung eines individuellen Ich sein soll, muß diese Identifikations-Ontologie die Form einer universalistischen Egologie annehmen. Da diese nicht nur eine formale, sondern zugleich eine Form-Ontologie ist, sind Formen, Figuren, Schemata, Typen und Ordnungen die privilegierten Gegenstände, in denen sie sich selbst wiedererkennt. Diese bieten, so wird angenommen, stabilen Bestand und garantieren durch ihre formale Allgemeinheit die prinzipiell unbegrenzte Bedeutsamkeit dessen, was gesagt werden kann. Der Nexus von Sein und Sinn, der sich im Selbstsetzungsakt herstellt, ist jedoch nicht denkbar ohne ein Implikat, das von der Form-, der Identifikations- und Feststellungs-Ontologie regelmäßig unterschlagen wird: Jede Setzung setzt Ungesetztes mit und setzt sich Ungesetztem aus.

Dieses Selbstbegründungsaxiom, auf dessen lange Geschichte und immense Komplexität hier nicht eingegangen werden kann, ist in der Selbstsetzungsphilosophie Fichtes auf seine Spitze getrieben worden, hat seither im Sprachdenken der Literatur und auch der Philosophie mannigfache kritische Umbildungen erfahren, aber eine figuralanalytische Sichtung erst in der Prosopopöie-Studie von de Man erfahren. Auch sie bleibt jedoch, trotz der darin aufgewiesenen Komplikationen, dem Axiom vom *poíēsis*- und Setzungs-Charakter der Sprache verpflichtet.

Zur internen Struktur dieses Setzungsaxioms ist zu bemerken: Sprache kann Setzung eines Anderen – eines Gesichts, einer Stimme, eines Adressaten – allein in der Weise sein, dass sie damit zugleich einem ungesetzten Anderen ausgesetzt ist. Sie kann sich als Setzung des Seins eines Ich nur vollziehen, indem sie eben darin dem Geschehen eines Setzens ausgesetzt ist, das in keinem Gesetzten resultiert, indem sie also seine Setzung unvollzogen läßt.[78] Mit diesem Fundamentalparadox ist nicht nur ein Weg zu einer differenziellen und dialektischen Ontologie, sondern zu einer Metontologie geöffnet, die Motive eines nicht-thetischen Seins aus der

78 Zur Struktur von Fichtes Setzungstheorem cf. W.H., «Der ausgesetzte Satz» und «Prämissen», in *Entferntes Verstehen*, Frankfurt am Main 1998.

antiken und spätantiken Philosophie aufnimmt und den Gedanken eines nicht-personalen Gebens – und nicht Setzens – von Sein zu entwickeln versucht.

Aus dem Gedanken eines Nicht-Gesetzten ergibt sich für die Sprache, dass sie der Setzung und somit auch dem Urteil und der Figuration vorangehen muß, mit denen sie bisher identifiziert worden ist. Sprache ist der Bereich möglichen Sinns und möglicher Bedeutungszuschreibungen; aber sie selbst ‹hat› keinen Sinn, ‹hat› keine Bedeutung und ‹setzt› weder den einen noch die andere. Wenn ihr Sinn oder Bedeutung zugeschrieben werden können, dann immer nur durch Setzungsakte aus dem von ihr allererst erschlossenen Bereich. Aussagen, einschließlich der Kategorien, deren sie sich bedienen, erschöpfen weder den Umfang der Sprache, noch können sie von ihrem Geschehen Rechenschaft ablegen. Was den Bereich des Vorgestellten und der Form von Vorstellungen eröffnet, muß selbst dieser Form entzogen bleiben. Was Tropen und Topoi erlaubt, ist weder selbst Trope oder Topos, noch von Tropen und Topoi erfaßbar.

Ein wichtiger Schritt zu dieser Einsicht läßt sich in de Mans bereits zitiertem Apophthegma erkennen: *Language posits and language means (since it articulates) but language cannot posit meaning* [*Sprache setzt und Sprache bedeutet (weil sie artikuliert), doch Sprache setzt nicht das Bedeuten*].[79] Da ‹posits› hier radikale Arbitrarität und Inkonsistenz konnotiert, bedeutet es anderes als in der neuzeitlichen Ontologie der Subjektivität und kann, nach Auskunft des Satzes selbst, nur absolute Vorgängigkeit vor jeder Bedeutungszuschreibung und Resistenz gegen jede Institution der Sinnsicherung besagen. De Mans Formulierung erteilt dem Theorem der durchgängigen Figuralität der Sprache eine unzweideutige – von einigen seiner Adepten dennoch unverstandene – und dem Theorem von ihrem Setzungscharakter eine undeutliche Absage.

Die prägnantere und weniger missverständliche Formel für die Sprache lautet mit der Wendung Plotins, wie sie von Heidegger, Jankélévitch, Blanchot, Derrida und Anderen weitergedacht worden ist: Sie gibt, ohne zu haben, was sie gibt, und sie gibt es, ohne dass es ihr zurückgegeben werden könnte. Die Asymmetrie und Nicht-Zirkularität im Verhältnis zwischen Sprache und dem, was sich der Sprache verdankt, hat mindestens zwei hier einschlägige Konsequenzen. Zum einen: Keine sprachliche Institution, ob Figur oder Prädikation, kann der Sprache, aus der sie sich ergibt, entsprechen. Zum anderen: Jede sprachliche Institution, ob Figur oder Prädikation, muß die Sprache, aus der sie sich ergibt, weitergeben. Dieses Weitergeben kann entstellt und verkrümmt, es kann in der Form der Verleugnung und

79 Paul de Man, *The Rhetoric of Romanticism*, S. 117.

der widersprachlichen Aggression geschehen, aber *dass* es geschieht, kann keine dieser Formen vermeiden.

Da sowohl das Geben wie auch das Weitergeben der Sprache Verhältnisse zu Anderem sind, kann die plotinische Formel verknappt werden zu dem Syntagma: Die Sprache – alteriert. Sie ist je schon Anderes als jede Bedeutung, die ihr zugeschrieben werden kann, aber ihr Geschehen verändert auch jede Bedeutung über die Grenzen dessen, was mit Bedeutungen belegt werden kann, hinaus.

In ein einziges, indes mehrdeutiges Wort kontrahiert, läßt sich die Sprache als Alteration dessen, wovon gesagt werden kann, dass es ‹ist› und dass sie es ‹ist›, charakterisieren als: Für. ‹Für› besagt hier: Sprache ist dasjenige Für-Anderes, Auf-Anderes-Hin und Zugunsten-von-Anderem, das sich in kein Wort – auch nicht in das vielsinnige ‹Für› –, in keine Prädikation, aber auch in keine Figur fassen läßt. Sie spricht – und mit ihr spricht die Philologie – *für das, was vom Gesagten noch zu sagen bleibt.* («These» 1) Sie spricht für das Zu-Sagende, Nie-Schon-Gesagte und also für das, was von keiner Trope programmiert sein kann. Deshalb heißt es in «These» 53, nicht nur andeutungsweise, sondern mit emphatischer Betonung: Philologie ist *An-tropologie.* Diese, eine *andere* Philologie als diejenige, die zwanghaft ihre Runden über längst Gesagtes dreht, läßt sich von der Faustformel nicht fassen, dass Philologie den Irrtum, den sie enthüllt, selbst wiederholt. Diese Formel der negativen Gewissheit kann gelten für die Logik einer Setzung, die sich als solche nur durch äquivalente – kognitive oder reflexive – Setzungen zu identifizieren versucht und dabei scheitert. Sie kann nicht gelten für eine Sprache, die differenziell strukturiert ist, keine Äquivalente kennt und deshalb von Identifizierungen und Identifikationen Abstand wahrt: Sie kann nicht gelten für diejenige Sprache, die allererst den Spielraum für sprachinterne Setzungsstrukturen eröffnet. Mit dieser paktiert, ob sie es weiß und will oder nicht, jene *andere* Philologie. Sie wiederholt keinen von ihr aufgedeckten Irrtum. Sie *bleibt*, insubstanziell, Sprache *für das, was vom Gesagten noch zu sagen bleibt*: für das also, was es noch nie gab, für das Unwiederholbare. Deshalb geht sie der Alternative von Irrtum und Nicht-Irrtum und derjenigen von Wiederholung und Nicht-Wiederholung voraus. Sie spricht athetisch, irreflexiv, asemisch, afigural, als das Inchoativum schlechthin, vor jeder grammatischen Form. Sie *er*spricht – wie man *er*sinnt oder *er*findet, *er*denkt oder *er*bittet –, was nicht zum bereits Gesprochenen und also Niemandem gehört.

Es gibt sie, die Sprache – und ihre Minimalcharakteristik kann mithin nur lauten, dass es sie gibt, ohne dass es sie als bloß Gegebenes, als Datum,

Faktum, Fatum oder Figur geben könnte. Es ist also zu unterscheiden zwischen einem ‹Es gibt sie›, das ihre bloße Vorhandenheit als Thema oder Objekt, als sinnliche oder unsinnliche Entität konstatiert, und einem anderen ‹Es gibt sie›, das ihr Geschehen meint und nicht davon absieht, dass auch dieses ‹Es gibt sie› *von* diesem Geschehen und *für* es zeugt, *für* dieses Geschehen und *als* es spricht. Damit ist aber gesagt, dass immer mehr geschieht als über das Geschehen ausgesagt werden kann, denn jede Aussage spricht, und sei's im Modus der Bestreitung, als Geschehen. Sie gibt weiter, worüber ihr die Kontrolle entgleiten muß. Ein Gleiches gilt für jede Trope und jeden Topos: Wo immer eine Figur der Sprache Gestalt und Sinn zu geben versucht, ist sie auf die Sprache als gestalt- und sinnloses Geschehen schon angewiesen und gibt diesem Geschehen selbst einen Raum und eine Zeit, die sich in keine bekannte Gestalt fügt. Sie gibt mehr als den Raum und die Zeit des Gegebenen und anderes als den gegebenen Raum und die gegebene Zeit.

Da das ‹Es gibt sie, die Sprache›, jedoch ebenfalls eine Wendung und ein prädikatives Syntagma ist, bleibt auch diese Formel in der Verlegenheit, prädikativ über das sprechen zu müssen, wovon sie beteuert, dass es kein Gegenstand von Prädikationen sein kann. Was vom ‹Es gibt sie› ausgesagt wird, ist also just das, wovon es schweigt. Da es sich strukturell entzieht, kann es seinerseits verschwiegen, verdeckt und abgedrängt werden; es kann zur Funktion von transzendentalen Schemata, irreduziblen Grundfiguren und sogar neuronalen Synapseneffekten erklärt werden, die sprachliche Äußerungen, ihre Gestalt und ihren Sinn mechanisch reproduzieren oder eliminieren. In deren Diensten können dann Linguisten, Psychologen und selbst Philologen die Sprache insgesamt als Effekt grammatischer und rhetorischer Formationen deuten, die nach Willkür und Zeitgeschmack als akzeptabel oder verwerflich deklariert werden. All das bewegt sich nicht etwa in der schwanken Region des Virtuellen. Es ist eine ebenso massive wie banale Realität, dass alles, was zur Sprache gehört, mehr oder weniger ‹naiv› oder ‹automatisch› als Funktion vorsprachlicher Antriebe, innersprachlicher Formen, außersprachlicher Zwänge und somit als disponibel und verzichtbar hingestellt wird. Das ‹Es gibt sie, die Sprache›, gibt es dann nur als Phrase, Slogan, abgedroschenes Stroh.

Es ist jedoch *auch* eine Realität, dass ohne Sprache nichts Vor-, Inner- oder Außersprachliches auch nur als solches angesprochen, und dass ohne sie nichts davon *als* Unangesprochenes angesprochen werden könnte. Es ist *auch* eine Realität, dass es keine Realität ohne das gäbe, was von ihr zu sagen noch übrig bleibt. Und also ist es *auch* eine Realität, dass es eine Realität nicht gäbe ohne eine *andere* Sprache als die schon Gesprochene und als jede nach ihrem Modell programmierbare. Also kein Naturzwang und keine gesellschaftliche Konvention, keine Leistung einer Trope und keine kategorische Notwendigkeit, sondern ein metalogischer Zug der Sprache bewegt sie dazu, mehr und anderes zu sagen als alles, was je indiziert, antizipiert oder projektiert worden ist. Dieser Zug führt sie in den Entzug des jeweils Intendierten, Geglaubten, Figurierten, Prädizierten und Gewussten; er führt die Sprache in den Entzug von jedem noetischen oder noematischen Korrelat; er führt sie in das, was nicht ‹sprachlich› ist. Da dieser Zug der Sprache zum Nicht-Sprachlichen – zum Noch-nicht- und vielleicht Nie-Sprachlichen – für die Sprache konstitutiv; da diese *De*stitution für sie konstitutiv ist, ist die Sprache nichts bloß Sprachliches, kein bloßes Faktum, kein Fatum. Sie ist darum nicht schon ein Ideal – als solches könnte sie nur das Organon von Vorstellungen sein – und keine Utopie – dann gehörte sie zur Ordnung des schon Programmierten –, wohl ist sie jedoch das, was von ihr selbst nicht *als* sie selbst, nicht als Sprache ansprechbar ist. Sie ist, anders gesagt, der Zug zum Anfang eines Anderen.

Der letzte ‹Evidenzrest› der Sprache ist mithin keine Figur und keine grammatische, und sei's transzendental-grammatische, Form; irreduzibel an ihr ist vielmehr das, was von ihr und über sie hinaus noch zu sagen bleibt. Dass es jemals gesagt sein könnte, ist damit nicht behauptet. Vor dem Problem, nicht wissen zu können, *was* noch zu sagen bleibt und *ob* noch etwas zu sagen bleibt, steht die Philologie auf Schritt und Tritt. Man hat sich daran zu gewöhnen, dass Sprache nichts Gewöhnliches, kein habituelles Verhältnis zu sich und zu Anderem, dass sie nicht bewohnbar ist, kein Haus, sondern der Auszug aus ihm, von Anfang an die Entwöhnung. Das kann, wie Theoretiker leicht vergessen, Angst machen, Angst vor der Sprache, Angst aus Sprache.

Das Geschehen läßt das Geschehene zurück, die Sprache das Gesagte, die Phrase, das abgedroschene Stroh. Um aber auch nur abgelegt zu sein, muß es noch zur Sprache gehören. Wenn es Sprache gibt, muß es auch – sonst gäbe es sie nicht – ihr ‹Es gibt sie nicht› geben. *Sárma*, der Mist, von dem Heraklit spricht, dieser schlechtgemachte schönste Kosmos, der für ihn kein anderer als der des *lógos* sein dürfte, ist gut zum Düngen.

XII
The river is moving.
The blackbird must be flying.

Wie wenig eine Sprache zur Verständigung oder auch nur zur Selbstverständigung taugen kann, daran erinnert in ihrer «Philology of Kinship» Avital Ronell, und zeigt zugleich, wie sich die zur starren Maskerade gebrauchten Straßen-, Schul- und Hochschulsprachen in Bewegung bringen lassen. Diese Bewegung ist für sie, aber nicht für sie allein, zunächst eine Bewegung *on the way to l'anguish* (134). Die ingeniöse Wortbildung, durch die Sprache, Angst und Verlangen so verknüpft werden, dass in der Sprache die Angst, in dieser das Verlangen und in ihm wieder die Sprache erkannt werden kann, zeigt den Weg an, der von dieser Bewegung durchlaufen wird, und den Weg, der in dieser Bewegung gefunden wird. Es ist nicht derjenige, den Heidegger mit seinem Titel *Unterwegs zur Sprache* im Sinn gehabt haben dürfte. In Ronells Travestie dieses Titels ist Sprache so sehr übergegangen in ihr Vermissen und in das Leiden unter ihr, die Angst vor ihr, die Pein ohne sie, dass sie kaum noch anders in Erscheinung tritt als so, dass sie mitsamt den Affekten, die sie beschweren, weggelacht wird. Und selbst solche Begriffe wie ‹Affekt› und das Freudsche ‹weglachen› können sich vor dieser Bewegung nicht retten. Sie sind Leihbegriffe, Lehnworte, Übergangsinstrumente, Krücken, und was sich mit ihnen bewegt, hat nicht den Status eines firmen oder Firmen-Ich, einer kollektiven oder korporativen Identitätsmarke: *I can only speak for myself. Pause. It took me forever to secure every term and turn of the last sentence; what a whopper: «I can only speak for myself.» How long did it take me to lease out a «myself,» or even to* speak? *– I won't even go into the inaugural «I» that continues to wobble when propped up as if one could start a sentence, any life-sentence, in such a counterfeit manner. I must go on.* [*Ich kann nur für mich selbst sprechen. Pause. Es hat ewig gedauert, jedes Wort und jede Wendung dieses letzten Satzes abzusichern; was für ein Klops: «Ich kann nur für mich selbst sprechen.» Wie lang hat es für mich gedauert, ein «mich selbst» anzumieten, oder auch nur zu* sprechen? *– Auf das initiale «Ich», das immer noch schlottert, wo es als Stütze dienen soll, laß ich mich erst gar nicht ein; als könnte man einen Satz, jedes beliebige Lebens-Urteil, mit solcher Verstellung eröffnen. Ich muß weiter gehn*]. (138) Dieses *must go on* zusammen mit dem früheren *you can't go on, you must go on* [*Du kannst nicht weiter gehn, du musst weiter gehn*] (138) sind nicht so sehr Leitsätze als vielmehr Leihsätze – in diesem Fall von Becketts *The Unnamable* entborgt –

und ihr ‹can't› und ihr ‹must› haben darin nicht den kategorialen Sinn eines Unvermögens oder einer Notwendigkeit, sondern den einer ungefähren Orientierung über das, was geschieht, wenn kein ‹Ich› da ist, das es steuern oder auch nur versichern könnte. Sprache wird nicht einfach gesprochen, sie wird zitiert. Und da sie von einem *outcast* nicht mehr als von einem ‹incast›, von einem *misfit* nicht mehr als von einem ‹fit› zitiert wird, dürfte Heideggers Satz von der Sprache nicht mehr lauten: Die Sprache spricht, sondern müßte präzisiert werden und sagen: Sie spricht von Anderem her und auf Anderes zu, sie spricht mit Anderem, und sie kann deshalb nicht einmal ihres Sprechens gewiß sein. Die Sprache zitiert (sich). Sie zitiert sich herbei aus dem, was nicht mehr oder noch nicht Sprache ist, zitiert Anderes als sich und kann sie ‹selbst› nur auf diesem endlosen Umweg und Unweg werden. Sie ‹kann› es also nicht und ‹muß› es dennoch; ‹kann› sie selbst nicht ‹werden› und ‹muß› sie, ungeworden, dennoch ‹bleiben› –: ‹sie selbst› *passencore* ‹sie selbst›; ‹sie selbst› ihre Ent-fernung.

Wenn *language*, wie Ronell erkennbar macht, *l'anguish* ist, dann ist sie nicht nur okkasionell und anfallsweise, sondern strukturell außer sich, denn dann ist sie just das, was sie vermisst und wonach sie verlangt, dann ist sie selbst die Wunde, unter der sie leidet, dann die Angst vor ihrer Abwesenheit, dann also auch die Angst *als* Anwesenheit ihrer Abwesenheit. Sie, die Sprache, ist nicht zunächst – und also nie zur Gänze – ein Gegenstand der Vorstellung, der Empfindung oder der Anschauung, sie ist ein Verhältnis, und zwar das ausgezeichnete Verhältnis vor allen Gegenstandsverhältnissen, das sich als Vorenthaltung charakterisieren läßt. Da sie die Abwesenheit des von ihr Angesprochenen nicht bloß impliziert, sondern diese Abwesenheit transitiv *ist*; da sie zuallernächst ihre Abwesenheit von *sich* als der von ihr Angesprochenen nicht bloß bedeutet, sondern, transitiv, *ist*, *ist* sie der Riß, der sie von sich geschieden hält und, derart haltend, mit sich zusammenhält. Sie *ist* also, ohne je gegenwärtig oder gegenwärtig gewesen zu sein, ist also nicht *factum*, sondern *ad-factum*, *affectus* und *affectatio* im Sinne von Streben, von Sucht und von Anspruch. Dass Sprache strukturell An-spruch auf Sprache ist, besagt aber, dass ihr ‹Sein› jeweils An-sein, dass es Un-sein und Vor-sein vor jedem prädikativ aufweisbaren oder negierbaren Seienden ist und somit kein Gegenstand einer Ontologie sein kann. Dass Sprache strukturell Affekt ist, nicht aber Affekte bloß bezeichnet oder ausdrückt, besagt, dass sie kein Gegenstand einer Psychologie sein kann. Sie kann, aus den selben Gründen, aber auch nicht primär ein Gegenstand der Philologie sein. Sprache ist – als Anspruch auf sie, als Verlangen nach ihr, als Erfahrung ihrer Vorenthaltung – an sich selbst philologisch. Sie ist, wie es in «These» 1 heißt, *Archiphilologie*. Allein deshalb kann sie zulassen, was sich als philologische Praxis und weiterhin als Disziplin ausgebildet hat, und allein deshalb kann diese Praxis sich ihrerseits bestimmten Affekten überlassen. Weil *language l'anguish* ist, ist sie, in sich ver-rückt, von jedem möglichen Halt entfernt, auch Logoalgie und Logophobie, Sprachverlustangst, Sprachangstlust, Sprachschmerz. (Cf. «These» 52) Und allein deswegen ist der primäre Affektionscharakter der Sprache und der Praktiken, die sich auf sie beziehen, eines der am besten gehüteten Geheimnisse der Welt. Es zu lüften, und sei's durch die Entstellung ihres Namens, ist eine Befreiung der Sprache und eine Entlastung von ihr. Diese Freigabe der Sprache ist Philologie –: Philogophobie.

Die Bewegung der *l'anguish* unterhält im Text von Ronell die engste Beziehung – eine mehr als bloß nachbarschaftliche, doch keine sonderlich familiäre Beziehung – zur Klage. Die Erleichterung, die der Sprachwitz verschafft, scheint den Beschwerden zu entsprechen, die er abschüttelt. Für Ronell ist das Klagen, das Sich-Beschweren und Beschwerdeführen offenbar mit dem Sprechen und Schreiben so eng liiert, dass jedes Wort, ob gesprochen oder geschrieben, eine Klage ankündigt: *the store of complaints that writing announces* [*den Vorrat an Klagen, den das Schreiben anmeldet*]. (141) Nach dem Muster von Goethe, der sein Werk als eine große Konfession bezeichnet hat, charakterisiert sie ihres: *My writing in some ways feeds one big complaint* [*Irgendwie nährt mein Schreiben eine große Klage*]. (156) Und im Zuge der Erweiterung ihrer *make-belief family* (137) von Goethe zu Gott schreibt sie: *G–d, one could say, complains all the time* [*G–t, so könnte man sagen, klagt ohne Unterlaß*]. (154) Ob es allerdings zutrifft, dass *Christian praise persists as the repression of the Jewish complaint* [*christliches Preisen als Unterdrückung jüdischen Klagens besteht*] (ibid.), dürfte zweifelhaft sein, denn derselbe Verdrängungsverdacht wie gegen die Preislieder des Franziskus könnte sich gegen die Psalmen der Bibel, die griechischen Oden und die Suren des Koran richten. Wenn Sprache zur Klage nicht nur fähig ist, sondern als *l'anguish* strukturell Klage ist, dann muß das Rühmen in einem anderen als einem Oppositionsverhältnis zum Klagen stehen. Wie es sich im ‹Hiob› und noch in Hölderlins und auch in Rilkes ‹Elegien› andeutet, wendet Klagen sich dem Lob und der Erleichterung zu, weil es vor alles Klagen über die Welt und noch vor das Klagen über die Klagen, die gegen die Welt erhoben werden, zurückreicht und sich nicht bloß einer anderen Welt, sondern Anderem als einer Welt zuwendet.[80] Klagen reduzieren die gegebene, geschaffene oder verfertigte Welt auf eine gegenstandslose, nichts-sagende

80 Cf. dazu W.H., «Bemerkungen zur Klage», in *Lament in Jewish Thought*, hg. v. Ilit Ferber u. Paula Schwebel, Berlin 2014, S. 89-110.

Sprache und mit ihr auf den Anfang jeder Welt und den Anfang von keiner. In diesem an-archischen Anfang von Allem und Nichts ist Sprache bloße Unterscheidung, Exaltation und Exultanz, in der Klage und Lob sich zusammen bewegen. Weder die Sprache der Klage, die die Welt und sich selbst zu zerstören nicht aufhört, noch die Sprache der Lobpreisung, die die Welt zu Anderem als einer gegebenen Welt werden läßt, sind durch die innerweltlichen und innersprachlichen Strukturen definierbar, die in der Geschichte der Sprach- und Psycho-Technologie untersucht worden sind. Die radikalen Sprachen der Klage und der Preisung sind ‹nicht von dieser Welt›, weil sie extreme Versionen einer Sprache sind, durch die es allererst eine Welt gibt und durch die sie über sich selbst hinaus bewegt wird.

Diese Sprache mit einem Gott in Verbindung zu bringen, ist zwar üblich und gehört zu den Gewohnheiten einer langen Tradition in den uns bekannten ‹Kulturkreisen›; aber auf ein oberstes Wesen sie zurückzuführen ist weder notwendig noch ist es logisch möglich. Wenn nämlich zutrifft, was Ronell schreibt: *G–d, one could say, complains all the time*, dann klagt er über alles, was er selbst geschaffen hat, klagt darüber in aller Zeit, die er selbst erschaffen hat, und klagt außerhalb seines Schaffens, also nicht als Schöpfer, also nicht als Gott. Sollte es einen klagenden Gott geben, so müßte er noch Anderes sein als Gott und anders als das, was Gott zu sein auch nur vermöchte. Die Annahme, dass etwas ‹nicht von dieser Welt› ist, impliziert nicht die Annahme einer anderen Welt, einer Über- oder Hinterwelt und nicht die Annahme eines göttlichen Wesens, wohl aber die Annahme, dass es eine Sprache gibt, die nicht ihrerseits eine Welt ist und sich nicht in der Erschaffung oder Verfertigung einer Welt erschöpft. Eine Philologie, die dieser *anderen* Sprache gerecht zu werden versucht, kann sich also weder als Fortsetzung der Schöpfung noch als eine Produktions- oder Reproduktionstechnik verstehen, die das angeblich ‹säkularisierte› Erbe der Schöpfungstheologie verwaltet. Philologie, die *andere*, ist nicht Philo-Theologie und nicht Philo-Technologie.

Das hat Konsequenzen auch für das Verständnis der Frage nach dem *right to complain*, die Ronell stellt (56 ff.). Ein solches Recht kann nach den Erklärungen der politischen und theo-politischen Tradition entweder von der ‹natürlichen› oder ‹göttlichen› Ordnung oder kraft einer Übereinkunft verliehen sein, mit der allgemeingeltende Rechte aufgestellt und das Recht auf Widerstand gegen die Verletzung dieser Rechte zugesichert werden. Nach dem Verständnis beider Traditionen ist Recht die institutionelle Manifestation einer unverbrüchlichen Gemeinschaft der sogenannten Rechtssubjekte, die jedem Einzelnen ‹ohne Ansehen der Person› – nämlich ausschließlich im Hinblick auf seinen Status als ‹Rechtsperson› – die Zugehörigkeit zu dieser Gemeinschaft verbürgt. Alles, was Recht ist, definiert sich demnach zum einen im Bezirk einer Gemeinschaft, zum anderen im Bezirk ihrer institutionellen Konsolidierung und internen Differenzierung. Ein Recht auf Klage im juridischen Sinn ist in dieser Konstruktion allein demjenigen zugesichert, der bereits zu einer Rechtsgemeinschaft gehört; ein Recht auf Eintritt in diese Gemeinschaft kann verweigert oder, wenn es bereits gewährt war, entzogen werden, um die Prinzipien dieser Gemeinschaft zu schützen. Recht ist demnach prinzipiell Rechtsverweigerungsrecht. Die bedrückenden Komplikationen, die daraus resultieren, werden unlösbar, wenn Verfassungen den Anspruch erheben, auf ‹universelle Menschenrechte› gegründet zu sein, zugleich jedoch Verfassungen einzelner, zumeist national-staatlicher, Rechtsgebilde sind und als solche rechtliche Privilegien, also Vorrechte, für ‹ihre› natürlichen Resourcen und für deren Eigentümer behaupten. Die Entscheidung über das Universalitätsprinzip muß demnach, rechtsgemäß, auf der Basis von Rechtsprivilegien gefällt werden, die jenes Prinzip verletzen; die Entscheidung über Recht oder Unrecht muß prinzipiell zugunsten des Unrechts fallen. Recht ist, weil und solange es Rechtsverweigerungsrecht ist, prinzipiell das Recht zu Unrecht.[81]

In Ronells Satz: *In order to be in a position to complain, one must presume a* right *to something – to a better deal, a better world, an improved material arrangement* [*Um sich in die Lage des Klagens zu versetzen, muß man ein* Recht *auf etwas annehmen – ein besseres Abkommen, eine bessere Welt, verbesserte materiale Bedingungen*] (168), resümiert die Wendung *one must presume a* right *to something* das Fundamentalideologem einer Rechtsstaatlichkeit, die sich aufgrund ihrer internen Widersprüche nur als Unrechtsstaatlichkeit realisieren kann. Der Satz stellt den tatsächlichen Sachverhalt auf den Kopf. Nicht das Recht auf etwas – insbesondere nicht das Recht zu klagen – ist die Bedingung für die Klage, sondern umgekehrt: die Klage ist die ihrerseits unbedingte Bedingung dafür, dass Rechtsverhältnisse herbeigeführt, Recht gesprochen und Gerechtigkeit ermöglicht wird. Die Klage, nicht aber das Recht zur Klage, ist der Grund des Rechts. Allein die Klage, sei's auch in der vor-juridischen Form der Bitte, des Anspruchs, des Verlangens oder in den Turbulenzen eines *riot* (168), kann gegen Privilegien und gegen das sie sichernde Rechtsverweigerungsrecht ein völlig anderes Recht, das *right* zur Gerechtigkeit erwirken.

---

81 Zur detaillierten Begründung dieser Bemerkungen siehe W. H., «Vom Recht, Rechte zu haben: *Menschenrechte; Marx und Arendt*» und «Vom Recht, Rechte nicht zu gebrauchen: *Menschenrechte und Urteilsstruktur*», in *Sprachgerechtigkeit*, Frankfurt am Main 2018.

Von just diesem Argument hat sich nach einem zeitgenössischen Bericht der von Ronell zärtlich so genannte Chiller (145) während einer Unterhaltung überzeugen lassen, die 1794 oder 95 in seinem Jenaer Salon über Fichtes Schrift *Beiträge zur Berichtigung der Urteile über die Französische Revolution* geführt wurde. Zu Fichtes Kapitel über das Recht eines Volkes auf eine Revolution hatte ein junger Gast, dessen Name nicht überliefert ist, die Bemerkung gemacht, *ihm komme es lächerlich vor, hier von einem Rechte sprechen zu wollen. Eine Revolution sei einem Gewitter zu vergleichen; wenn dies einmal sich zusammengezogen, werde niemand fragen, ob dasselbe ein Recht gehabt habe, in ein Haus einzuschlagen, auf welchem sich kein Blitzableiter befand. Schiller dazu: «Der junge Mann da dürfte wohl so unrecht nicht haben. Ich will mit Freund Fichte wirklich über jenes Kapitel expostulieren!»*[82] Sieht man von dem elektro-physikalischen Vergleich ab, der das gesamte Ereignis an einem Naturvorgang durchschlagend plausibel machen soll, dann ist damit gesagt: die Revolution, der Aufstand, die Klage geht jedem Recht voraus, auf das sie sich berufen könnten. Die Klage nimmt ihren Ausgang nicht von einem Recht, einer Rechtsauffassung, einem Rechtsgefühl, sondern von der Unerträglichkeit einer Existenz, die von allen Rechten verlassen ist. Der Kampf um Gerechtigkeit ist ein Kampf *gegen* Rechte, denn alle Rechte sind Vorrechte und alle Vorrechte Rechtsverweigerungsrechte. Dieser Kampf kann nicht gewonnen, er kann nicht einmal begonnen werden, wenn auf Rechte als *prima ratio* der Ethik vertraut wird.

So wenig sich Klagen an einem Recht orientieren, so wenig unterstehen sie einem anderen ‹objektiven› oder ‹theoretischen› Kriterium. Sie lassen sich deshalb auch nicht auf Kritik reduzieren. In diesem Sinn schreibt Ronell: *a critical mind – or critical thought, even critique – launches its probe on the back of the complaint* [*ein kritischer Kopf – oder kritisches Denken, ja noch* [literarische] *Kritik – lancieren ihre Sonden auf dem Rücken der Klage*] (156). Klagen, ob *complaint, plaint* oder *lament*, sind kriterienlos, maßlos, haltlos ‹kritisch› und fegen noch die Konventionen jeder Kritik hinweg, wenn es darum geht, die Unerträglichkeit der Welt überhaupt abzuschütteln. Sie erschöpfen sich nicht in Urteilen oder Verurteilungen – das Wetter ist schlecht, die Menschen sind ein Schurkenpack, die Welt ein Flopp –, sie benennen und prädizieren nicht, sondern denunzieren, sie halten bei der Selbstdenunziation nicht inne, sondern klagen darüber, kein Gehör zu finden, keine Stimme und keine Sprache zu haben. Wo sie am durchdringendsten sind, bleiben sie unbewusst, ausdruckslos, stumm, und sind darum doch nicht weniger wirklich, nicht weniger wirksam, nicht weniger

82 Zitiert nach: *Schillers Gespräche. Berichte seiner Zeitgenossen über ihn*, hg. v. Julius Petersen, Leipzig 1911, S. 255.

erschütternd. Sie sind urteilslose Verfahren im Streit gegen eine Welt und eine Sprache, die sich unablässig auf Nichts reduzieren. Deshalb halten sie auch nicht an sich – da gibt es kein ‹sich›, das halten könnte –, sie halten auf das Haltlose zu. Sie betreiben die Praxis einer *anderen* Philologie, indem sie auf eine *andere* Sprache und anderes *als* eine Sprache zuhalten.

Michèle Cohen-Halimi greift dafür auf den Begriff *Ephexis* zurück und stellt damit die Verbindung her zwischen einer Philologie, die keine höhere Instanz als die Bewegung der Sprache kennt, und der skeptischen Suspendierung jedes Urteils, das die Sprachbewegung zum Stillstand bringt. Als Ephexis oder Epoché wird nämlich in der pyrrhonischen Skepsis die Enthaltung von einem Urteil bezeichnet, das in der Entscheidung über die Wahrheit eines Phänomens zugunsten einer von zwei Alternativen ausfallen müßte. Die Urteilsenthaltung läßt die Waagschalen beider Alternativen in der Schwebe, während das Urteil eine von beiden sinken läßt. Das *épechō*, das Montaigne als *je soutiens, je ne bouge*, ‹Ich halte Stand, rühr mich nicht vom Fleck› deutet[83], diese *epoché* ist der Einstand einer Waage, die weder zur einen noch zur anderen Seite ausschlägt und keine Entscheidung herbeiführt. Die Enthaltung vom Urteil ist für die Skeptiker der Antike und für Montaigne die Leistung einer Person, die dem Fehlen von Urteilskriterien durch die Vermeidung des Urteils entsprechen und derart das erwünschte Gleichgewicht zwischen Sache und Sprache, zudem auch das seelische Gleichgewicht angesichts einer unbeständigen Welt erreichen soll. Noch Nietzsche hat in diesem Sinn von *Ephexis* als der Haltung dessen gesprochen, der keinen Halt an bloß geglaubten Urteilskriterien sucht. In *Der Antichrist* (§ 52) schreibt er: *Unter Philologie soll hier, in einem sehr allgemeinen Sinne, die Kunst, gut zu lesen, verstanden werden, – Thatsachen ablesen können,* ohne *sie durch Interpretation zu fälschen,* ohne *im Verlangen nach Verständniss die Vorsicht, die Geduld, die Feinheit zu verlieren. Philologie als* Ephexis *in der Interpretation: handle es sich nun um Bücher, um Zeitungs-Neuigkeiten, um Schicksale oder Wetter-Thatsachen – nicht zu reden vom ‹Heil der Seele›* … [84] Für Husserl beruht die Epoché in der methodischen

---

[83] Michel de Montaigne, «Apologie de Raimond Sebond» (Essais II, 12), in *Œuvres complètes*, hg. v. Albert Thibaudet u. Maurice Rat, Paris 1962, S. 485.

[84] Friedrich Nietzsche, *Werke in drei Bänden*, hg. v. Karl Schlechta, Bd. 2, München 1966, S. 1218. In der *Genealogie der Moral* wird deutlich, dass der Ephektiker dennoch nicht der beste Philologe sein kann: *Antichristen, Immoralisten, Nihilisten, diese Skeptiker, Ephektiker,* Hektiker *des Geistes (letzteres sind sie sammt und sonders in irgend einem Sinne) diese letzten Idealisten der Erkenntniss, auch sie sind noch lange keine* freien *Geister,* denn sie glauben noch an die Wahrheit […] (l.c., S. 889, cf. auch S. 854).

Enthaltung vom Urteil über die Vergegenständlichung thetischer Bewusstseinsakte. Sie soll als diese Enthaltung den Zugang zu diesen Akten selbst eröffnen und somit das Zentrum der Weltkonstitution aufschließen.

Derartige Sicherungsleistungen des Erkenntnissubjekts wie bei Montaigne, Nietzsche und Husserl sieht Cohen-Halimi in der philologischen Ephexis der *Thesen* aus guten Gründen nicht mehr am Werk. *This* Sustino – *need one insist? – belongs to no thinking subject.* [*Dies* Sustino – *muß man darauf bestehn? – gehört keinem denkenden Subjekt.*] (32) Die individuelle und die methodische Zurückhaltung des Urteils hat sich, wie sie treffend bemerkt, in eine Epoché der Sprache selbst verwandelt: *Radicalisation of the epoché as epoché-language* [*Radikalisierung der Epoché als Sprach-Epoché*]. (36) Da Sprache für die *Thesen* kein lexikalischer Bestand ist, der nach vorgesetzten Normen interner oder externer Stimmigkeit montiert wird, sondern ein offener Komplex von Markierungen, die auf einander und übereinander hinaus auf das verweisen, was von ihnen noch nicht gesagt ist, muß jedes Urteil, das mit ihr – auch über sie – gefällt wird, provisorisch, auf Widerruf und grundlos ergehen: Es muß ein Urteil unter dem Vorbehalt künftiger Erweiterungs- und Tilgungsurteile und also ein Urteil *aus* der Aussetzung des Urteils und *für* diese Aussetzung sein. Eine Sprache, die derart von jeher in die Epoché versetzt ist, kann in keinem Urteil, sie kann aber auch in keiner bloßen Urteils-Enthaltung einen festen Grund finden. Da die Sprache Vor-enthaltung der Sprache ist, kann sie jedes Urteil nur auf weitere Urteile und auf Urteilsunterlassungen offen halten. Eine Kontinuität zwischen dieser Sprach-Epoché und den antiken wie den modernen Skeptiken liegt deshalb mindestens so ferne wie sie nahe liegt.

Dadurch ist auch der Sinn des Gleichgewichts, von dem Montaigne in Anlehnung an Sextus Empirikus spricht, verändert.[85] Die einander gegenüberliegenden Waagschalen können nur noch das Gesagte und das Zu Sagende tragen; würde ein Gleichgewicht zwischen ihnen erreicht, in dem die Waage zum Einstand kommt, – *if you will, a ‹zero› point* –, so müßte sich in ihm, wie Cohen-Halimi schreibt, eine *recession toward saying's non-saying* [*Rückzug in das Nicht-Sagen des Sagens*] einstellen.[86] (33) Deshalb

---

85 Sextus Empiricus, *Grundriß der pyrrhonischen Skepsis* (I, 190), hg. v. Malte Hossenfelder, Frankfurt am Main 1985, S. 136. – Vom pyrrhonischen Gleichgewicht der Waagschalen (*arrepsía*) ist bei Montaigne die Rede, *Œuvres complètes*, l.c., S. 508, 544.

86 Cf. W. H., «Époché Poème. – La *parenthèse-rime* de Celan autour des parenthèses de Husserl» (übersetzt von Michèle Cohen-Halimi), in *Revue de Métaphysique et de Morale*, Juillet 2013, No. 3 (Littérature et Philosophie), S. 297-330. [seither als «Epoché Gedicht. Celans *Reimklammer* um Husserls Klammern» in

müßte aber der *balancing point* zugleich der *unbalancing point* sein, an dem Sprache und ihr Nicht-Sprechen, aber auch Sprache und Subjekt, Sprache und Welt einander und sich selbst zugleich gewinnen und verlieren (36). *Trajoie* und *trajeudi*, Lustspiel und Tragödie, Preisung und Klage hätten somit nicht nur eine gemeinsame Herkunft und Zukunft, sie müssten, so sollte man denken, einander in steter Balance halten. Doch wenn Gleichgewicht und Ungleichgewicht in diesem einen ‹Punkt› der Sprache zusammenkommen, dann kann dieser Punkt nur ein springender Punkt sein, dann muß ihr Zusammenkommen zugleich ein Auseinanderspringen sein, dann ist ihr Zugleich zugleich ein Unzugleich, ihr Unzugleich ein solches, das jedes Zugleich und mit ihm jedes gemeinsame Maß suspendiert. Weder also läßt sich ein synchronisches, noch überhaupt ein symmetrisches Verhältnis zwischen der Sprache und dem von ihr zu Sagenden behaupten. Sie ist mithin wohl ein Verhältnis, doch ein Verhältnis zu Verhältnislosem, und als irrelationale Relation selbst eine Irrelation.[87] Deshalb kann sie keine *stasis* im Sinne des bloßen Innehaltens oder der Unbewegtheit sein, ohne ein Aufstand, sie kann keine Ruhe ohne Aufruhr, keine Affirmation ohne Alteration sein. Die Sprache in der Epoché ist also nicht nur nicht thetisch – sie setzt nicht und stellt nicht fest –, nicht theoretisch – sie hält nicht inne in der Betrachtung eines Sachverhalts oder eines Verlaufs – und nicht prädikativ – sie identifiziert nicht Etwas *als* Etwas und identifiziert nicht ihre Struktur *mit* der seinen –; sie ist vielmehr Praxis der Sprache als Ver-setzung ohne Korrespondenz mit zuvor Gesetztem, bietet deshalb kein Maß, das sie nicht überschreiten müßte, keine Zeit, mit der sie nicht ungleichzeitig wäre, keinen Raum, der von ihr nicht entfernt würde. In diesem Sinn ist sie der *balancing point*, der zugleich und unzugleich der *unbalancing point* ist, der *‹zero› point*, der außerhalb seiner selbst liegt. Sie ist die Waage, die nicht wägt, solange sie selbst noch zu wägen bleibt.

An der literarhistorisch jüngsten Zuspitzung der Ephexis wird deutlich, dass noch die Figur der Selbst-Erhaltung in Selbst-Distanz, die von der Tradition der Skepsis festgehalten worden ist, in Bewegung gebracht werden kann. Der erste Absatz von Becketts *The Unnamable* skizziert diese Bewegung: *Where now? Who now? When now? Unquestioning. I, say I. Unbelieving. Questions, hypotheses, call them that. Keep going, going on, call that going, call that on.* […] *I seem to speak, it is not I, about me, it is not about me. These few general remarks to begin with. What am I to do, what shall I do, what should I do, in my situation, how proceed? By aporia pure and simple? Or by*

Werner Hamacher, *Keinmaleins. Texte zu Celan*, Frankfurt am Main 2019, S. 143-179].

87 So in «Prämissen», in W.H., *Entferntes Verstehen*, Frankfurt am Main 1998, S. 10 et passim.

affirmations and negations invalidated as uttered, or sooner or later? Generally speaking. There must be other shifts. Otherwise it would be quite hopeless. But it is quite hopeless. I should mention before going any further, any further on, that I say aporia without knowing what it means. Can one be ephectic otherwise than unawares? I don't know. [...] [*Wo jetzt? Wer jetzt? Wann jetzt? Ohne zu fragen. Ich, sage ich. Ohne zu glauben. Fragen, Hypothesen, nenn sie so. Geh einfach, geh weiter, nenn das Gehen, nenn das weiter.* [...] *Es hat den Anschein, daß ich spreche, ist nicht Ich, über mich, ist nicht über mich. Diese wenigen allgemeinen Hinweise, um anzufangen. Was bin ich zu tun im Begriff, was soll ich tun, was sollte ich tun, in meiner Situation, wie vorgehn? Schlicht und einfach durch Aporie? Oder durch Affirmationen und Negationen, schon im Augenblick, wo sie geäußert werden, wertlos, oder früher oder später? Im Allgemeinen gesprochen. Es muß andre Verschiebungen geben. Anders wär es ziemlich hoffnungslos. Doch es ist ziemlich hoffnungslos. Ich sollte erwähnen, bevor ich weitergehe, weiter vorgehe, das ich Aporie sage ohne zu wissen, was es bedeutet. Kann man denn anders als bloß versehentlich ephektisch sein? Keine Ahnung.*][88] Eine Urteilsenthaltung wäre keine, wenn sie nicht Enthaltung vom Urteil auch über diese Enthaltung wäre. Sie muß also unbemerkt bleiben, um geschehen zu können; noch die Suspension des Urteils muß suspendiert und dem Wissen entzogen bleiben, wie die *Aporie* in ihrer Bedeutung unzugänglich bleiben muß, um eben dieser Bedeutung: unzugänglich zu sein, zu entsprechen *und* um diese Bedeutung abzuwerfen. Becketts Text bewegt sich mit der Aporie ohne sie, mit der Ephexis über ihren Halt hinaus.

Darin also liegt der Witz von Becketts Philologie, darin der Witz dessen, was er *aporia* und *ephectic* nennt: dass er durch Fragen und Hypothesen, die sich selbst desavouieren, Urteile zu ihrer Desaktivierung, Bedeutungen zu ihrer Selbstrevokation und Namen zu ihrer Entnennung treibt. Sein Text spricht sowohl für die Urteile als auch für ihre Aussetzung, sowohl für die Bedeutungen als auch für ihre Tilgung; er spricht für das Gesagte und für das, was vom Gesagten noch zu sagen bleibt, ohne einen Hehl daraus zu machen, dass es von ihm nicht gesagt wird, aber auch ohne den Weg zu ihm zu verstellen. *Keep going, going on, call that going, call that on* –: Er könnte nicht gehen und es so nicht nennen, wenn er gewiß sein könnte, dass er geht und nennt, denn nur, was noch nicht mit Sicherheit richtig benannt ist, läßt sich benennen, und allein, was noch nicht mit Sicherheit ergangen ist, läßt sich ergehen. Mit jeder Benennung muß deshalb eine Entnennung, mit jeder Bedeutung ihre Entdeutung, mit jedem Urteil dessen Rücknahme, mit jedem Schritt seine Suspendierung einhergehen –: mit jedem Mit ein Ohne-Mit. Becketts Philologie der Ephexis hält auf eine

88 Samuel Beckett, *The Unnamable*, New York 1970, S. 3-4.

andere Sprache zu, die so wenig identifizierbar ist, dass sie genau die sein könnte, die sein Text schon spricht; und sie hält auf eine *andere* Zeit zu, die so wenig eine schon bekannte Zeit ist, dass sie auch keine Zeit oder einfach Zukunft heißen könnte.

Die *andere* Philologie, von der die *Thesen* sprechen, ist nicht die Philologie *der* Zukunft, die Nietzsche verkündet hat. Sie ist Philologie *als* Zukunft und *als* Eröffnung künftiger Zukünfte. Diese Zukunft ist nicht als künftige Gegenwart zu verstehen, sondern als die Unzeit, die Zeit des Noch-nicht einer Zeit und die Nicht-Zeit, die es braucht, damit es überhaupt so etwas wie Zeit – auch für das Vergangene – geben kann. Dazu bedarf es, wie einer *tabula rasa* für das zu Schreibende, einer *philologia rasa* für das zu Lesende, das zu Verstehende und zu Sagende.

In diesem Sinn spricht «These» 36 von dem «*anders als so*» als der kleinsten politischen Geste der Philologie; in diesem Sinn polemisiert «These» 86 dagegen, dass die Philologie sich immer wieder als Hilfswissenschaft in den Dienst *des Nationalismus, des Juridismus, des Klassismus, Rassismus, Sexismus* gestellt und sich zum Lakaien von Herrschaftsinteressen gemacht hat und immer noch macht, die die sprachliche, die philologische Existenz verwüsten; in diesem Sinn spricht «These» 94 gegen die *Kuh- und Kapitaltänze*; in diesem Sinn «These» 90 für den Kampf der Philologie im *Weltbürgerkrieg um die Sprache und um die Welt gegen die industrielle Verfertigung der Sprache und der Welt.* Sie kann aber gegen ihre Industrialisierung und gegen ihr Verstummen nur dann ankämpfen, wenn sie sich von den Sicherheitssuggestionen löst, die ihnen die Industrie aufdrängt, wenn sie sich gegen die Rechtssuggestionen erhebt, die ihnen die Staatsgesellschaften aufnötigen, sich von den Klassen-, Rassen-, Sexualitätssuggestionen abkehrt, die ihnen die einschlägigen ideologischen Staatsapparate einprägen – und kein Urteil und keine Urteilsform, keinen Namen und keine Benennungsform gebraucht, ohne sie so zu verändern, dass sie für die Industrie, den Staat und ihre Apparate unbrauchbar werden, aber brauchbar zur weiteren Analyse dessen, was mit ihnen – oder ohne sie – besser zu machen ist.

Für eine solche Änderung des Gebrauchs von Namens- und Urteilsformen ist es nicht förderlich, fromm zu sein, konventionsfromm, wissenschaftsfromm, begriffsfromm. Wohl ist es förderlich, einen unscheinbaren Begriff – wie den der Philologie – mitsamt seinen Implikationen und in der widersprüchlichen Vielfalt seiner Funktionen neu zu elaborieren und ihn einem veränderten und verändernden Gebrauch zuzuführen.

IX
When the blackbird flew out of sight,
It marked the edge
Of one of many circles.

Noch einmal: Gegenstand der Philologie ist das, was vom Gesagten zu sagen bleibt. Was aber vom Gesagten zu sagen bleibt, bleibt von eben *diesem*, dem Gesagten, zu sagen. Es bleibt zu sagen in Bezug auf *es*, nicht aber in Bezug auf herbeiphantasierte Gebilde, willkürliche Projektionen, selektiv wahrgenommene oder tendenziös entstellte Phänomene, sondern in Bezug auf das, was an einem Text ohne Verminderung aufweisbar, an einer Komposition deutlich erkennbar, an einer sozialen Praxis mit den schärfsten analytischen Instrumenten erfaßbar ist. Es dürfte deshalb nicht der mindeste Zweifel daran bestehen, dass Philologie in jeder ihrer Varianten die uneingeschränkte Aufmerksamkeit und den höchsten sachlichen Respekt für ihre Gegenstände aufzubringen hat, und dass sie zum selbstgefälligen Geschwätz verkommt, sobald sie ihnen die Würde der Gegenständlichkeit, der Eigenständigkeit und Widerständigkeit nicht zuerkennt. Vom Gesagten bliebe nichts zu sagen, wenn es nicht eben *dieses* Gesagte bliebe.

Es ist also Sache der Philologie, in jeder ihrer Varianten, den Äußerungen, Texten und Konstruktionen, denen sie begegnet, den Status von Gegenständen – den sie nicht ‹von Natur› und nicht durch bloße ‹Konvention› haben – einzuräumen, sie in ihrer Gegenständlichkeit gewähren zu lassen und sie sein zu lassen, was sie in ihrer jeweiligen Einzigkeit sind. Philologie räumt ein, gewährt und läßt zu, dass etwas gesagt ist und als Gesagtes, für eine wie auch immer bemessene Frist, bleibt und Bestand hat. Doch indem sie einräumt, gewährt und zulässt, *ent*lässt sie das Gesagte zugleich aus ihrer Gewalt, macht es unabhängig von ihrer Macht und gibt es frei, während sie sich als Freigabe zurückhält vom Freigegebenen – ohne ihm deshalb auch schon fremd zu werden – und in ihrer Zurückhaltung selber frei bleibt zu sagen, was vom Gesagten und über es hinaus *noch* zu sagen bleibt. Diese freigebende Zurückhaltung – sie läßt sich als Hören, als Aufmerken oder als Neigung, *philía*, charakterisieren – ist die *Pause der Sprache*: die Pause, die Sprache gewährt, die Pause, die von der Sprache gewährt wird, die Pause, in der ununterschieden bleibt, ob sie zum Sprechen oder zum Schweigen gehört, und von der unbestimmt bleibt, ob sie überhaupt ‹gehört›. Diese Pause läßt die Sprache als Gesagtes zu und hält sich für eine Sprache, die anderes als das schon Gesagte ist, offen. Sie läßt sprechen, läßt aber auch weiter, läßt Anderes und läßt anders sprechen und läßt überdies das Nichtsprechen zu. Da sie sowohl gewährt, was bereits gesagt ist, als auch, was es noch nicht und nie ist, hält sie sich außerhalb der Entgegensetzung zwischen Sein und Nicht-Sein auf. Als Freigabe von beiden und als Zurückhaltung von ihnen untersteht sie mithin nicht der Logik des Seienden und nicht den Aussageformen – den *praedicamenten* –, die es strukturieren. Sie läßt Bedeutungen und den gesamten Bezirk des Bedeutsamen zu, doch eben deshalb bleibt sie selbst von aller Bedeutsamkeit ausgenommen. *Philologie*, wie sie von «These» 46 charakterisiert wird, bewegt sich und bleibt: *in der Pause der Sprache*. Sie ist keine Ontologie der Sprache, denn sie spricht nicht innerhalb der Grenzen von Kategorien und ist deshalb selbst nicht von Kategorien erfassbar.

Die einzige Antwort auf die *Thesen*, die diesen für die gesamte Konzeption einer *anderen* Philologie entscheidenden Überlegungen frontal widerspricht, ist die von Peter Fenves. Unter dem Titel «The Category of Philology» hält er diesen Überlegungen entgegen, Philologie unterstehe der Kategorie des Erleidens. Um seine Behauptung zu stützen, stellt er zunächst die Bedeutung des *échein* in Frage, die in der aristotelischen Formel vom Menschen als dem *zóōn lógon échōn* gebraucht wird (*Politeia* 1253a 10).

Fenves konzentriert sich in einer ersten Argumentationsreihe darauf, die mit dieser Formel behauptete Sonderstellung des Menschen gegenüber allen anderen Lebewesen in Abrede zu stellen, denen Aristoteles in der zitierten Passage seiner *Politik* zwar die *phōné* als Mittel der Verständigung über Lust und Unlust zugesteht, denen er aber den *lógos* nicht zuerkennt, der, so meint er dort, allein – *mónon* – Menschen befähige, einander das Zuträgliche und das Unzuträgliche, das Gehörige und das Ungehörige (oder, wie zumeist übersetzt wird, das Gerechte und das Ungerechte) offenzulegen. Die einschlägigen Bemerkungen der *Historia Animalium* (536b 1-21), auf die Fenves verweist, bekräftigen freilich nur die Differenz zwischen *phōné* und *lógos*, auf der Aristoteles auch in *Peri hermeneias* beharrt (16a 28). (Die *pseudo*-aristotelischen *Problemata* können eine Modifizierung der Ansichten des Aristoteles erst recht nicht belegen, da sie vermutlich erst lange nach dessen Lehrtätigkeit niedergeschrieben wurden.) Die Mensch-Tier-Distinktion, für die sich Fenves interessiert, bleibt aber für das, was in den *Thesen* zum *lógos* und zur Sprache, zum *lógon échein* und zum Sprache-Haben gesagt wird, völlig irrelevant, denn keine einzige dieser *Thesen* spricht von der Sprache von Menschen im Unterschied zu der von Tieren, und keine schließt die Möglichkeit aus, dass Philologie, insbesondere eine *andere*, auch eine Philologie von Tieren oder, wer weiß, von Engeln sein könnte.

Das zweite Argument von Fenves bezieht sich dagegen sehr wohl auf die «These» 6, an der sich sein Widerspruch entzündet, und konzentriert sich auf den Sinn von *échein*, der ihm in dieser «These» unzureichend präzisiert erscheint. Fenves vermerkt dazu: *«To ánthrōpos» would not «have lógos» in the sense of possessing some ability, disposing over an item of property, or even conforming to a fixed «héxis» or habit; rather, human beings could be said to «have lógos» only insofar as lógos was simultaneously given away* [*«To ánthrōpos» würde nicht «lógos haben» im Sinne der Verfügung über ein Vermögen, oder ein Stück Eigentum, oder auch nur in Übereinstimmung mit einer fixen «héxis» oder Gewohnheit; stattdessen könnte man von Menschen sagen, daß sie «lógos haben» nur insofern lógos zugleich weggegeben wird*]. (174) Nun wird zwar in der genannten «These» nichts von dem behauptet, was Fenves negiert, aber das, was er selbst behauptet, setzt voraus, was er negiert. Um nämlich weggegeben werden zu können, muß eine Sache in der Tat innegehabt werden, und zwar nicht als bloße Fähigkeit – die, weggegeben, keine mehr wäre –, wohl aber als Tätigkeit (*enérgeia*), wohl aber als Handlung (*prâxis*) und Hervorbringung (*poíēsis*), wohl aber als Bewegung (*kínēsis*) und somit als *héxis* in dem Sinn, wie sie in dem von Fenves nicht berücksichtigten einschlägigen Kategorien-Passus der aristotelischen *Metaphysik* (1022b 4-14) als ‹Verhalten› charakterisiert wird. Dort heißt es nämlich, dass der Ausdruck *héxis* gebraucht wird zum Beispiel für ‹eine Tätigkeit (*enérgeia*) des Haltenden und des Gehaltenen (*échontos kaì echoménou*) als eine Art von Handlung (*prâxis tis*) oder Bewegung (*kínēsis*)›. Dass gegeben werden könnte, was nicht im bezeichneten Sinn gehabt wird, kommt für Aristoteles – anders als für Plotin – nicht in Betracht. Dass es *simultaneously* gehabt und gegeben werden könnte, läßt sich aus keiner Bemerkung des Aristoteles zum *échein* oder zur *héxis* auch nur konjizieren. Erst dann jedoch, wenn die Formel des Aristoteles aus der *Politik* lautete, der Mensch sei das Wesen, das *lógos* gibt, ohne ihn zu haben, dürfte behauptet werden, das ‹haben› in dieser Formel bedeute nichts anderes als ‹weggeben›. So, wie sie dasteht, besagt sie nur, dass *lógos* das spezifische Betragen oder Verhalten eines Lebewesens ist, das seine Erfahrungen des Zuträglichen und Unzuträglichen im Verkehr mit anderen Mitgliedern seiner Gemeinschaft austauscht. Da diese Gemeinschaft die einer Polis ist, die sich einer bereits überlieferten Sprache bedient, um sich ihrer Ziele zu versichern, wäre es weniger als plausibel, in dieser Sprache ein Instrument gegenseitiger Schädigung zu sehen. *Zṓon lógon échōn* ist denn in der fraglichen Passage der *Politik* auch eine Parallelkonstruktion zu *zóōn politikón*, von der die wechselseitige und gleichursprüngliche Konstitution der politischen und der Sprachgemeinschaft betont wird (1253a 4-11). Den *lógos* ‹haben› besagt demnach, ihn innerhalb einer Polis-Gemeinschaft und im Verkehr mit entsprechenden Gemeinschaften ‹bewegen› und ‹führen›. Ihn wegzugeben würde dagegen besagen, mit dem *lógos* zugleich jede politische Gemeinschaft und damit beide von Aristoteles genannten Charakteristika des Menschen zu zerstören. Damit ist der gewichtigste Einwand, den Fenves gegen die Überlegung aus «These» 6 erhebt, hinfällig. Selbst wenn Aristoteles seine Formel nur ein einziges Mal gebraucht haben sollte, wie Fenves einschränkend behauptet, invalidiert ihre Einmaligkeit nicht das Dasein ihres Wortlauts, nicht ihre durch den Kontext bestimmte Bedeutung und nicht das Gewicht, das sie in der dominanten Tradition des Sprachdenkens angenommen hat.

Durch die Hypothese, *lógos* sei für Aristoteles eine Habe allein in der Weise, dass sie zugleich fortgegeben werde, ist Fenves seiner These, das Erleiden sei die für die Philologie determinierende Kategorie, nicht nähergekommen, sondern hat sie konterkariert. Denn als Praxis des Austauschs müßte die Philologie entsprechend seiner Theorie der politischen *autárkeia* in einer Homeostase von Geben und Nehmen beruhen (1280a-1281b), allenfalls also im Ausgleich von Handeln und Leiden, nicht aber in einem Haben, zu dem, wie Fenves bemerkt, bei Aristoteles der Gegenbegriff fehlt. Den Zugang zu seiner Grundthese soll nun eine Korrelation zwischen den beiden Kategorien nicht des Handelns und Erleidens, sondern des Habens und Erleidens verschaffen, obwohl sie im ersten Buch des aristotelischen *Organon*, das einen Auszug aus seiner Kategorienlehre bietet, ohne strukturelle Beziehung zueinander aufgeführt werden. Selbst in dem summarischen Überblick über die Kategorien, den das vierte Kapitel dieser Schrift im Hinblick auf die Verbindung – die *symploké* – von Wörtern im Satz verschafft, ist jedoch unübersehbar, dass eine Korrelation allein zwischen den *verba activa* und den *verba passiva* aus den Kategorienstämmen des Tuns und des Erleidens hergestellt wird – ‹to cut› [«*schneiden*»] und ‹to burn› [«*brennen*»] einerseits, ‹to be cut› [«*geschnitten werden*»] und ‹to be burnt› [«*versengt werden*»] andererseits –, während für die Kategorie des Habens die semantisch und formal isolierten Beispiele ‹being shod› [«*beschuht sein*»] und ‹being armed› [«*bewaffnet sein*»] angeführt werden, denen auffälligerweise nicht die Kategorie der *stérēsis* – der Vorenthaltung oder Privation – an die Seite gestellt wird. Dennoch kommt Fenves zu dem Ergebnis: *Just as the examples of «having» reverberate in those of «suffering,» so does the notion of* lógon échein *provoke the thought of* lógon páschein. [...]*: «having lógos» may be closer to «being cut» and «being burnt» than «being shod» and «being armed.»* [*Wie die Beispiele für «Haben» in denen für «Erleiden» nachklingen, so provoziert die Wendung* lógon échein *den Gedanken an* lógon páschein. [...] *«lógos haben» mag dem «geschnitten werden» und «versengt werden» näher sein als «beschuht sein» und «bewaffnet sein».*] (176)

Nun hätte es, angesichts der von Fenves zurecht betonten Unsicherheiten bei der Einschätzung der Kategorienschrift insgesamt und der Darstellung der Kategorie des Habens insbesondere, nur eines Blicks in die ausführlichere Behandlung dieser einen Kategorie am Ende der Schrift bedurft, um eine viel näherliegende Verbindung herzustellen, die den Status des *lógos* und des *échein* bei Aristoteles verdeutlichen kann. Auf dieses Kapitel 15 geht Fenves nicht ein. Habe wird dort als *héxis, diáthesis* oder *poiótēta* – Habe, Verhalten und Betragen, Disposition oder Beschaffenheit – identifiziert, und die ersten beiden Beispiele, die ihren besonderen Status verdeutlichen, sind Wissen (*epistémē*) und Tüchtigkeit (*areté*). Wenn *lógos* Gegenstand eines Habens oder eines Verhaltens ist wie das Wissen und die Tüchtigkeit, dann unterliegt er den Bestimmungen, die in diesem Kapitel und dem korrespondierenden 23. Kapitel des Buchs V der *Metaphysik* angeführt werden, das Fenves in seinen Bemerkungen gleichfalls unberücksichtigt läßt. Diese Bestimmungen lauten: in einer Form halten, als Ganzes seine Teile enthalten, als Behälter einen Inhalt umschließen, Anderes davon abhalten, seiner natürlichen Bewegung zu folgen, zusammenhalten, was auseinanderstrebt, unter einer Regel halten und beherrschen (1023a 8-25). Gehabt wird nach dieser Darstellung Anderes jeweils in dem Sinn, dass darüber verfügt wird. Haben ist somit ein durchweg restriktives Verhalten zu Anderem, das dessen Limitierung, Homogenisierung und Kontrolle bewirkt oder erzwingt. Sprache, die unter der Kategorie des Habens gefasst wird, ist formierte, formalisierte und subsummierende Sprache; sie ist nicht die Anderem eingeräumte, gewährte und zugestandene Sprache, sondern die jeweils in jedem Sinn eigene; sie ist Aneignungssprache. Die erste Bedeutung, die Aristoteles dem *échein* in der *Metaphysik* zuweist, dominiert denn auch die angebliche Vielfalt von dessen Bedeutungen: *tò hágein katà tèn autoû phýsin hè katà tèn autoû hormén* – ‹nach eigener Natur oder nach eigenem Triebe etwas bewegen und führen›. Von einer aus je Eigenem bewegten und hegemonial beherrschten Sprache sollte außer Zweifel stehen, dass sie, anders als Fenves mit der Formel *lógon páschein* behauptet, keine passiv empfangene oder gar unter Schmerzen ertragene ist: Bei Aristoteles wird der *lógos* von dem, der ihn ‹hat›, nicht erlitten, sondern gelenkt; nicht erduldet, sondern diktiert.[89]

89 Ein später Nachhall der kategorialen Bestimmung des Wissens als Habe läßt

Fenves moniert in seinem Text, dass die *Thesen* den kategorialen Status des *lógon échein* (178) und den kategorialen Status des Pathos der Philologie nicht untersuchten. Beide Monita sind gegenstandslos, denn in «These» 6, die Fenves zu Beginn seiner Diskussion in toto zitiert und übersetzt, wird der kategoriale Status der Sprache insgesamt explizit bestritten: *The idea of philology, like the idea of language, forbids that it be seen as a possession. Since the Aristotelian turn of phrase about the human being as a living thing* possessing *language uses the (linguistic) category of ‹having› for language itself and therefore uses it tautologically, it is without a finite object and itself a non-finite category, an* ápeiron.› [*Die Idee der Philologie verbietet wie die Idee der Sprache, sie als Habe anzusehen. Da die aristotelische Wendung vom Menschen als Sprache habenden Lebewesen die (sprachliche) Kategorie der Habe für die Sprache selbst und also tautologisch gebraucht, ist sie ohne finiten Gegenstand und selbst eine nicht finite Kategorie, ein* ápeiron.] (173) Damit ist nicht mehr als die Skizze eines Arguments geboten, aber diese Skizze ist deutlich genug, um in ihr die folgende Überlegung zu erkennen: Mit der Formel *zóōn lógon échōn* wird über den *lógos* eine Aussage getroffen, und zwar eine solche, die den *lógos* unter die selbst dem *lógos* angehörige Kategorie des *échein* bringt. Dadurch wird das als *lógos* thematisierte Verhältnis, das hier als ‹Sprache› gedeutet wird, als ein sprachlich prädizierbares Verhältnis charakterisiert; das Verhältnis, das die Sprache ist, wird durch eine der Verhältnisformen, die der Sprache – und zwar einer historisch bestimmten Sprache, der griechischen zur Zeit des Aristoteles – zur Verfügung stehen, determiniert. Da Sprache in dieser Formel durch das Nomen *lógos* und durch die prädikative Bestimmung *échōn* derart doppelt thematisiert wird, ergibt sich der trivial erscheinende und dennoch höchst befremdliche Sachverhalt einer doppelten Selbst-Thematisierung, in der die Sprache als ursprüngliches Selbst-Verhältnis und als Verhältnis zu sich *als* Selbst-Verhältnis dargestellt wird. Sie erscheint darin als Gesagtes und in ihrer Gesagtheit Ausgesagtes, ohne dass die Restriktion ihrer Bewegung

---

sich in Walter Benjamins Bemerkung in der ‹Erkenntniskritischen Vorrede› seines Trauerspielbuchs hören: *Erkenntnis ist ein Haben. Ihr Gegenstand selbst bestimmt sich dadurch, dass er im Bewusstsein – und sei es transzendental – innegehabt werden muß. Ihm bleibt der Besitzcharakter. Diesem Besitztum ist Darstellung sekundär. Es existiert nicht bereits als ein Sich-Darstellendes. Gerade dies aber gilt von der Wahrheit.* (*Gesammelte Schriften*, Bd. I 1, Frankfurt am Main 1974, S. 209) Vom Besitztum des Wissens ist für Benjamin mit der Wahrheit zugleich die Sprache abgehoben, denn Wahrheit ist *ein aus Ideen gebildetes intentionsloses Sein*, und von der Idee heißt es: *Die Idee ist ein Sprachliches, und zwar im Wesen des Wortes jeweils dasjenige Moment, in welchem es Symbol ist.* (l.c., S. 216)

auf ein Thema und auf den Zirkelgang der Selbst-Thematisierung eigens bedacht würde.

Trivial kann dieser Sachverhalt erscheinen, da immer dann, wenn ein Nomen wie *lógos* oder ‹Sprache› oder ‹language› ausgesprochen wird, *in* der Sprache und *mit* ihren Mitteln *über* die Sprache gesprochen wird, ohne dass doch das Geschehen des Ansprechens der Sprache in ihrer Thematisierung eigens zum Vorschein kommen könnte, also ohne dass anderes als ihr Verhältnis zu sich selbst als ihrem Thema ‹zur Sprache› käme. Dieser Sachverhalt wird aber, so trivial er erscheinen mag, beunruhigend, wenn er in größerer Deutlichkeit hervortritt und sich als zirkuläres Verhältnis eines Themas zu sich als einem Thema erweist. Das Verhältnis, das mit dem Namen *lógos* belegt wird, zeigt sich dann nämlich nicht nur als auto-logisches oder tautologisches Verhältnis und somit als ein solches, das sich in der mechanischen Wiederholung des Gesagten erschöpft, es zeigt sich überdies und paradox als Rekurs auf eine unabsehbare Serie von Prädikationsinstanzen, an die sich die Sprache als Thema und Selbst-Supposition verlieren muß.

Aristoteles hat auf dieses Implikat seines eigenen *lógos*-Begriffs mit der Verhängung eines Tabus reagiert, das reduplikative oder sui-referenzielle Aussagen aus dem Bereich des *lógos apophantikós* rigoros ausschließen soll. In *Peri hermeneias* heißt es zu einer solchen Doppelprädikation: «A man is a man and is white. He will, therefore, be also a white man. And, if he is white, then it follows the composite also is white, which will give us ‹a white, white man,› and so we go on to infinity (*ápeiron*).»[90] (20b 39-40) [*Ein Mann ist ein Mann und ist weiß. Deshalb wird er auch ein weißer Mann sein. Und daraus, daß er weiß ist, folgt, daß auch die Wortzusammensetzung weiß ist, was uns einen ‹weißen, weißen Mann› beschert, und so ins Unendliche* (ápeiron) *fort.*] Nicht an einem Beispiel, sondern an einer Kategorie – und zwar derjenigen der *héxis*, die im 15. Kapitel der Kategorienschrift als erste Bedeutung von *échein* verzeichnet wird – wiederholt Aristoteles in der *Metaphysik* das Verdikt gegen sui-referenzielle Aussagen. Nachdem er deutlich gemacht hat, dass *héxis* das Verhältnis einer tätigen Vermittlung zwischen Haltendem und Gehaltenem und also das Verhältnis der *poíēsis metaxý* – der vermittelnden Hervorbringung – zwischen beiden bezeichnet, schreibt er: «Clearly, then, it is impossible to *hold* (*échein*) a ‹holding› (*héxin*) in this sense; for there will be an infinite series (*ápeiron*) if we can hold the holding of what we hold»[91] (1022b 9). [*Es ist also klarerweise unmöglich, ein Halten*

---

90 Die englische Übersetzung, von W.H. für die Übersetzung von *Was zu sagen bleibt* ins Englische ausgewählt, stammt von Harold P. Cooke.

91 Von W.H. im Typoskript von *Was zu sagen bleibt* als «modifizierte Übersetzung von Hugh Tredennick» ausgewiesen.

(héxin) *in diesem Sinn zu halten* (échein)*; denn wenn wir das Halten dessen, was wir halten, halten, ergibt sich eine infinite* (ápeiron) *Serie.*] Ein solches *ápeiron*, ein Unbegrenztes, Un-endliches, hier verstanden als infiniter Regreß, verbietet sich nach Aristoteles für logische Aussagen, weil die *péras* – die Grenze und somit die Form, das Ziel und das Wesen sowohl einer Sache wie ihrer Erkenntnis (1022a 5-17) – Bestimmungsgrund und -zweck des *lógos apophantikós* ist, und weil die Tilgung dieser Grenze zugleich die Tilgung dieses *lógos* und der für ihn konstitutiven Aussageformen, also der Kategorien insgesamt sein muß. Durch reduplikative sui-referenzielle Prädikationen kommt nichts zur Erscheinung, nichts zur Erkenntnis, nichts zur Aussage, denn das darin Ausgesagte wird seiner kognitiven und somit ousio-logischen Form beraubt, indem es einer weiteren und wiederum weiteren Aussage und somit dem Grenzen- und Aussagelosen überlassen wird. Das *ápeiron*, das Aristoteles in *Peri hermeneias* auch als *átopos* bezeichnet (20b 38) und das er in seiner *Physik* (209b) der *hýlē* und der Platonischen *chóra* gleichsetzt, fungiert in den Kategorienschriften als das schlechthin Andere zu den Kategorien und den Denkformen der Ontologie insgesamt.

Nach dem in «These» 6 skizzierten Argument begeht Aristoteles mit der Formel vom Menschen als *zóōn lógon échōn* genau denjenigen Fehler, den er selbst als Zerstörung der kategorialen Ordnung des *lógos apophantikós* verurteilt. Wie ‹der weiße weiße Mensch› in die Unendlichkeit eines Urteilsverzugs führt, der es zu keiner finiten Aussage kommen läßt, so muß die ‹gehabte Sprache› eine ‹gehabte Habe›, ein ‹gehaltenes Halten› oder ein ‹hergestelltes Herstellen› sein, das im Selbst-Verhältnis des *lógos* den bodenlosen Abgrund eines Verhältnisses zu Anderem öffnet, über das keine Aussage zustande kommen kann.[92] Noch in der Wendung *Verhältnis aller Verhältnisse*, die Heidegger in *Unterwegs zur Sprache* sowohl für die Sprache wie für ihr ‹Ereignis› gebraucht, bekundet sich zweideutig die Erinnerung an diese aporetische und apeirontische Struktur.[93] Indem sich das Selbst-Verhältnis, das für Aristoteles der *lógos* ist, auf ein unbegrenzt Anderes auftut, erweist es sich als Verhältnis zu Verhältnislosem und in diesem zu dem, was weder Seiendes noch Nicht-Seiendes, kein *tò ón*, kein *mè ón*, aber auch keine *ousía*, keine *dýnamis* und keine *entelécheia* ist. Wenn die Kategorien in ihrer Vielzahl die vielfältigen Bedeutungen des Seins bezeichnen, dann in der Weise, dass ihr Bezeichnen – *sēmaínein* – sich jeweils auf eine Ordnung des Seins – *eînai* – bezieht (1017a 24-27). Dadurch ist die Möglichkeit

92 Zur Satzlehre des Aristoteles und einigen der hier umrissenen Überlegungen cf. W. H., «Hypertax (Ett försök)» (Schwedische Übersetzung von Tommy Andersson), in *Ordens negativ: Till Anders Olsson*, Stockholm 2009, pp. 115-149.

93 Martin Heidegger, *Unterwegs zur Sprache*, Pfullingen 1959, p. 267.

der Ontologie gesichert. Sie kollabiert, wenn der auf Kategorien reduzierte *lógos* sich auf dem Weg der Selbst-Bezeichnung in ein *ápeiron* verläuft, das keinen Halt für kategoriale Bezeichnungen und keinen für das darin bezeichnete Sein bietet.

Die Konsequenz aus dieser Beobachtung mag befremdlich, sie mag sogar ungeheuerlich erscheinen, sie ist aber nicht abzuwenden, wenn es darum zu tun ist, die Struktur der Sprache zu verdeutlichen. Wenn die Kategorien bestimmt sind, die Sprache als Ordnungsgefüge der Kommunikation – insbesondere der im aristotelischen Sinn ‹politischen› Kommunikation – zu sichern, und wenn diese Kategorien trotz der formal-logischen Tabus, die ihr Funktionieren sicherstellen sollen, schon in der minimalen Selbst-Thematisierung, die in der Wendung *lógon échōn* vollzogen wird, in ein haltloses *ápeiron* abirren, dann ist dieser *lógos* kategorial nicht fassbar, dann ist er keine substanzielle Habe, kein Eigentum des *zóōn politikón*, als das der Mensch sich durch ihn definieren kann, dann ist er nicht ein Verhältnis zu sich selbst oder zu einem von ihm definierten Anderen, sondern ein Verhältnis zu einem von ihm undefinierbaren, imprädikablen, nämlich unbegrenzten, form- und also seinslosen Anderen, mithin ein Verhältnis zu einem Verhältnis-Entzug und selber ein haltloses, ein Verhältnis im Entzug. Damit ist, wohlgemerkt, nicht gesagt, dass Sprache keine Habe ist, wohl aber, dass sie *als* diese Habe immer schon Anderem, und zwar un-endlich Anderem, ‹gehört›, das seinerseits keine Habe festhalten und über keine anders verfügen kann, als indem es sie wiederum Anderem überlässt. Es ist damit also auch nicht gesagt, dass der *lógos*, hier als Sprache gedeutet, keinen Halt gewährt, wohl aber, dass dieser Halt selbst ohne Bestand, ohne beharrendes Wesen bleibt, dass er mithin endlich, und zwar, wie es in «These» 19 heißt, *unendlich endlich* ist. Es ist damit weiterhin nicht gesagt, dass die Sprache kein Seiendes im Sinn der aristotelischen ‹ersten Substanz› und ihres Soseins (*tò tí ên eînai*) oder ihres *actus essendi* ist, wohl aber ist damit gesagt, dass dieses Sosein jeweils allein von einem Anders-als-Sosein her bestimmbar ist. So unbestimmt jenes ‹Anders› bleiben mag, ihm kann nicht der logische Status eines *nihil negativum* zugeordnet werden, es ist vielmehr in dem hier umfänglich kommentierten Sinn als *nihil donans* zu denken und somit als das gebend, was es selber nicht ‹haben› und das ihm nicht zurückgegeben werden kann. Sprache im Ausgang von diesem *ápeiron* ist, kurzum, kein möglicher Gegenstand einer Ontologie, weil sie kein möglicher Gegenstand kategorialer Bestimmungen ist. Umgekehrt sind kategoriale und somit ontologische Bestimmungen nur möglich als implizite Verweisungen auf eine Sprache, die von ihnen nicht erfasst werden kann:

als Verweisungen auf ein *ápeiron*. Diese Sprache ist nicht der ‹Gegenstand›, sie ist das Feld der Philologie.

An der ‹Relation› – von Aristoteles als *prós ti* bezeichnet – und an dem *páthos*, das mit ihr in Verbindung stehen kann, an denjenigen beiden ‹Kategorien› also, die mit der Philologie am engsten assoziiert sind, zeichnet sich jene Verweisung auf ein *ápeiron* vielleicht am auffälligsten ab. Aristoteles ist bei der Charakterisierung, die er der ‹Relation› im V. Buch der *Metaphysik* widmet, präzise genug, sie auf das offenzuhalten, was er in der Arithmetik das *hyperéchon* in seinem Bezug zum *hyperechómenon*, das Übertreffende in Bezug zum Übertroffenen, aber genauer: das Über-habende im Bezug zum Über-gehabten nennt, und dazu ausdrücklich zu vermerken, dass diese Relation der Zahl nach völlig unbestimmt – *hólos aóriston* –, weil nur mit einer inkommensurablen Zahl – *mè sýmmetron* – bezifferbar sei (1021a 1-6). Die gedachte Relation untersteht demnach weder Maß noch Definition, kann also nur als das ausgesagt werden, was über den Horizont der Kategorie hinausgeht. Von ihr müßte gelten, sie sei die Kategorie dessen, was a limine keine Kategorie ist.

Was das *páthos* betrifft, so stellt die karge Auskunft der *Metaphysik* fest, dass mit dieser Bezeichnung im ‹strengeren› Sinn die schädlichen – *blaberaí* – Veränderungen und Bewegungen und die übergroßen – *megéthē* – Schmerzen bezeichnet werden (1022b 15-21), solche also, so müßte hinzugefügt werden, die die Existenz des Geschädigten und somit die Kategorie des schädigenden *páthos* selbst bedrohen. Da diese Kategorie, ähnlich wie die der arithmetischen Relation, eine Bewegung bezeichnet, welche die Grenze des Aussagbaren nicht nur berührt, sondern überschreitet, müßte auch von ihr gesagt werden, sie beziehe sich auf ein ‹völlig Unbestimmtes›, ‹Inkommensurables› und ‹Asymmetrisches›, kurzum auf ein kategorial nicht Fassbares. Das wird von Aristoteles aber nicht gesagt. Nicht gesagt ist also dasjenige Extrem des *páthos*, das wiederum ein zwar nicht ‹logisches›, wohl aber psychisches und somatisches *ápeiron* ist. Wird dieses *ápeiron* verschwiegen, dann weil Kategorien vor ihm versagen. Wenn es selbst eine ‹Kategorie› ist – sofern es unter dem Namen *ápeiron* angesprochen wird –, dann eine nicht-finite wie die Platonische Idee, wie das arithmetische *hyperéchon*, das *aóriston*, das *mè sýmmetron*, das *átopon*, die in je verschiedener Weise den Horizont kategorialer Bestimmungen verlassen und diese auf sich als das einzig Irreduzible reduzieren. Die Relation der Kategorie – und auch noch der *páthos*-Kategorie – zum *páthos* erweist sich abermals als Relation zum Irrelationalen: so dass sich der Gedanke aufdrängt, *páthos* sei der Exzess oder der Mangel, sei also das Unverhältnismäßige in jedem kategorialen Verhältnis, sei somit das Nicht-Kategoriale, das alle Kategorien verstört.

Die Überlegungen, die zu den *Thesen* geführt haben, beruhen nicht, wie Fenves verblüffenderweise meint, auf einer *disinclination* [*Abneigung*] (172) gegenüber Kategorien, sie beruhen auf der Analyse der von ihren kanonischen Darstellungen bezeugten Unfähigkeit, ihren kategorialen Status zu bewahren. Das besagt, dass die Sprache weder nach Struktur noch nach Umfang durchweg von Kategorien determiniert sein kann, und besagt weiter, dass kategoriale Determinationen einer fortgesetzten Indetermination durch das seinerseits Indeterminierte, Indefinite, In-finite unterliegen, der die Philologie in ihren Erläuterungen, Befunden und Antworten zu entsprechen hat.

Deshalb kann auf die These von Fenves: *Suffering* [...] *is the uncertain, inconclusive category of philology* [*Leiden* [...] *ist die ungewisse, unabgeschlossene Kategorie der Philologie*] (178), die Antwort nur lauten: Philologie untersteht keiner Kategorie. Sie leidet seit langem – spätestens seit Aristoteles und mehr noch seit Luther – *unter* Kategorien, aber sie leidet nicht *nach* Kategorien, nicht ihnen entsprechend und nicht innerhalb ihrer Grenzen. Sie kann deshalb, trotz aller Leiden, in aller Heiterkeit eben diese Leiden analysieren, und sie kann anderes als Leiden und anderes als Kategorien, unbestimmt was, zur Sprache kommen lassen. Dabei dürfte das Ungewisse und Unabgeschlossene einen gewichtigen Teil ihrer Aufmerksamkeit beanspruchen, zumal es in den maßgeblichen Kategorienlehren sowohl der Antike als auch der Moderne nie als kategorial fassbar oder gar als Charakter der Kategorien selbst gegolten hat.

Im Unterschied zur Ontologie, die das Sein einer Sache in ihr Ausgesagtsein setzt, läßt die Philologie zur Sprache kommen, was von den Aussageformen – den Kategorien –, den Vorstellungen, Begriffen, Denk- und Redefiguren verschwiegen, abgestumpft und verwischt wird. Philologie läßt sprechen, und sie ist nichts anderes als dies: sprechen und hören zu lassen. Lassen aber ist keine Kategorie. Lassen ist keine der Formen, die das Sein einer Sache in ihrer Ausgesagtheit feststellen. Lassen ist überhaupt keine Form. Es ist ein solches Verhältnis zu dem, was es zulässt, gewährt und einräumt, was es kommen und zur Sprache kommen läßt, in dem diesem freigestellt bleibt, eine andere Sprache zu sprechen als jede, die schon bekannt und gekonnt ist, ein anderes Verhältnis einzugehen als jedes, das antizipiert werden könnte. Allein so ist dieses Lassen der Philologie ein Verhältnis zu dem, was nicht schon durch ein Verhältnis gebunden ist, und allein so ein Verhältnis zu dem, was von allem Gesagten zu sagen – immer noch – übrig bleibt.

Die *provisorische Maxime*, die am Ende von «These» 89 aufgestellt wird, ist kein ‹subjektives› Prinzip in dem kantischen Sinn, in dem sie das Handlungsgesetz eines Subjekts von Vorstellungen wäre. Diese Maxime empfiehlt zwar das Lassen des Handelns, aber sie empfiehlt es nicht als ein bloßes *Unter*lassen, sondern zugleich als ein *Zu*lassen, und sie empfiehlt es als eine Modifikation des Handelns, durch die dieses zu sich selbst in das freie Verhältnis sowohl des *Zu*lassens als auch des *Unter*lassens tritt. Diese Maxime einer *anderen* Philologie lautet nämlich: *Handle so, dass du das Handeln lassen kannst. Und weiter: Handle ohne Maxime, auch ohne diese.* Ohne Maxime zu handeln, und gar ohne die Minimal-Maxime einer Zulassung und Unterlassung des Handelns, bedeutet offenbar nicht, nicht zu handeln, bedeutet noch weniger, sich ergeben ins Leiden zu fügen oder es auf sich zu ziehen, und hat offenbar mit den Weisungen der ‹christlichen› Evangelien und apostolischen Schriften nichts und mit den dürftigen Auslassungen der aristotelischen Kategorienschrift weniger als nichts zu schaffen. Es besagt schlicht und in aller Deutlichkeit: Gewähre das Handeln und Verhalten, jedes und deines, als ein solches, das von jedem Gebot und jedem Verbot frei ist; gewähre es so, dass es noch frei ist vom Gewähren, sofern dieses als intentionaler Akt oder als passive Duldung gedeutet werden kann; lasse zu, dass etwas geschieht, das sich von allem Geschehenen löst; dass etwas gesagt wird, das zu allem Gesagten hinzukommt; dass etwas zu sagen bleibt, das noch nie gesagt worden ist und nie wird gesagt worden sein. Laß zu, was in keinem Sinn von Sein ist, gewesen ist oder sein wird. Lasse jedes determinierte oder determinierende Lassen. Diese Maxime des Maximen-Entzugs definiert das, was in den *Thesen* Philologie heißt, als deren fortgesetzte Indefinition. Es definiert und indefiniert sie als das Geschehen dessen, was keine interne und keine externe Grenze kennt. Insofern kommt es dem sehr nahe, was Aristoteles tabuisierend und Anaximander affirmativ als *ápeiron* bezeichnet.

Dieses in «These» 6 zitierte Wort *ápeiron* erscheint nämlich auch in einem der wichtigsten Sätze, die aus dem Werk des Anaximander überliefert sind. Der Satz lautet in der Fassung, die Simplikios in seinem Kommentar zur *Physik* des Aristoteles zitiert: *archè tōn óntōn tò ápeiron* – ‹die Herkunft des Seienden liegt in dem, was keine Grenze hat›. Damit ist offenkundig gesagt, dass das, woher alles Seiende kommt, selber kein Seiendes – kein Anwesendes, kein Ding, kein Phänomen – ist. Offen für Bestimmungen, kann es nicht in sie eingeschlossen, aber auch nicht gegen sie geschützt werden.

Deshalb ist es deutbar als Gewähr dafür, dass überhaupt etwas vorkommen kann, jedoch als Gewähr, die wehrlos bleibt gegen seine Verstellungen durch das, was vorkommt. Da es das schlechthin Bestimmungsoffene ist, muß es durch jede Bestimmung nicht nur verfehlt, sondern verschlossen werden. Schon seine Benennung – *ápeiron* – bezeugt, dass es allein als Definites zugänglich ist, dementiert jedoch seine Definition zugleich dadurch, dass diese ausschließlich in einer Verneinung beruht. Da die Negation in seiner Bestimmung als *archè* gedacht wird, kann sie nicht die Negation eines vorgängigen Positums sein, sondern nur die Infra-Negation aller kategorialen und sonstigen Bestimmungen, welche Seiendem überhaupt zu- oder abgesprochen werden können. Es ist, mit der von «These» 6 gleichfalls zitierten Formulierung Platons, *epékeina tês ousías*, jenseits der Wesen- und Washeiten, jenseits also aller für die Ontologie denkbaren Formen, ohne jedoch in diesem Jenseits geschützt verharren zu können: denn es ist ‹ohne Grenze› und also ohne Demarkationslinie gegen das, was anders als es oder was nicht ist. Am eminent negativen – infra-negativen – Geschehen des *ápeiron* wird deutlich, dass es ein Geschehen der Sprache ist, an seiner Charakterisierung als *arché*, dass dieses Geschehen durch und durch infra-negativ und deshalb auf keine innersprachliche Form, zum Beispiel die einer prädikativen Verneinung, reduzibel ist. Sprache überhaupt als Geschehen ist, kurzum, kein Phänomen unter anderen, kein Sachverhalt neben anderen, sondern zunächst nichts als die Freiheit *zu* Phänomenen und Sachverhalten, wenn aber diese Freiheit, dann auch das freie Verhältnis zu allen Sprachen, die als Phänomene und als Sachverhalte begegnen, dann also auch die Befreiung *zu* dem, was sie noch nicht jeweils sind. Es ist das Indefinite, das alle Definitionen einschließlich der negativen, der es selbst unterliegt, auf indefinit weitere öffnet. So gedacht, gibt das *ápeiron* des Anaximander Aufschluß über einen der Zugänge zu einer anderen Philologie.

Daniel Heller-Roazen bietet in seiner Studie «Defining the Indefinite» eine Erläuterung ganz anderer Art zum Indefiniten und zum Satz der «These» 95, *dass sich das Indefinite allmählich definiert.* Seine Rekonstruktion der Nachgeschichte einer philologischen Entdeckung des Aristoteles und ihrer philologischen Klärung in Kommentaren, Akzentverschiebungen, Übersetzungen und Weiterungen während der folgenden Jahrhunderte ist selber ein Musterstück radikaler Philologie. Das von ihm untersuchte Indefinite ist weder das *ápeiron* des Aristoteles noch das des Anaximander, sondern das von Aristoteles beschriebene und benannte *aóriston*, genauer das *ónoma aóriston* – der indefinite Name – und das *aóriston rhêma* – das indefinite

Verb –, die beide weder eine Affirmation noch eine Negation darstellen. Der ‹Nicht-Mensch› – *ouk ánthrōpos* –, so lautet das von Aristoteles in *Peri hermeneias* (16a 30-33, 19b 5) angegebene Beispiel, ist zwar ein Nicht-Name – *ouk ónoma* –, aber nicht einfach kein Name, sondern ein indefiniter Name, weil er unter der Unzahl von Namen der einzige ist, der für eine fällige Benennung *nicht* gebraucht wird und derart alle anderen, ungenannten, für eine Benennung zulässt. ‹Ein Nicht-Mensch› kann eine Amsel, den Schnee, eine Zahl und unendlich viel mehr bezeichnen, nur keinen Menschen; er ist also Name für eine Unendlichkeit von Nichtbenanntem mit der einzigen Ausnahme des darin negierten ‹Menschen›. Aoristische, indefinite Namen benennen nicht durch Benennung, sondern durch die Verweigerung jeweils einer einzigen, bestimmten Benennung. Solche Nicht-Namen, versichert Aristoteles, werden gleichermaßen von Seiendem und Nicht-Seiendem gebraucht – *hypárchei kaì óntos kaì mè óntos*. Ebenso verhält es sich mit aoristischen Verben, wie zum Beispiel ‹ist nicht-krank›: sie negieren nicht nur ein Prädikat, sondern prädizieren damit eine Deprädikation. Die Bedeutung aller entscheidenden Elemente des *lógos* läßt sich demnach ohne Unterschied zwischen der Existenz und der Nicht-Existenz dessen, worauf sie sich beziehen, durch eine indefinierende Partikel – *ou* oder *ouk* – radikal verändern. Der *lógos* insgesamt und als solcher ist durch dieses *aóriston* seiner strukturellen Indetermination ausgesetzt, er ist von dieser, wie Aristoteles schreibt, ‹durchwaltet› – *hypárchei* – und somit, so läßt sich verstehen, in seinem ontologischen Status von Grund auf suspendiert.

Ebenso beiläufig wie treffend bemerkt Heller-Roazen, dass Philosophie in der aristotelischen Tradition als *a science of the definite* [*eine Wissenschaft des Festumrissenen*] (210) verstanden wurde und deshalb keinen Raum bieten konnte für die anhaltende Befassung mit dem Indefiniten. Obgleich in den Schriften des Aristoteles mit auffallender Häufigkeit von fehlenden Namen und obwohl in ihnen zum erstenmal von indefiniten Ausdrücken, die sich auf Seiendes wie auf Nicht-Seiendes beziehen, die Rede ist, so gehören sie doch nicht oder nur auf problematische Weise in des Gebiet der von ihm begründeten Ontologie und der als Ontologie verstandenen Philosophie und sie gehören zu keiner der Regionalwissenschaften, die nach deren Prinzipien verfahren. Wenn sie überhaupt einer Wissenschaft – einer *téchnē* oder *epistémē* – angehören, dann einer Wissenschaft ohne Namen oder einer aoristischen, einer Nicht-Wissenschaft. In diese Richtung deutet Heller-Roazen in seiner weiteren historischen Untersuchung der indefiniten Sprachen. Ammonios, ein Schüler des Neo-Platonikers Proklos, betont in seinem Kommentar zu *Peri hermeneias*, dass der indefinite Name ‹*destroys one thing, namely, what is signified by the name said without the negative [particle], and also introduces all the other things beside that, both those which are and those which are not.›* [*ein Ding zerstört, nämlich das durch den ausgesagten Namen ohne die negative* [*Partikel*] *bedeutete, und neben diesem einen alle andern Dinge einführt, seiende und nichtseiende*] (206) Heller-Roazen fasst diese Beschreibung zusammen in dem Satz: *An indefinite name thus un-names and names at once.* [*Ein indefiniter Name ent-nennt und nennt zugleich.*] (207) Diese Doppelgeste rückt den indefiniten Namen in die Nachbarschaft der von Cohen-Halimi zitierten Geste von Francis Ponge und deutet mit der Nähe des *aóriston* zur dichterischen Praxis zugleich seine Nähe zur philologischen Praxis an, die in ihren entscheidenden Zügen eine Praxis der Renominierung und Reprädikation, damit in eins aber der Denominierung und Deprädikation ist. Ponge hatte gesagt: *Et voilà une autre façon de tenter la chose: la considérer comme non nommée, non nommable, et la décrire* ex nihilo *si bien qu'on la reconnaisse. Mais qu'on la reconnaisse seulement à la fin.* [...] *Il faut que le nom ne soit pas utile. / Remplacer le nom.*[94] – [*hier eine andere Sicht auf die Sache: sie als ungenannt, unnennbar anzusehn, und sie* ex nihilo *beschreiben, so, daß man sie erkennt. Erkennt aber, erst am Ende* [...] *Der Name muß außer Gebrauch sein. / Den Namen ersetzen.*] Auch Ponge also entnennt und nennt zugleich und macht derart seine Dichtung zu einem indefiniten Namen, einem indefiniten Satz, einer indefiniten Sprache – einer ‹Nicht-Sprache›, die durch Entnennung benennt und durch Deprädikation prädiziert.

Und genauer: Ponge kaum anders als nach Ammonios jeder, der indefinite Namen und Verben gebraucht, führt eine aoristische Sprache ein, wo vor ihr noch keine Sprache war. Er öffnet, so ließe sich sagen, eine Pause der Sprache und hält sie sprechend in der Weise offen, dass sowohl die Sache wie auch die Sprache für sie durch seine Indefinitionen zum erstenmal – oder aufs Neue zum erstenmal – erkennbar wird. Seine Dichtung urteilt nicht – und am wenigsten nach Kategorien –, sie bildet nicht Gegebenes nach, sondern erschließt, was bislang nicht gegeben war. Und so die Arbeit des Philologen. Für Heller-Roazen zeichnet sich der auf Ammonios folgende Aristoteles-Kommentar des Boethius durch die *modest inventiveness* [*bescheidene Erfindungsgabe*] aus, mit der er das griechische *aóriston* durch das lateinische *infinitum* übersetzt und damit ein *event of speech* [*Sprechereignis*] auslöst, *that was perhaps never before defined as such: the naming of a pure non-existence* [*das vielleicht niemals zuvor als ein solches umrissen worden war: das Nennen einer reinen Nicht-Existenz*]. (210) Das Werk von Philologen – Analytikern, Kommentatoren, Übersetzern und Interpreten

---

94 Ponge, *Méthodes*, l.c., S. 36.

–, so ist damit gesagt, liegt nicht allein in der Präzisierung eines Terminus oder Non-Terminus, eines Textes oder Non-Textes, es liegt im Vollzug des *event of speech*, das damit präzisiert wird. Dichtung und Philologie sind, auf jeweils verschiedene Weise, das Geschehen der Neu-Benennung dessen, was zuvor keinen oder einen verstellenden Namen hatte, aber durch dieses Geschehen nicht etwa ein definites Seiendes, sondern ein indefinites und weiterhin in-finites Nicht-Seiendes wird. Der Nicht-Name ‹infinitum›, den Boethius wählt, wäre somit – wie es in «These» 32 heißt – *nicht so sehr Platzhalter als vielmehr Platzöffner für ein Nicht*; dieser Nicht-Name wäre die Öffnung oder Wiederöffnung eben dieses Nicht, wie es zuvor die einschlägigen Texte von Ammonios und Proklos, Plotin und Aristoteles, Platon und Anaximander und unzähliger Anderer, inzwischen Namenloser, waren. Traditionen sind immer auch, und sie sind vor allem, Traditionen eines Nicht, das zum Gesagten und Nicht-Gesagten, zum Seienden und Nicht-Seienden gesagt wird: eines Nicht, von dem die Ontologien und ihre Kategorientafeln – selbst die Nichts-Tafel Kants[95] – nichts wissen wollen, obgleich sie nicht umhin können, es immer wieder zu berühren.

95 Gedacht ist hier an die Tafel des *Nichts*, die Kant der transzendentalen Analytik meint hinzufügen zu müssen, obgleich sie *an sich von nicht sonderlicher Erheblichkeit* ist. Sie zählt nach der Ordnung der vier Kategoriengruppen als die vier Bedeutungen des Nichts auf: den *leeren Begriff ohne Gegenstand* (ens rationis), den *leeren Gegenstand eines Begriffs* (nihil privativum), die *leere Anschauung ohne Gegenstand* (ens imaginarium) und den *leeren Gegenstand ohne Begriff* (nihil negativum) (*Kritik der reinen Vernunft*, A 290-292). Es bedürfte umständlicher Erläuterungen, um deutlich zu machen, dass jeder dieser Nichts-Begriffe von der höchsten Erheblichkeit ist und jeder ein Nicht zu einem Nichts markiert, indem er mit einem Namen belehnt, was keinen tragen kann: nur deshalb kann Kant sie denn auch als *widersprüchlich* und, in diesem Sinn, als *unmöglich* charakterisieren. Weitere Erläuterungen könnten zeigen, dass alle diese Begriffe zurückgehen auf die minimal limitative Funktion des sogenannten unendlichen Urteils, das wie alle wahren Verneinungen nur als *Schranke* zu verstehen ist, von der *die unendliche Sphäre alles Möglichen in so weit beschränkt* [*wird*], dass das negierte Prädikat *davon abgetrennt, und in dem übrigen Umfang ihres Raumes* das Subjekt gesetzt und derart *bejahend bestimmt wird* (KrV A 72 sq., cf. A 575 sq.). Damit könnte deutlich werden, dass die gesamte anscheinend widerspruchslose Welt der objektiven Erfahrung nach Kategorien auf einen unlösbaren Widerspruch in der schlichten Nicht-Kategorie ‹Nichts› zurückgeht, und dass nicht nur die Realität, sondern die Objektivität dieser Welt auf einem kategorial ‹Unmöglichen› beruht. – Das limitative Urteil unterhält die engsten Beziehungen zur Kategorie der Qualität oder Realität (verstanden als *realitas* einer *res*, also als Sachheit) in ihrer Kantischen Auffassung. Cf. dazu einen Annäherungsversuch in der Studie «Intensive Sprachen» in *Übersetzen: Walter Benjamin*, hg. v. Christiaan L. Hart Nibbrig, Frankfurt am Main 2001, S. 174-235.

In einer extremen Deutung des sogenannten unendlichen Urteils, einer Extension des *aóriston*, auf die Heller-Roazen in seinem Beitrag noch nicht zu sprechen kommt, bemerkt Hegel in seiner *Wissenschaft der Logik*, dieses Urteil, das er charakteristischerweise regelmäßig als ‹negativ-unendliches› bezeichnet, sei *ein Urteil, worin auch die Form des Urteils aufgehoben ist.* Wie an den zahllosen Beispielen für diese Urteils-Unform ersichtlich sei – ‹der Geist ist nicht rot›, ‹die Rose ist kein Elephant›, ‹der Verstand ist kein Tisch› –, sind in ihm solche *Bestimmungen zu Subjekt und Prädikat negativ verbunden*, deren eine mit der Sphäre der anderen nicht verbunden ist. So richtig diese Urteile sein mögen, sie sind, so schreibt Hegel, *widersinnig und abgeschmackt. – Oder vielmehr sie sind* keine Urteile.[96] Zugleich sind sie aber Urteile par excellence, da sie die in ihre je eigene Sphäre freigelassenen Bestimmungen als voneinander unabhängige erhalten und in ihrer Unbezogenheit aufeinander beziehen. Nicht also nur obwohl, sondern auch weil das unendliche Urteil die *völlige Unangemessenheit des Subjekts und Prädikats*[97] enthält und diese Unangemessenheit in der Kopula ‹ist› als Einheit fasst, ist dieses aufgehobene Urteil zugleich kein Urteil und das Urteil schlechthin. Im letzten Kapitel der *Phänomenologie des Geistes* wird es deshalb als Grundstruktur aller Aussagen und aller Phänomene und somit als die Form des absoluten Geistes charakterisiert. Hegel schreibt dort: *Jenes Urteil, so genommen wie es unmittelbar lautet, ist es geistlos oder vielmehr das Geistlose selbst. Seinem* Begriffe *nach aber ist es in der Tat das Geistreichste* [...].[98] Das in ihm herbeigeführte Verhältnis zwischen Verhältnislosem hält Subjekt und Prädikat, Urteil und Nicht-Urteil, Geist und Geistloses in der einen Kopula ‹ist› – und, genauer, im ‹ist nicht› – zusammen, die zugleich die Inhärenz des Daseins in ihnen bestätigt und dieses Dasein als das von Verschiedenem zum Zerfall bringt.

Im Zusatz zum § 173 der *Enzyklopädie* schreibt Hegel – und berührt damit die Spitze dessen, was über diese aoristische Urteilsform zu sagen ist –: *Ebenso ist dann auch der Tod ein negativ-unendliches Urteil*, da in ihm *Subjekt und Prädikat gänzlich auseinanderfallen.*[99] Das Argument läßt sich formalisieren in den Sätzen: Der Tod *ist* sein Nicht-Ist; ist somit der Name für das Zerfallen der Kopula, der Existenzaussage und der bloß logischen

---

96 G. W. F. Hegel, *Wissenschaft der Logik II*, in *Werke in zwanzig Bänden*, Bd. 6, Frankfurt am Main 1969, S. 324.

97 So in § 173 der *Enzyklopädie der philosophischen Wissenschaften*, in *Werke in zwanzig Bänden*, Bd. 8, Frankfurt am Main 1970, S. 324.

98 G. W. F. Hegel, *Phänomenologie des Geistes*, hg. v. Johannes Hoffmeister, Hamburg 1952, S. 551.

99 G. W. F. Hegel, *Enzyklopädie*, l.c., S. 325.

Sprache insgesamt; er ist der Name für den Nicht-Namen, der Name für die sich indefinierende, die Nicht-Sprache und als dieser das Geschehen der Sprache wie der Nicht-Sprache selbst. Wenn im Wort ‹Tod› das Nicht-Sprechen, und allein dieses, nicht nur angesprochen, sondern gesprochen und sprechend vollzogen wird, dann ist dieses Sprechen des Nicht-Sprechens die erste, absolut voraussetzungslose und grundlose, nur deshalb aber grund-gebende Bewegung der Sprache, des Denkens und jedes Verhaltens überhaupt. Die indefinite und in-finite Benennung ‹Tod› besagt, dass die Nicht-Sprache, und sie allein, spricht, dass alles Sprechen Sprechen mit seinem Nicht-Sprechen, und dass die Bewegungsstruktur der Sprache überhaupt – und das heißt der sinnlichen Wahrnehmung und des Verstandes, der Vernunft und des subjektiven wie des objektiven Geistes – die irreduzible Struktur des unendlichen, des indefiniten, aoristischen Urteils hat. An ihm erkennt Hegel, dass es ein Urteil und keines ist, und von ihm läßt sich präzisierend sagen, dass es ein Urteil *der* Urteilslosigkeit der Sprache – ein Urteil *aus* ihrer Urteilslosigkeit und *über* diese – ist. *Aufgehoben* ist mit der *Form des Urteils* der Bestand sämtlicher Kategorien der klassischen und neuzeitlichen Ontologien, sofern jede dieser Kategorien sich als Bestimmungsform ihrer eigenen Unbestimmtheit erweist. Noch das ‹ist› zeigt sich im unendlichen Urteil als aoristisches, als indefinites und in-finites Prädikat, in dem sich die Prädikation selbst deprädiziert und allein als ihre Deprädikation sich erhält. Was immer gesagt wird, es ist ein Nicht, das spricht, und das als Nicht *mit* eben diesem Nicht *gegen* es spricht. Sprache ist die Nicht-Sprache, die von sich sagt, dass sie es nicht ist.

Wenn Hegel den Begriff des absoluten Geistes als den Begriff des unendlichen Urteils – des *Geistreichsten* – charakterisiert, dann ist der absolute Geist aoristischer Geist, seine absolute Sprache die Sprache fortgesetzter Selbst-Absolvierung, die immer wieder aufs Neue mit ihrem Zerfall und derart *mit* ihrem *Nicht*-Mit spricht. Wenn damit jedoch die irreduzible Grundstruktur der Sprache angegeben ist, dann ist wohl begreiflich, dass Hegel ihr die Struktur unbedingter Absolutierung, Absolution und Absolvenz zuerkennt, aber nicht begreiflich, dass sie die Struktur des absoluten, zu sich selbst zurückkehrenden und sich begreifenden Wissens haben soll. Erkannt und gewußt wird im unendlichen Urteil nämlich immer auch *das Geistlose selbst*: ‹der Geist ist nicht rot›, oder: ‹der Geist ist kein Elephant›, und das ist, wie Hegel einräumt, zwar richtig, aber ebenso widersinnig, zwar ein Urteil, aber ebenso keines, und ist also auch keine Form des Wissens, ohne ein indefinites, ein form-offenes, urteilsloses Verhältnis zu einem indefiniten Wissen und einem nicht weniger indefiniten Nicht-Wissen zu sein. Der absolut aoristische *Geist,* der sich im *Geistlosen selbst* erkennt, muß sich selbst als *Geistloses* und muß sich auf geistlose Weise erkennen; er muß deshalb einräumen, dass seine Erkenntnis, sofern sie Erkenntnis seiner *selbst* ist, auch Erkenntnis *durch* das Geistlose und also eine – selbst noch in ihrer Negativität durch und durch inadäquate – Nicht-Erkenntnis ist. Anders als Hegel es will, dürfte sich das absolute Wissen nicht bei sich selbst beruhigen, sondern müßte von Anbeginn und noch in seinem präsumtiven Ende, seinem Schluß in und mit sich selbst, Übergang zu Anderem sein, ohne jemals gewiß sein zu können, dass dieses Andere *sein* Anderes, das ihm immanente und ihm zugehörige ist. Dieses Wissen wäre, kurzum, einem Anderen ausgesetzt, von dem offen bleiben muß, ob es *sein* Anderes oder ein *anderes* Anderes, ein *anderes* Anderes oder anderes *als* ein Anderes ist; von dem mithin auch offen bleiben muß, ob es nicht das Nicht-Andere schlechthin, das Selbe in seiner indefinitesten und infinitesten Form, somit das schlechthin Formlose und Formungsunfähige ist, also solches, dem weder Sein noch Wesen noch Begriff zukommt, ein schlechterdings Imprädikables und darum auch Un-Negierbares –: ein *aóriston*, das nicht als solches, nicht als *aóriston* definiert werden kann, ohne noch diese Indefinition zu indefinieren. Absolut wäre somit der Geist und die «*aoristische*» Sprache, die ihn Geist sein läßt, als der von seinem Geist und seiner Sprache nicht nur verlassene, sondern niemals bewohnte; absolut wäre er als immediates *Transzendieren* nicht nur *ohne Transzendenz*, sondern als Transzendieren ohne die Gewissheit dieses Transzendierens selbst, mithin als Transzendieren auch ohne ein Transzendental, das die notwendigen Bedingungen des Transzendierens definieren könnte. Der absolute *Geist* in seiner Einheit mit dem *Geistlosen selbst* – somit die absolute Sprache – wäre die Bewegung nicht der in einem Selbst gegründeten, der Selbst-Alteration, sondern der Alter-Alteration und also der orientierungs- und haltlosen, der unhaltbaren und unaufhaltsamen Erration. Sprache, die absolute, wäre demnach durch alle Stationen, die sie in ihren Positionen und Negationen einnehmen kann, hindurch und über alle hinaus jeweils Relation zum Irrelationalen und wäre, als sie selbst ohne ein korrelatives Anderes dieses Selbst, die Irrelation – die Irr-Relation – aller Relationen, die sie unterhalten kann. Sie wäre die wandernde Relation ohne stabile Relate, wäre also Relation ohne Relation und ohne das Ohne, das die Abwesenheit einer Relation bezeichnen würde, die Relation also diesseits aller Positionen, Negationen und Negationsnegationen. Sie wäre durch ihre Formen wie durch ihre Gehalte, also durch alle ihre ontologischen Konstituentien hindurch die Bewegung der Absolvenz von der Ontologie und ihrem Ohne: die Bewegung der Imprädikation und Innommination.

Die Bewegung der ‹Philologie› kann nicht zu der Beruhigung führen, der selbst die spekulativ-dialektische Ontologie unfähig ist. Wenn ihre geringste Geste jene Minimalgeste der Sprache ist, die in jedem ‹Nichts› ein Nicht zu diesem Nichts und derart zwar keine positive Bestimmung, wohl aber den Anfang der Bestimm*barkeit* entdeckt, dann entdeckt sie eine Nicht-Sprache, entdeckt darin, was von ihr noch zu sagen bleibt, entdeckt also die indefinite Un-endlichkeit des zu Sagenden. Aber sie muß nicht nur einräumen, dass dieses zu Sagende zu sagen *bleibt*, ohne je ein substanziell Gegebenes sein zu können, sie muß eben deshalb auch einräumen, dass sie selbst, die Philologie, eine Noch-nicht- und Nie-Sprache ist, die in sich jeweils aufs Neue ein Nicht zu diesem Nicht der Sprache zu entdecken hat. Diese winzige Bewegung des Nicht-im-Nicht ist das sprachlich absolut Irreduzible, sie ist das *Er*sprechen der Sprache, ihr Anfangen und ihr Fortgang. Hermann Cohen hat diese Bewegung des indefiniten Namens und des unendlichen Urteils als Ursprung der Logik und diesen Ursprung, mit zweifelhaftem Recht, als rein logische ‹Kategorie›, Walter Benjamin hat sie in einer gewichtigen Modifikation als historisch zu denken und diesen Gedanken in seinem *Ursprung des deutschen Trauerspiels* philologisch zu bewähren versucht.[100] Im absoluten Minimum dieser Bewegung des Nicht-im-Nicht ist alle Sprache absolute und absolut indefinite, aoristische Philologie – Philologie der Nicht-Philologie.

XIII
It was evening all afternoon.
It was snowing
And it was going to snow.
The blackbird sat
In the cedar-limbs.

---

100 Zur näheren Analyse und Kritik der ‹Logik des Ursprungs› im unendlichen Urteil bei Hermann Cohen (der in seiner *Logik der reinen Erkenntnis* ausdrücklich auf das aristotelische *aóriston* als einen frühen Vorläufer dieses Urteils verweist), bei Franz Rosenzweig, Gershom Scholem und Walter Benjamin cf. W. H., «Bemerkungen zur Klage», in *Lament in Jewish Thought*, l.c., S. 101-106 ff. (‹Klage keine Negation›). Und früher: «Schuldgeschichte», in *Kapitalismus als Religion*, hg. v. Dirk Baecker, Berlin 2003, S. 77-119, hier besonders 111-113 (‹Logik des Umsprungs›).

Vier Sätze vor Beginn des letzten Kapitels der *Phänomenologie des Geistes*, das den Titel ‹Das absolute Wissen› trägt, schreibt Hegel über die Unvollkommenheit der ‹offenbaren Religion›, des Christentums, dass die Gemeinde – *der allgemeine göttliche Mensch* – zwar das Bewusstsein der *jenseits liegenden* reinen Vermittlung ist, *was aber als gegenwärtig, als die Seite der Unmittelbarkeit und des Daseins* [ist], *ist die Welt, die ihre Verklärung noch zu gewarten hat.*[101] Das Gegenwärtige hat sein Wesen, sein Fürsichsein und darin sich selbst, *noch zu gewarten.* Es ist gegenwärtig *noch* nicht, was es substanziell *schon* ist, und muß deshalb in seiner Gegenwart noch auf seine Gegenwart warten. Die Spannung zwischen Subjekt und Substanz, zwischen Fürsichsein und Ansichsein in ihrer gemeinsamen Gegenwart wird von Hegel etymologisierend durch ‹gewarten›, das Intensivum des Verbs ‹warten›, charakterisiert, das eine der beiden Komponenten des Wortes ‹Gegenwart› ist. ‹Warten› heißt Ausschau halten, seinen Blick richten auf etwas, das dem Blickenden entgegenkommen soll, Acht haben und auch hüten und pflegen. Es hat also einen ähnlichen Bedeutungsumfang wie ‹exspectare›. Da ‹Gegenwart› seinerseits für lange Zeit als Intensivum von Warten gebraucht werden konnte, ist seine Assoziation mit ‹gewarten› noch für Hegels Zeitgenossen, aber immer noch für jeden aufmerksamen Leser naheliegend.

Wenn das Gegenwärtige der offenbaren Religion für Hegel sein Wesen *noch zu gewarten hat*, dann hat es auch auf seine eigene Gegenwart noch zu warten – und so lange zu warten, bis diese sich im absoluten Wissen realisiert. Die Zeit dieses Wartens der Gegenwart auf sich selbst – und also die Zeit als interne Differenz der Gegenwart zu sich selbst – wird im absoluten Wissen als der *Einheit des Denkens und der Zeit*[102], wie Hegel schreibt, *getilgt* und zurückgenommen in die Herkunft von beiden, das mit sich selbst gleiche Ich, das Ich=Ich.[103] Dieses Ich ist im Stande des absoluten Wissens also die reine Zeit und das reine Denken; als reines Denken ist es die Gleichheit mit sich als Gedachtem, als reine Zeit ist es nicht *die ruhe- und haltlose Zeit*, sondern die *Ruhe der Ausdehnung*, die bei sich selber verweilt. Sie ist demnach als Zeit zwar getilgt, aber als Ausdehnung bewahrt. Obwohl Hegel diesen Gedanken nicht weiter präzisiert, und obwohl er auch nicht auf die Spannung zwischen der Gegenwart und dem Warten auf sie zurückkommt, impliziert doch sein Gedanke von der Bewahrung der Zeit in der *Ruhe der Ausdehnung*, dass die derart aufgehobene Zeit nichts anderes als das Warten

101 G.W.F. Hegel, *Phänomenologie des Geistes*, hg. v. Johannes Hoffmeister, Hamburg 1952, S. 548.

102 L.c., S. 560.

103 L.c., p. 558.

ist –: das Warten der Gegenwart nicht mehr auf sich selbst, sondern das Warten, in dem die Gegenwart mit sich selbst gleich und derart die einfache Gegenwart ist. Die Gegenwart im absoluten Wissen, so wäre damit gesagt, ist, als reine Zeit, reines Warten; ein Warten ohne Subjekt und ohne Objekt, da es als deren Einheit auch ihr gemeinsamer Grund ist; ein Warten, das nicht *Er*warten, nicht Entgegen-warten und nicht Warten *auf* Etwas ist, sondern das Verhalten, in das alles Außer- und Gegeneinander einbehalten ist; ein Warten als die *Ruhe der Ausdehnung*, die alles Ausgedehnte umfasst: keine Zeit-Erstreckung, sondern der Zeit-Raum schlechthin. Da dieses in sich ruhende, weil mit sich einige Warten ein Verhältnis zu Anderem nur als ein Verhältnis zum Anderen *seiner selbst* ist, kann es als das stetige und Bestand habende Verhältnis aller Verhältnisse charakterisiert werden, als Zeit ohne Bezug, Zeit ohne Entzug und Zeit ohne Zukunft. Warten wäre die Gegenwart des Gegenwärtigen; die reine Zeit der reinen Sprache und des absoluten Namens ‹Ich›.

So oder ähnlich könnte eine kurze Geschichte des Wartens in der neueren Philosophie beginnen. Sie könnte fortgesetzt werden mit Hinweisen auf die Verwandlungen, die es bei Schelling und Kierkegaard, bei Nietzsche und Husserl erfährt, aber es sollte klar sein, dass die absolute, auto-teleologische Zeit des Wartens, die eins ist mit der Zeit der substanziellen Subjektivität, nicht diejenige ist, von der die «Thesen» 69 und 70 sprechen. Schon in «These» 59 heißt es: *Philologie – die absolute Fermate*. In «These» 69: *Nicht immer wird auf etwas gewartet. Vor der Erwartung war das Warten. In ihm erstreckt sich die Gegenwart der Philologie. Sie ist Warten beim Wort*. Beide Bemerkungen scheinen nicht gänzlich unvereinbar mit dem, was bei Hegel als Aufhebung des ‹Gewartens› in die reine Gegenwart und die Ruhe ihrer *Ausdehnung* gedacht ist. Und doch müssen sie beide etwas anderes sagen, wenn sie präzisiert werden können durch die «These» 70, in der es heißt: *Philologie: der Aufenthalt; die Offenhaltung. Die Warte*. Während sich im Begriff ‹Aufenthalt› noch ein Echo auf die Sprache der Epochalität und also der bloßen Aussetzung des Urteils hören läßt, meint ‹Offenhaltung› – das mit seinem ‹Offen-› auch als Deutung des ‹Auf-› des ‹Aufenthalts› gelesen werden kann – die Bewahrung der Offenheit für Anderes und also solches, das sich nicht im Zirkel der mit sich selbst gleichen Gegenwart des Ich=Ich aufhält. Philologie ist hier als Offenheit auf Anderes und deshalb nicht als Warten in sich oder, hegelianisch, Warten an-und-für-sich, sondern als *Warten beim Wort* gedacht. Wird dieses ‹Warten› mit der ‹Fermate› zusammengelesen, so läßt sich deren ‹Aufhalten› – denn das italienische ‹fermare›, dem dieser musiktechnische Ausdruck entlehnt ist, besagt nicht ‹schließen›, sondern ‹aufhalten›, ‹anhalten› und bezeichnet die Ausdehnung eines Tons über seine metrischen Grenzen –; so läßt sich also die Ausdehnung des Wartens beim Wort als unabschließbare Öffnung auf das lesen, was hier ‹Wort› genannt wird, was aber *als* dieses ‹Wort› jenes Andere des Wartens bezeichnet, *bei* dem es verweilt. Da die *Fermate* als *absolute* bezeichnet wird, ist sie nicht nur als unabschließbar, sondern auch als anfangslos und als jeder Zeit – jedem Voraus – voraus gedacht: als Ausdehnung ohne Inhalt und Offenhaltung, der niemals eine feste Grenze oder ein objektives Korrelat gegenübersteht, von dem ihr Einhalt geboten werden könnte. Das ‹Wort› ist nicht das Objekt des Wartens, nicht der von der Philologie erwartete und in der Erwartung antizipierte Gegenstand, nicht das vorausgewußte Ding, an dem sie ihr Maß nehmen könnte, da jedes Wort seinerseits als ein wartendes gedacht werden muß. Dass *Wort* als eine Paronomasie – als Name in der Nähe und beinahe als homophon – zum *-wart* der *Gegenwart* und der *Warte* gelesen werden kann, gibt einen Hinweis auf die unbegrenzte Erstreckung jenes *Wartens beim Wort* und auf dessen Saturationsunfähigkeit.

Die Zeit der Philologie ist offenkundig nicht die Zeit einer irgendwie gearteten Erfüllung im Zusammenschluß zwischen Warten und Erwartetem, also auch nicht die Zeit einer Geschichte, die als Fortschritt zu einem vorgesetzten Ziel gedacht werden könnte. Philologie ist nicht teleologisch und nicht theo-teleologisch verfaßt. Auch die kurze Geschichte des Wartens, die eben erwähnt wurde, könnte nicht in einem Wort oder einer Erklärung münden, von der die Rätsel der Philologie oder auch nur der mit ihr verknüpften Erwartungen endlich gelöst würden. Sie könnte nur deutlich machen, dass die Erwartungen, an die sie – die Geschichte und die Philologie, die Geschichte der Philologie und auch die Philologie der Geschichte – von Fall zu Fall gebunden wird, sie in jedem einzelnen Fall in den Dienst von Zwecken stellen, die von ihr überholt, redefiniert und indefiniert werden.

Philologie dient nicht. Sie ist eine Praxis ohne einen Herrn. So wenig sie den Direktiven von Kategorien, Denk- und Redefiguren oder auch der ‹Materialität› von gestischen, phonetischen oder graphischen Markierungen untersteht, so wenig untersteht sie dem Dikat von konsensuellen Bedeutungen oder transzendentalen Schemata der Bedeutungserzeugung und -sicherung. Philologie repräsentiert nicht; würde sie es tun, so müßte ihr als Datum bereits vorgegeben sein, was erst sie vorgegeben zu sein erlaubt. Sie ist deshalb auch kein Medium im Sinne eines Instruments, denn als solches wäre sie nur die abhängige Funktion einer Größe, die von ihr mitkonstituiert sein muß. Vermittlung könnte sie nur sein als Vermittlung ohne Vermitteltes, als Medium ohne Extreme und Instrument ohne Zweck. – In diesem Sinn heißt es in «These» 81 von den Medien: *sie operieren mit ihrer Nicht-Operationalität; sie mediieren ihre Immedialität.* – Weder Repräsentant noch Vermittlung, ist die Philologie an keine Erwartungen gebunden, es sei denn an die eine, paradoxe, von allen Erwartungen befreit zu sein. Um diese eine Erwartung hegen zu können, muß sie vom Schema der Erwartung selbst schon entbunden sein. Sie muß die Gefolgschaft schon aufgekündigt haben, die jede Fortschritts- und Heilsgeschichte von ihr fordert, und sich in einer *anderen* Geschichte bewegen, die nicht die *historía* des Wissens und antizipierenden Vorwissens, nicht die teleologische Geschichte der Vor-Habe und der technischen Planung und darum auch nicht die Geschichte des Fortschritts im Selbstbewusstsein und ihrer Aufhebung in der durchgängigen Selbst-Gegenwärtigkeit ist, die das Ende aller Geschichte besiegelt. Diese *andere* Geschichte kann nur die einer Erwartung ohne Gegenstand und ohne gewärtigte Gegenwart sein. Sie muß die Geschichte eines Wartens ohne Erwartung sein.

Früh in *L'attente l'oubli* [*Warten Vergessen*] läßt Blanchot über einen der Protagonisten dieser Geschichte sagen: *Attendre, que fallait-il attendre?* [...] *Dès qu'on attendait quelque chose, on attendait un peu moins.* – [*Warten, worauf mußte gewartet werden?* [...] *Sobald man auf etwas wartete, wartete man schon etwas weniger.* –][104] Damit ist die Bewegung einer Zeit des Wartens charakterisiert, der Ann Smock in ihrer hellsichtigen Meditation unter dem Titel «Einmal ist Keinmal» nachgeht. Blanchots Bemerkung ist die modifizierte Reprise einer Passage aus Heideggers Dreigespräch «Zur Erörterung der Gelassenheit», in der die Emanzipation des Wartens vom Erwarten in größerer Ausführlichkeit erläutert wird. Darin heißt es: *G* – [...] *Das Warten hat eigentlich keinen Gegenstand. – F – Aber wir warten doch, wenn wir warten, immer auf etwas. – G – Gewiß; aber sobald wir das, worauf wir warten, uns vorstellen und es zum Stehen bringen, warten wir schon nicht mehr. – L – Im Warten lassen wir das, worauf wir warten, offen. – G – Weshalb? – L – Weil das Warten in das Offene selbst sich einlässt ...*[105] Heidegger ist es um ein Warten zu tun, in dem das Erwartete nicht auf die Vor*stellung* von einem Gegen*stand* reduziert, sondern aus allen Einschränkungen auf Stellung und Stand freigelassen wird. Freigelassen wird damit auch die ‹Gegend›, aus der Phänomene ungegenständlich allererst hervortreten können, also die andere, die Außenseite jenes transzendentalen Horizontes, innerhalb dessen sie in ihrer Gegenständlichkeit konstituiert werden. Ohne die Triftigkeit von Heideggers Gedanken in Abrede zu stellen, gibt Blanchot

---

104 Blanchot, *L'attente l'oubli*, l.c., S. 21.

105 Martin Heidegger, «Zur Erörterung der Gelassenheit», in *Gelassenheit*, Pfullingen 1959, S. 42.

ihm durch eine winzige Änderung seines Wortlauts eine Wendung, die er in Heideggers Gespräch nicht nimmt. Indem er Heideggers Formulierung, dass wir *schon nicht mehr* warten, wenn wir *etwas* erwarten, in die moderater erscheinende Formulierung verwandelt, wer auf etwas warte, warte *un peu moins*, verlegt er seinen eigenen Gedankengang auf die Horizontlinie, auf deren anderer Seite sich die offene ‹Gegend› erstreckt. Das Säumen Blanchots bei der Überquerung dieser Linie – sein Warten – erlaubt ihm eine schärfere Fassung der temporalen und existenzialen Aporien, die in Heideggers Skizze nur von Ferne angedeutet sind oder schlicht fehlen. Sie bringen ihn auch auf den Weg zu den Bemerkungen, die Ann Smock näher kommentiert.

In ihrem reichen und klärenden Text erläutert Smock einen intrikaten Gedankengang aus Blanchots Buch mit den schlichten Sätzen: *if there were time to wait, there would be no waiting. You wait only when you haven't time to* [*gäbe es Zeit zu warten, dann gäbe es kein Warten. Man wartet bloß, wenn man keine Zeit hat*]. (88) Das Gegenteil, so impliziert diese Erläuterung, trifft nicht weniger zu: Man hat nur dann Zeit, wenn man nicht auf etwas, sondern auf die Zeit wartet, die man nicht – noch immer nicht – hat. *You wait only when you haven't time to,* das kann das Komplement und die Erläuterung zu Blanchots Satz sein: *C'est l'absence de temps qui le laisse attendre.*[106] [*Die Abwesenheit von Zeit läßt ihn warten*] Zeit, das heißt: abwesende Zeit. Ihr Name ist ein Antonym. Er benennt das, was nicht anwesend ist, dessen Abwesenheit aber jede Anwesenheit entzieht und noch die Anwesenheit des Abwesenden entziehen muß. Von der Zeit bleibt darum allein das Warten auf sie, von ihrem geläufigen Namen – *le temps* – bleibt die Spannung, die Erstreckung und Ausdehnung, die Tendenz – *l'attente* – auf sie hin. Wenn die abwesende Zeit warten läßt, dann läßt sie auf sich, die abwesende, warten und läßt darauf warten, dass sie *als* abwesende gegenwärtig werde. Der folgende Satz lautet bei Blanchot: *C'est le temps qui lui donne quelque chose à attendre.* [*Die Zeit gibt ihm Etwas, auf es zu warten.*][107] Die Zeit, und zwar die sich entziehende, gibt mit ihrem Entzug aber nicht nur Etwas, auf das sich warten läßt, sie gibt zunächst sich selbst als diesen Entzug, gibt sich als eine andere Zeit, die auf sich warten läßt und als die Zeit*spanne* des Wartens auf diese Zeit. Die Zeit selbst ‹ist› das Warten auf sie, *le temps l'attente*, Gegenwart Warten.

Zeit gibt es nur als Zwischenzeit, als Intervall oder Pause zwischen Zeiten, die es wiederum nur so gibt, dass sie ihrerseits Zwischenzeiten des Wartens und als solche ohne Gegenwart, nichts Seiendes und keine mögliche Habe

---

106 Blanchot, *L'attente l'oubli*, l.c., S. 99.

107 L.c., S. 98.

sind. Zeit ist nicht *eine* Zeit, kein homogener Fluß und keine kontinuierliche Linie, sie ist ein *plurale tantum*, dessen einziger einender Zug im Warten einer jeden auf eine andere beruht. Wenn es aber Zeit jeweils nur in ihrer Erstreckung zu einer anderen Zeit gibt, dann gibt es auch Gegenwart niemals als punktuelles *nunc stans* in der Zeit oder der Zeit selbst, sondern allein als Gegenwart*en*, und Gegenwarten gibt es jeweils allein als Einander-Entgegen-warten dieser Gegenwarten. Da das, dem derart entgegen-gewartet wird, kein gesicherter Bestand, keine bereits gegebene Zeit und keine Gegenwart ist, kann auch nicht gesichert sein, dass die Richtung von *dessen* Warten mit der des Wartenden koordiniert ist, und nicht gesichert, dass es überhaupt eine mögliche Koordination, eine bevorstehende Gegenwart und nicht vielmehr keine gibt. *Il sait que, lorsque le temps prend fin, se dissipe aussi ou se dérobe l'absence de temps.* [*Er weiß, daß wenn die Zeit zuendegeht, auch die Abwesenheit von Zeit sich zerstreut oder enthüllt.*][108] Jedes Warten und mit ihm jedes Entgegenwarten ist a priori nicht bloß einer anderen Zeit, sondern dem Ende jeder Zeit, nicht nur einer anderen Gegenwart, sondern der Unmöglichkeit einer anderen Gegenwart und somit seiner eigenen Ungegenwart ausgesetzt. Warten wartet mithin im Element der Un-Zeit, des Zeit-Entzugs, des Nicht-Wartens. Mit sich uneins, wartet es – und nicht nur bisweilen und zufällig, sondern mit struktureller Notwendigkeit – auf das Warten, das es schon ist, ohne es jemals zu sein. Es bewegt sich, aporetisch, nach der zweideutigen Formel von Blanchot, als *le pas au-delà* und, nach dem mehrdeutigen Kompositwort von Joyce, *passencore*. Warten wäre dann die immer erfüllte und immer enttäuschte Erwartung des Unerwartbaren, das es selbst ist. *L'attente comblée par l'attente, comblée-déçue par l'attente* [*Das Warten vom Warten erfüllt, erfüllt-enttäuscht vom Warten*].[109]

Wenn der gemeinsame Zug der Gegenwarten – dass sie einander entgegen-warten – diesen anderen Zug impliziert, dass sie voneinander abgewandt und unerwartbar bleiben, dann kann ihre Gemeinsamkeit nicht die *Ruhe der Ausdehnung* bieten, die Hegel in der Gegenwart des absoluten Wissens erreicht findet, und nicht die *Sammlung* gewähren, die Heidegger dem Ereignis zubilligt, in dem das Seiende sich zu seinem Sein verhält. Gegen diese beiden Gedanken eines finalen Selbst-Verhältnisses der Zeit und somit der Geschichte vermerkt Blanchot in *L'attente l'oubli* lapidar und zwingend: *L'attente qui rassemble, disperse.* [*Das versammelnde Warten zerstreut.*][110] Der Satz gilt auch für diejenige Sammlung, von der Heidegger in der kurzen Notiz spricht, die er 1954 zur Frage «Was heißt Lesen?»

108 L.c., S. 99.

109 L.c., S. 100.

110 L.c., S. 64.

verfasst hat. Er definiert dort: *Das eigentliche Lesen ist die Sammlung auf das, was ohne unser Wissen einst schon unser Wesen in den Anspruch genommen hat, mögen wir dabei ihm entsprechen oder versagen.*[111] Gerhard Richter, der Heideggers Notiz in seinem klugen Aufsatz «Was heißt Lesen? – What is Called Reading?» zitiert und kommentiert, betont zurecht, dass die Sammlung, als die Heidegger hier und an anderen Stellen das Lesen deutet, auf einen *Anspruch* antwortet, der jeder Sammlung vorausgeht, kein Gegenstand unseres Wissens ist und deshalb auch kein Kriterium dafür bietet, ob diese Sammlung dem Anspruch entspricht oder vor ihm versagt. Jede Sammlung muß demnach eine Verfehlung der Sammlung sein können, jedes Lesen, wenn es *eigentliches Lesen* ist, muß vor seinem Text versagen und mit diesem auch das *Wesen* des Lesenden – *unser Wesen*, wie Heidegger schreibt, und somit das Geschehen *unserer* ‹eigenen› Existenz – verfehlen können. ‹Wir› wissen deshalb niemals, ob ‹wir› jenem Anspruch entsprechen oder vor ihm versagen, ob ‹wir› *lesen* oder delirieren, ob ‹wir› gesammelt oder zerstreut – und ob ‹wir› überhaupt ‹wir› – sind, und just diese Erfahrung des Nicht-Wissens ist die Erfahrung des *eigentlichen*, des endlichen, des Lesens, das bei Anderem ist und zu sich selbst nur kommen kann als zu diesem Bei-Anderem. Dass Lesen darum die Sammlung auf die Zerstreuung und darin die Erfahrung des Un-möglichen ist, wird von Heidegger nicht gesagt.

Nicht *an inspired act of genuine reading* [*ein inspirierter Akt genuinen Lesens*] (28) entspricht dem *predicament* [*Prädikament*] (29) der Erfahrung des Nicht-Wissens, sondern, wie Richter in einer frappierenden Assoziation nahelegt, allein eine Beziehung zu dem, was sich jedem Lesen im Sinne des Sammelns entzieht.[112] Am Ende seines Kommentars zu Heideggers Notiz verweist Richter nämlich auf einen Aphorismus von Nietzsche, den 146ten aus dem vierten Kapitel von *Jenseits von Gut und Böse*, in dem es heißt: *wenn du lange in einen Abgrund blickst, blickt der Abgrund auch in dich hinein.*[113] Sieht man davon ab, dass dieser Satz eine Variation auf einen

---

111 Martin Heidegger, «Was heißt Lesen?», in *Aus der Erfahrung des Denkens* (GA Bd. 13), Frankfurt am Main 1983, S. 111.

112 Einen anderen Kommentar zu Heideggers Notiz bietet der kurze Überblick über die Geschichte des Lesens zwischen Cervantes und Heidegger (und auch Laurel und Hardy) in W. H., «Diese Praxis – Lesen –», in *Lesen*, hg. v. Hans-Christian von Herrmann u. Jeannie Moser, Frankfurt am Main 2015, S. 73-98. Darin wird Heideggers Logos-Aufsatz aus *Vorträge und Aufsätze* herangezogen, um deutlich zu machen, dass ‹lesen› von Heidegger im Sinn von Sammeln, Aufbewahren und Zurückhalten jeweils aus dem Zusammenhang mit *légein* und *lógos* gedacht wird.

113 Friedrich Nietzsche, *Jenseits von Gut und Böse*, in *Werke in drei Bänden*, hg. v. Karl Schlechta, Bd. 2, München 1966, S. 636.

vielzitierten Vers aus den biblischen Psalmen ist, der in der Septuaginta heißt: *Abyssus abyssum invocat* (42: 8), sieht man also davon ab, dass der von Nietzsche evozierte ‹Abgrund› selbst noch topisch nivellierende Züge trägt, und verweilt, wie Richter es tut, bei dem Aufschluß, den dieser Satz über das Lesen als Sammlung auf einen vor-geschichtlich fernen ‹Anspruch› gibt, dann stellt sich das Bild von der Geschichte als den einander überlagernden Schichten von Texten ein, die von jenem ‹Abgrund› durchbrochen werden und aufklaffen. Der Blick des Lesers trifft nicht auf eine der historischen Textschichten, er trifft, wenn denn von Treffen noch die Rede sein kann, auf die Lücken und Freiräume in ihnen, die keinem Blick Halt bieten, und führt in einen Abgrund, der keine Geschichte ist und den Text zu keiner enthält. Wenn der Abgrund diesen Blick erwidert, wie Nietzsche schreibt, wird der Leser selbst zum Abgrund, in dem jeder Text und jede Geschichte versinkt. Folgt man Nietzsches abgründigem Satz, so begegnen sich die Blicke von Leser und Abgrund dennoch und ihre Begegnung hält beide – *lange*, wie es heißt – zusammen und in der Schwebe übereinander. Die Zeit, die darin erfahren wird, ist nicht die horizontale des Verlaufs oder der Erstreckung, sondern die vertikale des Sturzes.[114] Der Zeit-Sturz mag ein aufgehaltener, ein erstarrter oder lange hingezogener sein, aber er gehört zu keinem linearen Kontinuum, er bricht jedes ab. Dieser *lange* vertikale Augenblick einer *mise en abîme* – dieser Augenblick, in dem nichts gesehen und nichts zum Gegenstand einer Theorie werden kann – läßt sich als Desedimentierung der Geschichte lesen. Er geht auf das hinaus, was *in* der Geschichte *offen* auf diese Geschichte und offen zugleich auf keine bleibt. Als Katalysator einer solchen Desedimentierung wird in «These» 75 – mit einer doppelten Anspielung auf Rilkes Orpheus-Gedichte und Benjamins 14. geschichtsphilosophische These – die Philologie genannt. Ihr eminentes Thema ist das, wovon Geschichte gewährt, wodurch sie zugelassen und woher der Spielraum für ihre Bewegungen offen gehalten wird. Dieses Thema ist, wiederum mehr als paradox, ein Bruch, kein *Thema*, kein Gesetztes, sondern die Aussetzung aller Setzungen und Zusammensetzungen, *die Leerstelle – und, genauer, die Stellenleere* – in und außerhalb jeder Sammlung. An dieser ‹Stellenleere› setzt das Lesen, auch das als Sammlung verstandene, und an ihr die Geschichte *an*. Da Geschichte erst *auf*geht, wo sie von einem Riß durchzogen wird, ist sie kein Prozeß; sie ist suspendierter Sturz durch ihre Schichten. Dieser Sturz ist die Zeit – die Unzeit – der Philologie.

---

114 Von einer ‹vertikalen› und einer ‹horizontalen› Geschichte spricht in etwas anderem Sinn eindrucksvoll Elio Vittorini in seinem «Offenen Tagebuch 1929-1959» (Olten u. Freiburg 1959, S. 410 ff.).

Die beiden gewichtigsten von Richter herangezogenen Gedankenkomplexe zum Verhältnis zwischen geschichtlicher Zeit und Philologie – die von Heideggers kurzer Notiz zum Lesen und die von Benjamins Theorie des *kritischen, gefährlichen Moments, welcher allem Lesen zugrunde liegt*[115]– bieten kaum einen Anhalt für ihre Verbindung zu einer Theorie des Wartens. Sie sind, einer langen Tradition verpflichtet, die bei Kierkegaard und Nietzsche kulmiert, Theorien des Augenblicks oder des *Jetzt der Erkennbarkeit*. Auch wenn sie jenen Augenblick als einen langen und verweilenden darstellen, kann aus ihnen allenfalls konjiziert werden, dass er der Augenblick des Wartens in den Zwischenräumen der Zeit sein könnte oder einem Warten angehört, das nicht vom Horizont der Vorstellungs- und Begriffs-Zeit begrenzt ist. Heidegger hat seine Privilegierung des Augenblicks, der noch in *Sein und Zeit* im Zentrum aller anderen Zeitdimensionen steht, erst spät eingeschränkt; Benjamin offenkundig nie. Dennoch hat er eine *Metaphysik des Wartens* für unerlässlich gehalten[116] und in den Aufzeichnungen zum Passagen-Werk immer wieder vom Warten als einem der geschichtsphilosophisch gewichtigsten Phänomene gesprochen. Vor allem hebt er das enge Verhältnis des Wartens zur Weile in Gestalt der Langeweile hervor. So heißt es in Notizen zum *ennui* und zur ‹ewigen Wiederkehr des Gleichen›: *Langeweile haben wir, wenn wir nicht wissen, worauf wir warten. Daß wir es wissen oder zu wissen glauben, das ist fast immer nichts als der Ausdruck unserer Seichtheit und Zerfahrenheit. Die Langeweile ist die Schwelle zu großen Taten.*[117] Wir wissen nie, so ist damit gesagt, worauf wir warten, und leben also immer auf der Schwelle dessen, was wir als Langeweile empfinden – bis diese Schwelle sich als Übergang zu einer ungeplanten Praxis oder einer unerwarteten Erfahrung erweist.

In der Übergangszone, die Benjamin im Zweifel[118] ebenso wie im Traum, in den schlendernden Flaneurs und den verschwenderischen Spielern[119] ebenso wie im *Warten der Ware auf ihr Verkauftwerden*[120] gewahrt, ist ihm vor allem ihre Beziehung auf das wichtig, was in ihr verborgen bleibt. Am deutlichsten wird diese Beziehung am Traum: *im Traumzusammenhang suchen wir ein teleologisches Moment. Dieses Moment ist das Warten. Der Traum wartet heimlich auf das Erwachen* [...]. *So auch das träumende*

---

115 Walter Benjamin, *Das Passagen-Werk*, in *Gesammelte Schriften* V 1, Frankfurt am Main 1982, S. 578.

116 L.c., S. 1029.

117 L.c., S. 161, 1024.

118 L.c., S. 1029.

119 L.c., S. 1034.

120 L.c., S. 1031.

Kollektiv [...].[121] Das *teleologische Moment* in den von Benjamin beobachteten Schwellen-Phänomenen, die sich allesamt im Warten zusammenfinden, ist kein bewusstes Moment, deshalb wartet auch der Traum, ob er der von Einzelnen oder von Kollektiven ist, nur *heimlich* auf das Erwachen. Da es weder einem subjektiven noch einem kollektiven und in diesem Sinn objektiven Bewusstsein angehört, ist dieses *teleologische Moment* aber auch keines, das auf einen Endzweck hinausführen würde. Ein solcher könnte nur in einer programmierten Zukunft und also nur in der Fortsetzung einer ihr selbst nicht gegenwärtigen Gegenwart liegen. Das Geheimnis des Wartens liegt also in der Struktur dieser Gegenwart selbst beschlossen. Wenn der Traum *heimlich* auf das Erwachen wartet, dann vollzieht er eine gegen sich selbst gerichtete, eine anti-intentionale und anti-attentionale Bewegung der Umkehr, dann ist sein Warten ein Gegen-Warten, ein gegen das Warten gerichtetes Warten, das in seiner Selbstaufhebung – in seiner Löschung und Erhaltung – das Telos seiner Erwartung trägt. Das wache, ihm selbst gegenwärtige Gegen-Warten wäre allein dasjenige, das sich mit seiner Tilgung zur Gegenwart erfüllt. Diese wäre die gänzlich durch ihre Gegenstrebigkeit bestimmte, von keinem Bewusstsein geleitete, sie wäre die Zeit, die in ihrer Heimlichkeit offenbar wäre: die Gegenwart des Gegen-Wartens, die Zeit der Zeit. Das heimliche Telos des Wartens ist für Benjamin allein diese, die geschichtliche Zeit als Zeit des Endens der Zeit in ihr selbst.[122]

Als weitere Charakterisierung der Erfahrung dieser geschichtlichen Zeit läßt sich das Notat verstehen: *Wir sind ein Wehr, an dem die Zeit sich staut, die beim Erscheinen des Erwarteten in riesigem Schwall in uns selber hinunterstürzt.*[123] Sie würde nicht stürzen, wenn sie nicht zunächst, im Warten, gestaut würde; aus dem Traum würde niemand erwachen und ihn deuten, wenn er nicht zunächst im Traum heimlich auf das Erwachen wartete. Aber indem die Zeit *in uns selber hinunterstürzt* – nicht horizontal, sondern vertikal –, ist sie nicht nur zum erstenmal ganz Zeit, nämlich die Fülle eines ‹riesigen Schwalls›, sie hört mit dem Sturz in den Abgrund des Selbst auch auf, Zeit im Sinn eines bloßen Verlaufs zu sein. Und wie die vertikale Zeit, so die Geschichte: indem der Traum von ihr seine Deutung erfährt, wird sie zum erstenmal geschichtliche Wirklichkeit, aber damit zugleich hört sie auf, Fortschritts- oder Heilsgeschichte zu sein und bricht ab. Spricht man von Sammlung – und, wie Benjamin es tut, vom Geschichtsschreiber

121 L.c., S. 492, 1024.

122 Benjamins Gedanke der immanenten Umkehr der Zeit wird näher untersucht in W. H., «Das Theologisch-politische Fragment», in *Benjamin-Handbuch*, hg. v. Burkhardt Lindner, Stuttgart 2006, S. 175-192.

123 Benjamin, *Das Passagen-Werk*, l.c., S. 1024.

als einem *Lumpensammler*[124] –; spricht man von Zusammenlesen, Lektüre und Kollektiven, so spricht man immer auch von einer Stauung der Zeit, von der Aufschichtung und Hortung eines geschichtlichen Stoffs, der in dem Augenblick, da er freigesetzt wird, zum ersten und zum einzigen Mal als Geschichte erscheint, um in diesem Erscheinen auch schon in eine andere Dimension, von der Horizontalen in die Vertikale zu treten, und zu erlöschen. Das Telos des Wartens liegt also nicht in der Geschichte als einer Habe – sie wäre weniger als dürftig –, sondern in der Erfahrung ihres Vergehens, der im strengen Sinn geschichtlichen Erfahrung. Es liegt nicht in einer beständigen Gegenwart, es liegt in ihrem Sturz, und dieser Sturz kennt keine zeitlichen Parameter.

Die Geschichte des Wartens ist für Benjamin ein Warten auf Geschichte; aber da diese Geschichte jeden Horizont überflutet, um in die Tiefe zu stürzen, ist sie nicht teleologisch, sondern eschatologisch in jedem Augenblick. Das Warten, von dem Heidegger in seinem Gespräch zur Erörterung der Gelassenheit spricht, geht gleichfalls über den Horizont, den transzendentalen, jeder Teleologie hinaus, aber es ist nicht seinerseits auto-teleologisch auf ihren Sturz angelegt, sondern läßt sie auf sich beruhen. Eine ähnliche Gelassenheit zeigt Benjamin in den späten Notaten zum Passagenwerk nicht, wohl aber in zwei spärlichen früheren Bemerkungen zur Philologie.

In deren Nähe bewegt sich die minutiöse Analyse, die Thomas Schestag dem 108ten Brief aus den *Epistulae morales* des Seneca widmet. Unter dem Titel «Rereading *tempus fugit*» zeigt er, wie Seneca die Scheinargumente einsetzt, die seither zur Denunziation der Philologie und zur Nobilitierung der Philosophie gebraucht werden. In einer kulturkritischen Volte, die nach fast zwei Jahrtausenden von ihrem Reiz wenig verloren zu haben scheint, bemängelt der Stoiker, dass man in den Schulen neuerdings nicht mehr zu leben, sondern zu diskutieren lernt, nicht mehr die Seelenkraft – *animum* –, sondern den Verstand – *ingenium* – ausbildet. ‹So ist das, was Philosophie war, zur Philologie geworden› – *itaque quae philosophia fuit, facta philologia est.*[125] Ein Beispiel dieser Verderbnis führt er an den Antworten vor, die von Philologen einerseits, von Philosophen andererseits auf Textstellen aus dem Kanon der lateinischen Klassiker gegeben werden. Auf den verkürzten Vers *fugit inreparabile tempus* – ‹es flieht unwiederbringlich die Zeit› – aus den *Georgica* des Vergil (3, 284) antwortet nach Senecas Darstellung der Philosoph, ein autoritätsgeneigter Semantizist, indem er den Satz als Forderung deutet, ihr gehorcht, sich der direkten Aktion zuwendet und sich ans

---

124 Walter Benjamin, *Gesammelte Schriften* III, Frankfurt am Main 1991, S. 225.

125 L. Annaeus Seneca, *Philosophische Schriften*, Bd. 4, *Ad Lucilium epistolae morales*, 108 (24), Hamburg 1994, S. 650.

Lebenswerk macht; der Philologe dagegen, ein Wortfetischist und Formalist avant la lettre, verweilt bei dem *fugit* und bemerkt, dass Vergil, sooft er von der Schnelligkeit der Zeit spricht, genau dieses selbe Verb gebraucht, ‹sie flieht›, und darüber selbst langsam wird: *inter praecipitia lenti sumus* – ‹inmitten sich überstürzender Ereignisse sind wir langsam›. Schestag, ein souveräner Philologe, der sich von Karikaturen nicht schrecken läßt, zeigt nun, dass die im Vers des Vergil ansprochene Zeit schneller ist als der Philosoph, der ihr zuvorzukommen versucht, und schneller als jeder philosophische Aktivismus, der sie einholen soll.

Seneca hat in seinem Brief nur die zweite Hälfte des Vergil-Verses zitiert, der vollständig lautet: *Sed fugit interea fugit inreparabile tempus*. Nachdem er auf das zweimalige Vorkommen des *fugit* aufmerksam gemacht hat, erläutert Schestag: *The repetition of* fugit *is separated only by the word* interea *that says* and *marks, fills* and *rips apart, the interspace or interval between the return of* fugit, *the one verb that is meant to indicate no return and assert that time flees beyond recall.* [*Die Wiederholung von* fugit *wird aufgehalten durch das Wort* interea, *das den Zwischenraum oder das Intervall zwischen der Wiederkehr von* fugit, *des einen Verbs, das keine Wiederkehr anzeigen und versichern soll, daß die Zeit unwiderruflich flieht, sagt und markiert, erfüllt und auseinanderreißt*] (102) Aber nicht nur öffnet das *interea* das Intervall zwischen dem einen *fugit* und dem anderen, es ist auch selbst nur ein flüchtiges, selbst auf der Flucht und die Flucht selbst, da es als adverbiales Nomen zum ersten *fugit* – *fugit interea* – und als Zeitindex zur Flucht des *tempus* gelesen werden kann – *fugit interea* [...] *tempus*. Die Zwischen-Zeit ist nicht nur die Passage, die von der fliehenden Zeit durchquert wird, sie ist selbst diese Flucht, und die Doppelung des *fugit* – *fugit interea fugit* – zeigt an, dass selbst die Flucht flieht. Jedes Wort des Verses, angefangen vom *sed*, das einen Abstand markiert, bis zum *tempus*, dem kuranten Namen der Zeit, bezeichnet das Nicht-mehr-sein oder Nichtsein dessen, was es benennt. Vergils Vers bietet eine Fuge von Fluchten, deren jede das verschwindende Intervall zu einer weiteren bietet. Seine Sprache ist die einer Zeit, in der eben diese Sprache sich entzieht. Keine Aktion kommt ihrer Geschwindigkeit gleich; der von Seneca gewünschte Übergang von Worten zu Taten bleibt hinter dem schnelleren Übergang zu den *praecipitia*, den sich überstürzenden Ereignissen, zurück; die Mahnung: *quod fugit occupandum est*[126] – ‹Was flieht, dessen muß man sich bemächtigen› – kommt, wie Schestag betont, ‹zu spät›, da die Zeit, deren man sich bemächtigen könnte, schon *inreparabile* vorbei ist. Der Vers des Vergil entzieht also der philosophischen Weisheit, die die Macht über die Zeit zu sein beansprucht, ihren Gegenstand. Der Philosoph

126 L.c., (27), S. 652.

hat den Vers nicht gelesen, wenn aber gelesen, dann nicht verstanden, und wenn verstanden, dann nicht auch verstanden, dass der Vers sich seinem und jedem Verständnis entzieht, das sich seiner bemächtigen soll.

Zu spät kommt aber nicht nur der Philosoph, der davon nichts wissen will, zu spät kommt auch der Philologe, der seine Verspätung einräumt. Er räumt damit jedoch auch ein, dass das ‹Fliehen›, wie Seneca in seiner Karikatur korrekt vermerkt, immer wieder, mindestens aber zweimal vorkommt, und dass erst dieses wiederholte Vorkommen des ‹Fliehens› der Zeit das Bleiben dessen, dass sie nicht bleibt, erfahren läßt. Philologie kommt also nicht nur immer zu spät, sie kommt auch jedem ‹zu spät› zuvor. Indem sie bei der Wiederholung des ‹Fliehens› verweilt, verweilt sie bei dem, was ‹fliehen› und ‹fliehen› sowohl zusammen- als auch auseinanderhält, und derart allererst die Zeit gewährt, von der gesagt und erfahren werden kann, dass sie ‹flieht›. Ihr Halte- und Flucht-Punkt wird vom *interea* markiert. Zwar flieht auch diese Zwischen-Zeit, aber ohne den minimalen Aufenthalt, den ihre Intervention gewährt, könnte die Zeit nur immer schon in einem haltlosen Raptus entflohen und also unnennbar, undenkbar und unerfahrbar sein, sie könnte jedoch nicht – stetig oder unstetig – entfliehen. Das *interea* der Zwischen-Zeit ist ein Zwischen-Wort, eine Zwischen-Markierung der Zeit, in der diese *als* flüchtige verharrt, *als* verharrende entflieht und derart allererst *als* Zeit bemerklich wird. Indem der Philologe, wie Seneca ihn darstellt, bei der Wiederholung des selben Wortes für die Zeit verweilt, verweilt er bei der minimalen Zurückhaltung, Verzögerung und Verlangsamung der Zeit in der Sprache – zunächst der Dichtung –, er verweilt bei der Zeit als einem strukturell sprachlichen Phänomen und bei diesem als einem Phänomen der Phänomenalisierung durch Verweilung, Verteilung und Wiederholung dessen, was ohne sie nicht einmal der schieren Aphanisis verfallen könnte. Philologie ist Verlangsamung der Zeit- und Phänomenflucht zur repetitiven Sprachzeit. *Inter praecipitia lenti sumus* – ‹inmitten sich überstürzender Ereignisse sind wir langsam›. Anders als die Philosophie versucht sie nicht, ihrem Raptus zu folgen oder sich ihrer zu bemächtigen. Sie kommt ihr, unzeitlich, zuvor. Sie verhält, sie verteilt, sie zerstreut: sie zeitigt die Zeit.

Der Akzent, den Schestag auf das Intervall des *interea* in Vergils Vers legt, verbindet seine Überlegungen mit Benjamins späten Gedanken zu den *Differentialen der Zeit*[127] und mit dessen frühen Bemerkungen zur Philologie als Interpolation. In einem Brief vom Februar 1921 schreibt Benjamin an Scholem: *Die philologische Interpretation in Chroniken bringt an der Form einfach die Intention des Gehalts zum Vorschein, denn ihr Gehalt interpoliert*

127 Benjamin, *Das Passagen-Werk*, l.c., S. 1038.

Geschichte.[128] Interpretation ist Interpolation – und zwar nicht im Sinne eines verfälschenden Einschubs, sondern im differential-mathematischen Sinn der Einschaltung von Größen zwischen bereits gegebene Größen einer Reihe. Für Benjamin ist die Chronik selbst ein Verfahren der interpretierenden Interpolation, denn *ihr Gehalt interpoliert Geschichte* derart, dass nicht *in* eine gegebene Geschichte, sondern dass die Geschichte selbst zwischen mindestens zwei Ereignisse eingeschaltet wird. Besteht die Arbeit des Philologen nach der Darstellung dieses Briefes darin, das Interpolierte, die Geschichte, zum Vorschein zu bringen, so besteht sie nach der Darstellung einer benachbarten frühen Aufzeichnung in der Erforschung der Verwandlungen, die von der *Terminologie* durchlaufen werden, also in der Erforschung der Terme selbst, zwischen denen interpoliert wird. Da hiermit aber die Termini zum Thema der Philologie werden, fehlt der Terminus für diese selbst, es fehlt für die Philologie eine gegebene Größe, das bekannte, in einer Chronik erfassbare Ereignis, und alle von der Philologie zu erforschenden terminologischen Bestimmungen wandern in den Zwischenraum einer Interpolation ohne Grenzen ein.

Nachdem Benjamin erklärt hat, Philologie behandle als eine der ‹methodischen Arten der Geschichte› einen Verlauf von Terminologien, der nicht *wesentlich zeitlich* sei, notiert er: *Die Philologie ist Verwandlungsgeschichte, ihre Einsinnigkeit beruht darauf dass die Terminologie nicht Voraussetzung sondern Stoff einer neuen usf. wird.* [...] *Die Einsinnigkeit ist in ihr besonders modifiziert, da sie letzten Endes zum Zyklischen neigt. Diese Geschichte hat ein Ende aber kein Ziel.*[129] Philologie ist nach dieser Aufzeichnung, die zwischen Geschichtsschreibung und Ereignisgeschichte nicht unterscheidet, eine Geschichte, die immer dann ein *Ende* findet, wenn sie Gegenstand für eine andere wird, die aber kein benennbares Telos – kein *Ziel* – kennt, weil alle Namen, Begriffe und Termini für sie nur Thema und *Stoff einer neuen usf.*, nicht dagegen epistemische oder methodologische Voraussetzungen einer neuen Terminologie und neuen Philologie sind. Alles, was jemals Organisationsprinzip, methodologische Prämisse oder Denkform der Geschichte war und noch werden kann, muß für eine im emphatischen Sinn geschichtliche – nämlich Geschichte allererst konjizierende und konfigurierende – Philologie ausnahmslos zu *Stoff* werden, ohne dass die jeweils neue Philologie über ein Prinzip, eine beharrende Form oder ein terminologisches Intrumentarium verfügen könnte. Philologie und die Verfahren,

---

128 Walter Benjamin, *Gesammelte Briefe*, Bd. II (1919-1924), Frankfurt am Main 1996, S. 137.

129 Walter Benjamin, *Gesammelte Schriften*, Bd. VI, Frankfurt am Main 1985, S. 93-94.

mit denen sie ihre Texte strukturiert, sind immer nur *Stoff* der Philologie. Der progressiven Transzendentalphilologie Schlegelscher Provenienz verpflichtet, ist Philologie, so gedacht, eine Schwelle ohne Jenseits, eine Praxis ohne leitende Theorie, eine Geschichte *ad infinitum*. Sie bewegt sich in einem ‹usf.›, einem ‹immer so weiter und so fort›, in einem Zirkel der ewigen Wiederkehr des Gleichen, der seinerseits für sie kein Terminus, keine verbindliche Vorstellung, sondern nur *Stoff* zu weiteren Forschungen sein kann. Da sie Terminusforschung ist, bleibt sie selbst un-terminologisch, untersteht keinem Terminus und ist selbst keiner.

Für Benjamin gibt es keinen Terminus und kein Telos der Philologie – keines der Geschichte und keins der Geschichtsschreibung –, da die von ihr jeweils aufs Neue interpolierte Geschichte selbst das Telos und da dieses Telos, wie Benjamins ‹usf.› andeutet, immanent unendlich ist.[130] Da sie aber sehr wohl ein Ende hat, das nicht Ziel ist – *Diese Geschichte hat ein Ende aber kein Ziel* –, und da sie selbst es ist, die unablässig dieses Ende als ihr eigenes Ende herbeiführt, kann sie sich nur als Gegen-Philologie und Gegen-Geschichte realisieren: Sie *be*schreibt ihr Ende nicht nur, indem sie es an den überlebten Formen der Vergangenheit thematisiert, sondern *er*schreibt es und schreibt sich selbst als ihr Enden. Sie ist immediate Selbst-Terminierung. Sie ist es in jedem Sinn: in dem der Determinierung durch sich selbst, in dem der Bestimmung ihrer selbst als ihres Ziels und in dem der Beendigung ihrer selbst. In dem Gleichnis, das zu Anfang von Benjamins Wahlverwandtschaften-Studie das Verhältnis zwischen dem Sachgehalt eines Werkes, der seine Stoffe umfaßt, und dessen Wahrheitsgehalt am Bild eines brennenden Scheiterhaufens verdeutlicht, sieht der Kommentator nur Holz und Asche – die Realien eines Werks und die ‹Erlebnisse› mit ihnen – als seinen Gegenstand, für den Kritiker hingegen, der nach der Wahrheit fragt, bewahrt allein die Flamme, welche die Stoffe verzehrt, *ein Rätsel: das des Lebendigen*.[131] Realer als die Realien ist das Feuer, das sie verzehrt; entscheidender als die Terminologien ist ihr Enden in einer Philologie –

---

130 Man vergleiche die späte Aufzeichnung aus der Passagenarbeit, in der es heißt: *Und so weiter ad infinitum, bis die ganze Vergangenheit in einer historischen Apokatastasis in die Gegenwart eingebracht ist.* (L.c. Bd. V 1, S. 573.) Ein ‹ad infinitum, *bis*› ist offenbar eine contradictio in adiecto. Der Antagonismus zwischen Unendlichkeit und Ganzheit, dem Benjamin in Kantischer Tradition gewichtige Bemerkungen in seinem Wahlverwandtschaften-Aufsatz und in der Vorrede zum Trauerspielbuch gewidmet hat, läßt sich vereinfachend allein durch die klassische Hyothese einer der Totalität selbst immanenten Unendlichkeit auflösen. Diese Lösung ist nur dann nicht illegitim, wenn ein jeweiliges Ganzes durch den *Abbruch* einer infiniten Reihe bestimmt gedacht wird.

131 Walter Benjamin, *Goethes Wahlverwandtschaften*, in GS I 1, S. 126.

einer Kritik –, die in nichts als diesem Enden beruht. Philologie, die sich in Benjamins Sinn kritisch zu literarischen und anderen Werken, aber auch zu ihr selbst in ihrer Geschichte verhält, wäre demnach der Aufenthalt in ihrem Enden und wäre nur so in jeder ihrer Bewegungen ein freier Anfang des Lebendigen: der Sprache. Ihre Zeit – die Zeit der Sprache und der Philologie – kann nur die Zeit des grenzenlosen Intervalls und der ebenso infiniten wie infinitesimalen Interpolation sein und also eine Schwellenzeit des Wartens ohne Erwartetes. Doch als eine Schwelle, die nicht vor einer finalen Etappe des Fortschritts und nicht vor einem erwarteten Innenraum der Wahrheit liegt, ist Philologie die Schwelle, die brennt: sie selbst ist die Wahrheit, deren Gehalt in den Werken sie aufgehen läßt. Sie ist, bleibt man bei Benjamins Bild, nicht nur das Holz dessen, was sie war, und die leichte Asche dessen, als was sie erlebt wurde, sie ist das Feuer, *das Lebendige*, ohne das es beide nicht gäbe. So gedacht ist Philologie ihre ebenso destruktive wie restitutive Selbstaffektion, ihre Selbstentzündung aus Selbst-Terminierung: – das fortgesetzte Auto-Autodafé der Sprache, das eins ist mit der historischen, der Sprach-Zeit.

Die Geschichte des Wartens ist damit nicht zuende.[132] Zu ihr gehören auch Benjamins spätere Notate zur Passagenarbeit, die vom *Jetzt der Erkennbarkeit* als dem *kritischen, gefährlichen Moment, welcher allem Lesen zugrunde liegt*, sprechen, und die präzisieren, mit jenem Jetzt sei *der Moment*

132 Was an Fragmenten aus dieser Geschichte hier zusammengestellt ist, wurde im wesentlichen nach Maßgabe der von den Kommentatoren der *Thesen* genannten Namen ausgewählt. Ihre Selektion beansprucht nicht den mindesten Grad an historischer ‹Objektivität›. Um einen kurzen Blick über die Schranken dieser Auswahl hinaus zu erlauben, seien hier – wiederum ohne Anspruch auf Repräsentativität – einige weitere Texte genannt, in denen das Motiv des Wartens angesprochen oder traktiert wird. Benjamin zitiert mindestens zweimal den Satz von Victor Hugo, *Attendre c'est la vie* [*Das Leben ist Warten*] (GS V 1, S. 156, 178). Im dritten Segment der *Jeune Parque* von Valéry (1917) heißt es: *Tout peut naître ici-bas d'une attente infinie.* [*Auf Erden kann alles zur Welt kommen aus unendlicher Erwartung.*] Vom Warten handelt der Eröffnungstext von Henri Michaux, *L'espace du dedans* (Paris 1945), «Enigmes» (von 1927), in dem es heißt: *il attendait ainsi, toujours diminuant jusqu'à n'être plus que l'orteil de lui-même* [*so wartete er, indem er weiter schrumpfte, bis er nur noch die Zehe seiner selbst war*]. Samuel Beckett, *En attendant Godot* (1948-49). Francis Ponge notiert unter dem Titel «Voici pourquoi j'ai vécu» [«*Deshalb habe ich gelebt*»] (1961): *A ne rien faire qu'à attendre leur déclaration particulière* [des choses] [*Nichts zu tun, als auf ihre* [der Dinge] *besondere Erklärung zu warten*], in *Nouveau nouveau recueil II*, Paris 1992, S. 172. Paul Celan schreibt in «Dein / Hinübersein» in *Die Niemandsrose* die in diesem Zusammenhang gewichtigsten Zeilen: *Alles ist wahr und ein Warten / auf Wahres.* (Paul Celan, *Gesammelte Werke*, Bd. 1, Frankfurt am Main 1983, S. 218)

des Erwachens identisch.[133] Wenn aber der Traum heimlich auf das Erwachen wartet[134], dann gibt es kein Jetzt ohne jenes heimliche Warten darauf, kein Jetzt ohne das Warten gegen das Warten, und dann – so läßt sich konjizieren, was Benjamin nirgendwo ausspricht – tritt in jenem Jetzt allein das Warten in seiner äußersten Kontraktion zur Gegenwart des Gegen-Wartens hervor. Es wird offenbar *in* seiner Heimlichkeit, nicht *ohne* sie. Wenn Benjamin *Bild* definiert als dasjenige, *worin das Gewesene mit dem Jetzt blitzhaft zu einer Konstellation zusammentritt*, dann tritt in ihm mit dem Jetzt das *Warten* des Gewesenen zusammen, es tritt mit ihm zusammen in einem Bild, das allein in einem Blitz, in seiner blendenden Erscheinung und also in seiner Unsichtbarkeit hervortritt, und es tritt mit ihm zusammen zu einer *Konstellation*, die sich nur von einem dunklen Grund und derart allein unter der Bedingung auch von dessen Unsichtbarkeit abheben kann. Was Benjamin *dialektisches Bild* nennt, ist ein Bild des Bildlosen –: in ihm ist sein Nicht-mehr in seinem Immer-noch bewahrt, und bewahrt ist es nicht in einer gegenständlichen Erscheinung innerhalb eines gegebenen Raums, sondern als Eröffnung des Raumes selbst. Dieses *Bild* erscheint nicht an einer Stelle innerhalb einer schon verlaufenden Zeit, sein Erscheinen ist selbst nichts anderes als das Aufgehen der Zeit als Zeit, der jedesmal erste und jedesmal einzige Sprung in die Zeit. Ist *der Moment des Erwachens identisch mit dem «Jetzt der Erkennbarkeit»*, dann muß er, so schreibt Benjamin, die *Synthesis sein aus der Thesis des Traumbewusstseins und der Antithesis des Wachbewusstseins*[135], muß also nach allen Regeln der Dialektik eine solche Synthesis sein, in der das Warten auf das Erwachen übergeht in das Erwachen zu diesem Warten oder in das Erwachen des Wartens zu ihm selbst. Der Augenblick des Erwachens und der Erkenntnis – und zwar jeder –, der Augenblick der Erkennbarkeit und der Lesbarkeit kann demnach allein die Selbst-Begegnung des Wartens im Gegen-Warten sein.

Aber im Augenblick dieser Synthesis öffnet sich nicht nur die Zeit in ihrer gesamten Komplexität; sie öffnet sich als Raum. Vom *Einsatz des ganzen Lebens* zu Beginn von Prousts *Recherche* schreibt Benjamin mit einer besonders emphatischen Formulierung: er finde *an der im höchsten Grade dialektischen Bruchstelle des Lebens, dem Erwachen*, statt. Und er setzt hinzu: *Proust beginnt mit einer Darstellung des Raums des Erwachenden.*[136] Dieser Raum – Benjamin spricht auch von einem *Bildraum* – ist der Raum einer *Konstellation*, in dem sich die Elemente *des ganzen Lebens* in räumlicher

---

133 Benjamin, *Das Passagen-Werk*, l.c., S. 578-579.

134 L.c., S. 492.

135 L.c., S. 579.

136 L.c., S. 579.

Distanz zueinander einem seinerseits räumlich distanzierten Dritten zeigen, und allein an derjenigen *dialektischen Bruchstelle des Lebens* sich zeigen, an der es, aus seinem Bruch sich zurückwendend, beginnt. Der Beginn im Bruch – und also der Bruch als Beginn – ist kein Beginn *in* der Zeit. Er ist der Beginn, der Anbruch *der* Zeit – der *Einsatz des ganzen Lebens* –, und ist es als Beginn eines Zeit-Raums, in dem sich alles Lebendige in seinem Außereinander erstreckt. Das gegenstrebige, gegen sich selbst gerichtete Warten dehnt sich im Erwachen zum Raum aus –: es räumt ihn ein –; es erstreckt sich, gegen sich selbst gekehrt, zur Zeit –: es gibt Zeit –; und es läßt Zeit und Raum zusammentreten zu einem *Bildraum*, in dem beide sich verschränken –: der Zeit-Raum stellt sich als Zeit-Bild-Raum ein. Da das Warten sich selbst als diesem Zeit-Bild-Raum begegnet, wird in ihm nichts mehr erwartet, kein Gegenstand, der aus räumlicher oder zeitlicher Ferne noch herankommen könnte, kein transzendentes Wesen, das aus einem anderen Raum oder einer anderen Zeit hinzutreten müßte, nichts, das noch zusätzlich ersehnt werden könnte, dessen Ersehnbarkeit jedoch im Zeit-Raum des Bildes aufgehoben ist.

Die Öffnung dieses Bildraums ist, wie Benjamin nahe legt, aber nicht nicht sagt, an ihm selbst ‹messianisch›. Und zwar ist sie, sit venia verbo, archi-messianisch. In ihm *kommen*, wie Benjamin schreibt, Raum und Zeit *zur Lesbarkeit, zur Erkennbarkeit* –: sie, die bislang als bereits gegebene Bedingungen der Erkenntnis angesehen wurden, *kommen* erst zur Erkenntnis, indem sie *zu* sich kommen, aber *zu* sich kommen sie nur, indem sie sich *gegen* sich wenden –: gegen sich wendet sich das Warten des Träumenden im Erwachen, die lethargische Erstreckung einer verlaufenden Zeit in der Umkehr an ihrer *Bruchstelle*, der dürftige Zeitpunkt in seinem *Zerspringen* in eine Pluralität von Lichtpunkten, die ihrerseits in einer Konstellation zum Bildraum auseinandertreten. Damit wird deutlich, dass die transzendentalen Formen der Erkenntnis, die Kant Formen der Anschauung nennt, solche Formen durchaus nicht sind, sondern im Erwachen es erst werden, und dass sie es werden nur können, indem das Warten sich gegen sich wendet und sich als Gegen-wart trifft. Benjamin charakterisiert deren Jetzt als den *Tod der Intentio* und somit als Tod jeder Absicht, die auf ein intentionales Objekt der Erwartung oder der Erkenntnis gerichtet sein könnte. Nicht ein Objekt, sondern die Erkenntnis selbst geht objektlos im Jetzt auf. Deshalb kann das *Bild*, das sich im Blitz des Jetzt zeigt, *die Dialektik im Stillstand* heißen.[137] Die Dialektik selbst ist in ihm sistiert. Sie hält inne in einem Raum, der nicht von ihr definiert ist. Wenn der Moment der Erkennbarkeit und somit des Erwachens charakterisiert wird als *kritischer*

137 L.c., S. 578.

Punkt und *kritischer Moment*, dann als kritisch und als Krisis auch im Sinn von Scheidung: er ist ein Außereinander, ein Punkt, der nicht nur teilt, sondern sich selbst teilt und zerspringt. Dieses *Zerspringen* weitet ihn zum Raum. Er ist für Benjamin der Raum der *echten historischen Zeit, der Zeit der Wahrheit*, weil in ihm die Wahrheit selber als Zeit, als Zeit-Raum und Zeit-Bild-Raum aufgeht. Das ist kein harmonisches Ereignis, sondern, wie Benjamin zu betonen nicht müde wird, ein explosives, exorbitantes, expansives. Gegenwart ist ein in sich gegenstrebiges Geschehen, ein Geschehen wider das Geschehen, keine Zeit, sondern Spalt-Zeit, kein Raum, sondern Raum-Bruch, kein Bild, sondern Gegen-Bild. Dieser Zeit-Bild-Raum ist der Raum dessen, was Benjamin *Lesen* nennt. Es ist ein Wider-Lesen in zerspringenden Gegen-warten: der Ur-sprung der Philologie.

Das Einzige, das nicht erwartet und nicht verfehlt werden kann, ist das Warten. Ob als *Ruhe der Ausdehnung* bei Hegel, als ahorizontales Verhältnis zu Anderem bei Heidegger, als verhaltene Zerstreuung bei Blanchot, gehaltene Flucht bei Vergil und Seneca oder als *Wehr* und *Dialektik im Stillstand* bei Benjamin: Das Warten bleibt die einzige, wenngleich in sich disparate Gewähr dafür, dass es Geschichte, geschichtliche Zeit und Gegenwart gibt. Da es sich allein im Raum der Sprache ereignet, heißt dieses Verhältnis in den *Thesen* Philologie.

XIII
It was evening all afternoon.
It was snowing
And it was going to snow.
The blackbird sat
In the cedar-limbs.

Was hier zu einer – zu kurzen – Geschichte des Wartens zusammengetragen ist, hat offenkundig keinen direkten Eingang in die *Thesen* gefunden. Von den fast durchweg heterogenen Elementen dieser Geschichte sind nur wenige aufgenommen und so gruppiert worden, dass sie relativ selbständige und kohärente Gedankengänge bilden, die immer wieder aufs Neue Lücken, Leerstellen, Intervalle, Pausen und Warte-Räume passieren, nicht, um die Unvollkommenheit, sondern um die Herkunft einer Anschauung, einer Vorstellung oder eines Verfahrens deutlich zu machen. So ist in «These» 41 mit Alois Riegl von der *Emanzipation des Intervalls* die Rede und es wird erklärt: die Philologie *emanzipiert das Intervall von seinen Grenzphänomenen und erschließt, einen Schritt weiter gehend, Phänomene aus dem Intervall zwischen ihnen, phänomenale Bewegungen aus den aphänomenalen in ihrem Zwischenraum, den Raum aus einer vierten Dimension, jede Dimension zuletzt aus einem Nicht-Dimensionalen.* Das ist, unter anderem, eine Charakterisierung des Verfahrens – des schlechterdings nicht methodologisierbaren Verfahrens – der Konjektur als einer Erschließung und Aufschließung dessen, was nicht Gegebenes, sondern Gebung und Vorgabe aller weiteren Gebungen ist. Weniger als am Ergebnis von Konjekturen, ‹Interpolationen› oder ‹Interpretationen› zeigen sich die *Thesen* an dem Hintergrund interessiert, von dem jene sich abheben, denn allein dieser Hintergrund – dieser Grund ohne Grund – bietet den Spielraum, der auch andere geschichtliche Konjekturen, andere Geschichten und andere Welten zuläßt als die in einem Text oder seiner Deutung realisierten. Dieser Spielraum ist das, was zu sagen bleibt, weil er das ist, was Anderes zu sagen erlaubt. Deshalb spricht «These» 56 von *Intervallen, die auf keinen Topos begrenzt werden können, sondern eine* Atopie *oder* Utopie *offen halten. Die Zeit des Raums wird von der Zeit der Räumung durchzogen, die Zeit-Räumung ist nicht mehr nur Bedingung der Phänomenalität, sondern ihr Entzug ins Aphänomenale. Auch die Zeit hat ihre Zeit: sie ist* anachronistisch. Zeit ist dies, dass sie nicht *ist.* Dass Zeit kein Seiendes ist und kein beharrendes Sein hat, macht sie zu einer Sprache; dass sie eine Sprache ist, macht sie, trotz aller chronometrischen Suggestionen zum Gegenteil, elastisch, veränderlich, aufständisch gegen alles, was festgestellt und abgerichtet werden kann, und macht sie ebensosehr zum Stoff wie zur Komplizin der Philologie. Das Interesse der *Thesen* am Motiv Geschichte liegt nicht in einer Phänomenologie oder Ontologie einer bestimmten Verlaufsform von Geschehnissen, sondern in dem, was jeder möglichen Form vorausliegt und jede in-formiert und trans-formiert. In diesem Sinn sind die Vorbehalte zu lesen, die in «These» 38 gegen die Privilegierung der Synthesen, der Versammlungen, der Konfigurationen und aller Ko-Komposita angemeldet werden, in denen sie sich artikulieren. In dieser «These» ist das Intervall erweitert zum Grund ohne Grund und zum Apriori des ‹Abgrunds› im Sinn des späten Hölderlin: *Daß Philologie ihre Aufmerksamkeit der Konstellation von Phänomenen, der Konfiguration von Figuren, der Komposition von Sätzen zuwendet, besagt, dass ihr an dem dunklen Grund, von dem sich die Phänomene, Figuren, Wörter abheben, nicht weniger liegt als an diesen selbst. Denn jener Grund ist ihr einziges «co» oder «con» oder «cum».* Damit ist gesagt, dass das Zusammensein von Phänomenen keinen zureichenden Grund für sie bietet, und dass der Grund, von dem sich dieses Zusammensein abhebt, als Grund nicht in Betracht kommen kann. Da diese Bemerkung zum *dunklen Grund* selbst noch dunkel bleibt, bedarf sie einer Erläuterung.

Der Blumenstrauß, den Susan Bernstein in ihrem Aufsatz «The Philía of Philology» bindet, gibt dazu eine günstige Gelegenheit. Nachdem sie auf zwei Parallelen zwischen Passagen aus «Der ausgesetzte Satz» (1980) aus *Entferntes Verstehen* und Jean-Luc Nancys *Être singulier pluriel* (1996) verwiesen hat, die auf verschiedene Weise vom Alles- und Nichtssagen und von Mallarmés *fleur! … l'absente de tous bouquets* handeln, zitiert Bernstein die berühmten Verse von Angelus Silesius, die Heidegger ins Zentrum seiner Vorlesung *Der Satz vom Grund* stellt: *Die Ros' ist ohn warumb / sie blühet weil sie blühet / Sie achtt nicht jhrer selbst / fragt nicht ob man sie sihet.* Heidegger stellt diesen Versen, die von der Grundlosigkeit der Rose sprechen, das von Leibniz formulierte Prinzip an die Seite: Nichts ist ohne Grund, mit dem das gerade Gegenteil behauptet wird, nämlich, dass alles Seiende seine *ratio* – seinen Grund, aber auch seinen *lógos* – in einem mächtigsten und seinerseits nicht weiter herleitbaren Seienden findet. Nancy moniert nun, dass der Satz von der Rose, die ohne Warum blüht, und dass auch seine Auslegung durch Heidegger unzureichend seien. Bernstein zitiert Nancy: *Il ne suffit pas de dire que ‹la rose croît sans raison›. Car si la rose était seule, sa croissance sans raison enfermerait en soi, à soi, toute la raison du monde. Mais la rose croît sans raison parce qu'elle croît avec le réséda, l'églantine et le chardon – le cristal et l'hippocampe, l'homme et ses inventions.*[138] [*Es genügt nicht zu sagen, ‹Die Rose blüht ohne Grund›. Denn wäre die Rose allein, dann verkapselte ihr Blühen ohne Grund in sich, für sich, den Grund der Welt. Doch die Rose blüht ohne Grund, weil sie mit der Reseda, dem Weißdorn und der Distel wächst – dem Kristall und dem Seepferdchen, dem Mensch und seinen Erfindungen*]. (191) Diese Bemerkung, die im Zusammenhang einer groß angelegten *ontologie de l'être-avec* [*Ontologie des Mit-seins*] in kritischem Anschluß an Heidegger steht, beansprucht, einen zureichenden Grund für die Grundlosigkeit und Grundunbedürftigkeit der Rose zu nennen. Der Grund ihres Blühens-ohne-Grund liegt für Nancy im Blühen-mit-Anderen. Mitsein mit Anderen wird von ihm als Mitsein mit dem Mitsein Anderer, gleich welcher Modifikation von deren Sein – ob Dasein oder ‹nicht-daseinsmäßigem› Seienden –, verstanden, somit als Öffnung auf seinerseits Offenes und, in Nancys Worten, als *co-incidence des ouvertures* [*Ko-Inzidenz von Eröffnungen*].[139] Die absolute Symmetrie des Inkommensurablen hat für Nancy die Konsequenz, dass die Differenz zwischen Grund und Ohne-Grund entfällt. Die Gesamtheit

---

138 Jean-Luc Nancy, *Être singulier pluriel*, Paris 1996, S. 109.

139 L.c., S. 106.

des Seienden hat ihren Grund in sich selbst und in nichts Anderem, doch der Grund, den es hat, sein Miteinander-, Zusammen- und Gesamt-Sein, kann eben deshalb keinen weiteren Grund haben, weil jeder weitere bereits integraler Bestandteil der Gesamtheit sein muß. Nancy kann deshalb nach den von Bernstein zitierten Sätzen fortfahren: *Et le tout de l'étant, la nature et l'histoire, ne fait pas un ensemble dont la totalité serait ou ne serait pas sans raison. Le tout de l'étant est sa propre raison, il n'en a aucune autre, ce qui ne veut pas dire qu'il est à lui même principe et fin, puisqu'il n'est pas lui-même. Il* est *sa propre dis-position en pluralité de singularités. Cet* être *s'ex-pose donc comme l'*entre *et comme l'*avec *des singuliers.*[140] [*Und das Seiende im Ganzen, Natur und Geschichte, bildet kein Ensemble, als ein Gesamt mit oder ohne Grund. Das Seiende im Ganzen ist sein eigener Grund, es hat keinen andern, womit nicht gesagt ist, daß es für sich selbst Ursprung und Ziel ist, denn es ist nicht selbst. Es* ist *seine eigene Dis-position aus pluralen Singularitäten. Dies* Sein *also setzt sich aus als* Zwischen *und* Mit *Einzelner.*] Damit scheint die Frage nach dem Grund wie nach dem Ohne-Grund erledigt. Aber sie kann erledigt nur scheinen, weil das Seiende im Ganzen nicht einem Anderen, sondern in allen seinen Elementen nur der Totalität dieser Elemente selbst ausgesetzt, sein Ausgesetzt-Sein also essenziell Mit-Sein, niemals aber ein Ausgesetzt-Sein *des* Mitseins selbst ist. Damit ist das durchgängige Miteinander-Sein des Seienden zu seinem eigenen Grund erklärt.

Die Frage nach dem Ohne-Grund, dem Ohne- und Nicht-Sein kehrt wenige Seiten nach der zitierten Passage wieder als Frage nach dem Sinn von Sein, sofern dieser Sinn Nicht-Sein ist, und kehrt wieder als Frage nach dem Negativen, von dem Nancy richtig vermerkt, es müsse sich seiner eigenen Operation entziehen (*soustraire*). Ohne dem Problem dieses Selbst-Entzugs des Negativen weiter nachzugehen, schreibt Nancy vom *nihil negativum* und somit vom Sinn: *Il est* sans *(à l'écart) dans l'exacte mesure où il est* avec*: montré et démontré dans l'être-avec, preuve de l'existence.*[141] [*Es ist* ohne *(geschieden von) in dem exakten Maß, in dem es* mit *ist: aufgewiesen und erwiesen im Mit-sein, Beweis der Existenz.*] Das Nicht-Sein führt demnach seinen eigenen Existenzbeweis, indem es Nicht-Sein allein und ausschließlich zusammen *mit* dem Sein ist, das als Mit-Sein die Totalität des Seienden bestimmt und immer schon bestimmt hat. Es ist, so formuliert Nancy, *ohne* in dem ‹exakten Maß›, in dem es *mit* – nämlich *mit* dem *mit* – ist und gehört insofern zum festen Bestand eines Mit-Seins, das als Gegebenes zwar nicht je schon vorliegt, aber mit jeder Setzung gleichzeitig ist: *l'«avec» est toujours déjà donné* [...], *elle* [*son antécédence absolue*] *ne préexiste pas aux*

---

140 L.c., S. 109-110.
141 L.c., S. 115-116.

positions, elle est leur simultanéité.[142] [*das «Mit» ist immer schon gegeben* [...], *sie* [*seine absolute Vorgängigkeit*] *präexistiert den Setzungen nicht, sie ist deren Simultaneität.*] Damit ist das Nichtsein dem Mitsein derart assimiliert, dass seine ‹absolute *Vor*gängigkeit› sich auf absolute *Mit*gängigkeit, seine Absolutheit sich auf Selbigkeit und der Selbst-Entzug des Negativen sich auf die Selbst-Setzung des Mitseins reduziert. Nancy kennt also wohl ein Ohne-Sein *im* Mitsein, ein dem Mitsein simultanes, homogenes und mit ihm ko-existierendes Nichtsein, aber ein asymmetrisches, asynchrones, inkommensurables Nichtsein kennt er nicht. Er kennt wohl ein Mit-*Anderem*, aber nur ein solches, in dem das Andere in ein Element des Mit konvertiert ist; kennt wohl ein *Mit*-Anderem, aber kein nach Maßen des Anderen verandertes Mit, kein *anderes* Mit und kein Anders-*als*-Mit. Was immer in den Bezirk des Mitseins eintritt, und sei es ein *nihil negativum*, hat sich seinem Anders- und Nichtsein bereits entzogen – *soustrait* –, ist schon gegeben – *toujours déjà donné* –, ist schon Sein in der Selbigkeit seiner pluralen Singularität und ist darum in seiner immediaten Vermittlung mit Anderem im emphatischen, Hegelschen Sinn aufgehoben. Mit ist für Nancy die Mitte aller Vermittlungen, die allein sich selbst, nie aber einem Anderen und nie anderem als einem Mit ausgesetzt sein kann.

Da jedoch jedes Andere, sofern es anders als das vermeinte, anders als das allgemeine und mithin anders als das Andere *selbst*, das kategoriale, ist, muß in jede Relation *zum* Anderen die *andere* Relation des Anderen *zu* dieser Relation intervenieren und das Mit-Anderem in ein *anderes* Mit, ein anderes Mit-Anderem und in ein Mit-anderem-als-Mit verwandeln, a limine in ein Mit-ohne-Mitsein und in ein Mit-ohne-den-Sinn-von-Mitsein. Eine *co-incidence des ouvertures* [*Ko-inzidenz der Öffnungen*] kann demnach niemals als gegeben unterstellt werden, umso weniger als keiner Öffnung die Struktur der Gegebenheit zugeschrieben werden kann: eine Öffnung ist weder Vorstellung noch Vorhandenes noch Gegenstand. Da Nancys Analyse des Mitseins kein Mit-*anderem*-Mit, kein Mit-anderem-*als*-Mit und kein Mit-*ohne*-Mit kennt, bleibt sie eine Ontologie bloß des Seins als Mitsein. Da in ihr zwar die Ausgesetztheit *ins* Mitsein, nicht aber die Ausgesetztheit *des* Mitseins und deshalb nur die Gesetztheit des Seins im stetig gegebenen und nie entzogenen Miteinandersein gedacht wird, bleibt sie restriktive Ontologie der absoluten Immanenz des kommunikativen Geistes.

Le langage est essentiellement dans l'avec – ‹Die Sprache ist wesentlich im Mit.›[143] So fasst Nancy das Credo seiner Koexistentialontologie zusammen und gibt damit noch einmal den Grund für die Unzulänglichkeit der Grund-

142 L.c., S. 115.

143 L.c., S. 110.

losigkeit der einzelnen Rose des Silesius an. Die zulängliche Grundlosigkeit, die, wie Nancy will, erst im Mit-Anderen erreicht ist, ist aber zugleich der unbedingte Grund, den dieses Mit an ihm selbst als durchgängiger Relation findet. Von dieser Relationsontologie setzt sich die Philologie, wie sie in den *Thesen* skizziert ist, ab. Geschichte, so heißt es in der 33ten, *ereignet sich, wo etwas aussetzt*, wo etwas *ein Nicht berührt* und in diesem Sinn *kontingent* ist, wo es, kurzum, anders und nicht sein könnte. «These» 78 präzisiert: *Von Anfang an geht die Philologie auf etwas anderes als sie selbst ist hinaus; sie ist der Weg zu dem, was sie nicht ist, und deshalb* ist *sie – transitiv – ihr Nicht und ihr Nach.* Dass die Philologie – und also die Sprache – aussetzt und *sich* aussetzt, hat hier nicht die Bedeutung der bloßen Exposition, der Darbietung und Präsentation, auch nicht nur die Bedeutung der Ex-position als eines Endes positionaler und propositionaler Äußerungen und, damit verbunden, die Bedeutung eines ek-sistentiellen Verhaltens zu Möglichkeiten des je eigenen oder anderen Daseins, sondern vornehmlich die Bedeutung des Verhaltens zur schlechthinnigen Un-möglichkeit jedes Verhaltens überhaupt.[144] ‹Aussetzen› heißt enden, und als enden heißt es das sein, dem kein Sein und kein Mitsein zugesprochen, keine Gemeinsamkeit und keine Allgemeinheit prädiziert werden kann. Wenn es der Philologie *um ein* nihil *geht, dem noch jede Negation ausgesetzt sein muß*, wie «These» 55 bemerkt, dann *ist* sie – *transitiv – ihr Nicht*, dann ist sie Transition in die Nicht-Transition, *Transzendieren ohne Transzendenz* («These» 4) und somit ein Mit-anderem-als-Mit oder ein Mit-ohne-Mitsein. Sie ist das, von dem Sein weder ausgesagt noch bestritten werden kann, eine Bewegung, nach «These» 17, *ohne vorbestimmtes Ziel. Also ohne Ziel. Also ohne das Ohne eines Ziels. Ohne das Ohne der Ontologie.*

Was in diesen Sätzen vom Ziel als der *causa finalis* gesagt wird, gilt unvermindert von jeder *causa*: die Philologie hat keine: sie ist ohne Grund noch an dem Mit, das sie selbst als *philía* eines *lógos* ist, der als *ratio* und *causa* hat übersetzt werden können. Sie hat keinen Grund an sich als Mit-Anderem, weil dieses Andere kein Anderes wäre, wenn es nicht anderes als einen Grund und deshalb keinen haben könnte. Das ontologische Minimum, auf dem in avancierter Hegelscher und auch noch Heideggerscher Tradition Nancy insistiert, das Mitsein mit Anderen, ist nicht das Minimum der Philologie. Mitsein kann für sie nicht als irreduzibles universelles Fundament gelten, sondern nur als eine Phase des Denkens, als eine Passage, die zur Sackgasse wird, wenn sie nicht von der *anderen* Seite, von der Seite des Anderen her durchbrochen und auf das geöffnet wird, was von ihm her noch zu sagen bleibt über das Mit- und das Ohne-Grund-und-Ziel, über das Mit- und das

144 Cf. dazu wiederum «Der ausgesetzte Satz» und «Prämissen», in W.H., *Entferntes Verstehen*, l.c.

Ohne-Mit-Sein. Von dieser Öffnung kann nie vorausgesetzt werden, dass sie in einer symmetrischen und simultanen *co-incidence des ouvertures* gegeben ist. Deshalb kann aber auch von einem ‹Ohne› nicht umstandslos die Rede sein. Die Negation, die es normalerweise ausspricht, wäre eine Negation nach dem Maß des ‹Mit›, das den Bezug zu Anderem, aber nicht den Bezug *von* Anderem zu ihm bestimmt. Das ‹ohne› im ‹Mit-ohne-Mit› ist jedoch als inoperative Negation, als ‹ohne-ohne-ohne› zu denken, nicht als ‹Leerstelle›, sondern als ‹Stellenleere›, nicht als Index eines *nihil negativum*, sondern eines *nihil donans*. Nur in diesem Sinn – außerhalb von jedem gegebenen Sinn – hält es den *dunklen Grund* jedes co-, con- oder cum offen.

Die Sprache ist nicht wesentlich im Mit. Sprache ist, nimmt man Nancys Phrasierung auf, wesentlich im Mit-*Anderen*, doch ist es so, dass jedes Mit von den Anderen, mit denen sie ist, verstellt, verweigert, verfehlt, aber durch ihre Verwehrung auch gegeben werden kann; ist mithin wesentlich nicht *im*, sondern *außer* jedem Mit und deshalb in jedem ihrer Elemente unwesentlich und kontingent auf das verwiesen, was ihr von Anderen und anders als Anderen eingeräumt oder verwehrt wird. Sprache ist das, was über jedes Mit hinaus in einem Mit-ohne-gegebenes-Mit von ihr *zu sagen bleibt*. Sie ‹ist› also nicht, sondern *bleibt*, aber *bleibt* nicht als beharrende Substanz des Gegebenen und nicht als stetiges Vermögen, in dessen Erhaltung und Betätigung sich die Subjektivität des Subjekts bewährt, sondern bleibt dem überlassen, wovon nicht antizipiert werden kann, dass es ‹ist›, und nicht, dass es – in welchem Sinn auch immer – ‹bleibt›. Sie bleibt, in jeder Sekunde, dabei, nicht zu bleiben. Sie mutiert, doch jeweils auf der Schwelle zum Verstummen.

Für diese Anderen, über die ontologisch gesicherte Aussagen unmöglich sind, weil sie jenseits der Grenzen möglicher Identifizierung, Klassifizierung und Kalkulation operieren oder nicht operieren, spricht die Philologie nicht als ihre Repräsentantin – denn was nie präsent war, läßt sich nicht repräsentieren – und nie allein als ihre Advokatin – die das Risiko nicht vermeiden kann, jene Anderen zu überstimmen und zu entmündigen –, sondern immer zunächst als ihre *Platzöffnerin* («These» 32). Nur indem sie den Anderen aus allen epistemischen, technischen und praktischen – aus allen ontologischen – Verhaftungen entlässt, die ihn zum kalkulierbaren *alter ego* machen, räumt sie ihm den Platz dessen ein, dem sie, in Zuneigung und Abneigung, ihre Neigung entgegenbringen kann: erst so ist sie kein Verfahren prädikativer Gegenstandserfassung in der Immanenz des Mitseins, sondern Philologie: Zuwendung zu dem, was *in* dieser Zuwendung *von* ihr frei ist und derart allererst anders und derart allererst uneingeschränkt sprachlich.

Ein Anderer, der durch die fixe Relation des Mitseins definiert ist, ist Anderer allein innerhalb der Grenzen vorgegebener kategorialer Aussageformen; er ist der präformierte, der konformisierte, der formatierte Andere, und also der Selbe, ein Massenfabrikat. Philologie ist dagegen die Freigabe der Einzigkeit und also der Andersheit und also der Formoffenheit des Anderen. Sie überlässt sich in ihrer Relation zu Anderem einer Veranderung dieser Relation und läßt sie zu einem Mit-einem-anderen-Mit werden, das in einem Ohne-Mit kulminieren kann. *Philologie*, so heißt es deshalb in «These» 80, *ist der Name für eine* andere *als die* gemeinte *Zukunft der Sprache*. Da sie sich selbst von dieser anderen Zukunft nicht ausnehmen kann, muß ihr Name – und jeder Name – ein a priori *um*definierbarer, also ein indefiniter, also ein Fehlname sein. Philologie ist die Neigung zu einer Sprache, die niemandem gehört, Neigung zum Unzugehörigen, Unerhörten, Uneigenen. Sie ist über jeden Begriff hinaus xenophil. Im Entwurf zu einem Nachwort zu *L'expérience intérieure* [*Die innere Erfahrung*] notiert Bataille zur Idee einer ‹negativen› Gemeinschaft: *la communauté de ceux qui n'ont pas de communauté.*[145] [*Die Gemeinschaft derer, die keine Gemeinschaft haben.*] «These» 71 nimmt dieses Paradox und Hypoparadox auf und reklamiert es für die Gesellschaft derer, die miteinander und über ihr jeweils gegebenes Miteinander hinaus und vor es zurück sprechen: *die Gesellschaft der Philologie ist die Gesellschaft derer, die keiner Gesellschaft angehören* [...]. Es könnte auch heißen: die Gesellschaft derer, die einander eine andere Gesellschaft oder anderes als das einräumen, was sie unter dem Namen Gesellschaft kennen. Und es könnte heißen: die einander eine andere Zukunft, eine andere Zeit, eine andere Geschichte gewähren als die, die sie schon kennen oder zu kennen meinen.

Dass die Philologie über alle Begriffe hinaus xenophil ist, besagt, dass sie thaumatophil ist. Aristoteles greift auf eine Einsicht Platons zurück, wenn er im 1. Buch seiner *Metaphysik* die Verwunderung – *thaumázein* – den Anfang der Philosophie nennt. Verwunderlich ist jeweils das Unerklärte, das Unzugängliche und Ungangbare, das *áporon*. Zu ihm zählt er die Sonnenwenden, die ‹Werke aus dem Ungefähr› und die Inkommensurabilität der Diagonale, die *diamétron asymmetrían*. In einer Parenthese fügt er hinzu, auch der Freund der Sagen sei in gewisser Weise ein Philosoph – *ho philómythos philósophós* –, denn die Sage, die Erzählung, die Geschichte bestehe aus Wunderbarem, *thaumasíon*. (982b 17-19) Wer nicht nur den Sagen, sondern dem Sagen zugeneigt ist, ob er nun Philomythos oder Philologe heißt, liebt darin das Verwunderliche, das er nicht kennt. Sein *phileîn* selbst ist ein *thaumázein*.

145 Georges Bataille, *Œuvres complètes*, vol. V: *La Somme Athéologique*, Paris 1973, S. 483.

Er ist am Anfang, vor der Entstehung von Allem, *pantòs genéseōs*, vor der Zeit, dem Raum und der Sprache. Und er kommt angesichts ihrer Aporie, ihrer Inkommensurabilität mit jedem bekannten Denkweg, nicht weiter. Sein Erstaunen ist der Stau, von dem Benjamin als einem *Wehr* spricht.

Der Erstaunte wartet, weil er dem Unerwarteten begegnet. Er wartet nicht *auf* das Unerwartete und nicht auf eine Erklärung dafür, nicht auf den Gang der Zeit oder der Geschichte, die ihn weiterbringt, sondern wartet so, dass eben jene Zeit und jene Geschichte – der Entstehung von Allem, der Bewegung der Sonne – geschehen kann. Sein Warten läßt die Zeit gewähren, es gibt der Zeit Zeit, dem Raum Raum, der Sprache Sprache und läßt sie sein, was sie ohne dieses Warten nicht wären, und läßt sie so sein, dass sie nicht ihrerseits, gleich ihm, warten müssen. Damit ist nicht gesagt, dass er sie willig oder unwillig erduldet oder sich geduldet und darauf wartet, dass sie endlich ihr Geheimnis enthüllen. Sein Erstaunen kommt jedem Willensakt und jedem Erleiden zuvor. Wer staunt, läßt zu, was sich ihm nicht fügt; aber er kann nicht anders, als es zuzulassen, denn das Unerwartete ist ihm schon zugestoßen und die Überraschung vereitelt jede Entscheidung für oder gegen sie. Descartes nennt sie deshalb in den *Passions de l'âme* [*Passionen der Seele*] die erste Passion (art. 53)[146]; sie kommt allen anderen Affektionen und kommt, was Descartes nicht sagt, noch der Zeit zuvor, in der sie *als* solche empfunden werden könnte. Der Erstaunte hat keine Zeit, um dem Erstaunlichen der Zeit zu entsprechen. Er hat keine Zeit zum Staunen, und keine, um darauf zu warten, dass sein Erstaunen aufhört. Der Stillstand im Erstaunen vor dem *áporon*, dem Weg- und Bewegungslosen, ist kein Stillstand *in* der Zeit, sondern der Zeit selbst; das Verstummen kein Verstummen *in* einer gegebenen Sprache, die nach einer episodischen Unterbrechung ihren Gang fortsetzen würde, sondern der Sprache insgesamt, sofern sie Sprache ist. In diesem Stillstand des Staunens des Philologen, und allein in ihm, bewegt sich die Sprache und mit ihr bewegen sich darin Zeit und Geschichte. Mag sein, dass Benjamin deshalb von ‹Dialektik im Stillstand› und Heidegger von ‹Warten› ohne Erwartetes gesprochen hat. In der Unbewegtheit des Erstaunens, des Nicht-Verstehens und der Unlesbarkeit der Phänomene, in diesem Verweilen bei ihnen gehen diese allererst als Phänomene auf, im Warten bewegen sie sich als im Element ihrer unaufhebbaren Befremdung, im Aufenthalt der Verwunderung sind sie freigegeben und sich selbst in ihrer Ver*a*nderung überlassen. Philologie – oder ‹Philomythie› – ist die Befreundung mit diesem Befremdenden. In ihrem Staunen, in ihrem Warten erstreckt sich ihre Gegenwart. Sie ist die

146 René Descartes, *Les passions de l'âme*, hg. v. André Bridoux, Paris 1953, S. 723-724.

Offenhaltung der Sprache auf das, was anders und was deshalb zu sagen bleibt. Diese Offenhaltung ist die *Praxis*, sie ist die Praxis der *Passion* des Wartens.

Was derart bleibt, ist nicht in jedem Fall zuträglich, nicht, wie Descartes betont, *convenable*, kein gegebenes Zusammenkommen, kein Mit, sondern immer auch ein Gegen-Mit und Mit-ohne-Mit. Ossip Mandelstamm hat dafür besonders drastische Worte gefunden. In seinem Aufsatz «Über die Natur des Wortes» schreibt er: *Der antiphilologische Geist, gegen den Rosanow kämpfte, brach aus den Tiefen der Geschichte hervor. Er ist in seiner Art ein ebenso unverlöschliches Feuer wie das Feuer der Philologie.* [...] *Da ist kein Neutralisierungsmittel, durch nichts läßt es sich löschen. Luther war bereits ein schlechter Philologe, weil er anstatt eines Arguments sein Tintenfaß schleuderte. Das antiphilologische Feuer läßt auf Europas Körper Geschwüre entstehen, brennt in glühenden Vulkanen auf der westlichen Erde und verwüstet der Kultur für immer den Boden, auf dem es ausbrach.* [...] *Europa ohne Philologie ist nicht einmal Amerika: es ist eine zivilisierte Sahara, gottverflucht, ein Greuel der Verwüstung.*[147] Seit diese hochpathetischen Sätze 1920 geschrieben wurden, ist das, was in ihnen mit Hegel oder mit Nietzsche – oder ohne sie – ‹Verwüstung› genannt wird, nicht geringer geworden. Es gibt kein Mittel gegen sie, das nicht jenem *antiphilologischen* Feuer als Zunder dienen könnte.

Was bleibt ist das Unwidersprechliche – die Sprache in ihrer Widersprachlichkeit. Was zu tun bleibt: So sprechen, dass alle anders sprechen können. Oder: Weiter sprechen, über alle schon bekannten, gekonnten, gegebenen Sprachen hinaus. Oder: Die Sprache sprechen.

Pascals Bemerkung: *L'homme passe infiniment l'homme*[148] [*Der Mensch geht unendlich über den Menschen hinaus*], läßt sich in die weniger restriktive und genauere Bemerkung übersetzen: *Le langage passe infiniment le langage* [*Die Sprache geht unendlich über die Sprache hinaus*]. Ihr *passe infiniment* läßt sich erläutern durch das Hybrid- und Hyper-Wort von Joyce: *passencore*. Eine knappere Formel für die Bewegung der Sprache und der ihr entsprechenden Philologie könnte daher, in mehr als einer Sprache und immer mehr als einem Sinn, heißen: *Or*.

---

147 Ossip Mandelstamm, *Über den Gesprächspartner*, *Gesammelte Essays I*, 1913-24, (Üb. Ralph Dutli), Zürich 1991, S. 120-121.

148 Pascal, *Pensées*, in *Œuvres complètes*, Paris 1963, S. 515.

V
I do not know which to prefer,
The beauty of inflections
Or the beauty of innuendoes,
The blackbird whistling
Or just after.[149]

149 Die Motti zu den Segmenten dieses Textes sind entnommen dem Gedicht von Wallace Stevens, «Thirteen Ways of Looking at a Blackbird», *The Collected Poems of Wallace Stevens,* New York 1978, S. 92-95.

Editorische Notiz – Dieser Band macht zwei vergriffene Bücher von Werner Hamacher wieder zugänglich: Für – *die Philologie*, erschienen 2009 als Band 4 der Reihe roughbooks im Verlag Urs Engeler Editor, und die *95 Thesen zur Philologie*, erschienen im Oktober 2010 als roughbook 008; er erweitert sie mit «Was zu sagen bleibt» um einen Text, den Werner Hamacher 2016 als Antwort auf die Diskussion schrieb, die insbesondere die *95 Thesen zur Philologie* ausgelöst hatten. Die Texte dieser Diskussion sind in der Zwischenzeit unter dem Titel *Give the Word. Responses to Werner Hamacher's* 95 Theses on Philology, herausgegeben von Gerhard Richter und Ann Smock, in der University of Nebraska Press (Lincoln 2019) erschienen. Die Zitate aus diesem Buch, auf die Werner Hamacher in seinem Text antwortet, werden in der nachgestellten runden Klammer nachgewiesen, alle Übersetzungen in eckigen Klammern stammen von Thomas Schestag. «Was zu sagen bleibt» erscheint hier zum ersten Mal in der deutschen Originalfassung.

Werner Hamacher
Was zu sagen bleibt

Gesetzt aus der Minion
Druck Bookpress, Polen

ISBN 978-3-906050-49-2
Engeler Verlag, Schupfart 2019

http://www.engeler.de